Romanistische
Arbeitshefte   60

Herausgegeben von
Volker Noll und Georgia Veldre-Gerner

Georg Kremnitz

Frankreichs Sprachen

De Gruyter

ISBN 978-3-11-035762-2
e-ISBN (PDF) 978-3-11-035770-7
e-ISBN (EPUB) 978-3-11-039446-7
ISSN 0344-676X

Bibliografische Information der Deutschen Nationalbibliothek
Die Deutsche Nationalbibliothek verzeichnet diese Publikation in der Deutschen Nationalbibliografie;
detaillierte bibliografische Daten sind im Internet über http://dnb.d-nb.de abrufbar.

© 2015 Walter de Gruyter GmbH, Berlin/München/Boston

Druck und Bindung: CPI books GmbH, Leck
∞ Gedruckt auf säurefreiem Papier

Printed in Germany

www.degruyter.com

per Gertraud

e en memòria de Robert Lafont
que me mostrèt aquelas realitats

Vorwort

« La langue de la République est le français » – seit der Verfassungsänderung von 1992, die einen Satz in den Artikel 2 einfügte, hat eine Jahrhunderte alte Praxis der französischen Verwaltung eine juristische Grundlage. Bis dahin war der Referenztext für die (fast ausschließliche) Verwendung des Französischen in allen rechtsrelevanten Texten die Ordonnance von Villers-Cotterêts vom 15. August 1539. Die Französische Revolution verstärkte diesen Monopolstatus in ihrer zweiten, nationalen Phase ab ca. 1794 noch beträchtlich. Jedoch blieb diese Praxis bis 1992 implizit; erst die befürchtete Bedrohung durch das Englische ließ die Aufnahme in die Verfassung im Rahmen der mit der Volksabstimmung über den Vertrag von Maastricht verbundenen Maßnahmen sinnvoll erscheinen. Allerdings hat dieser Artikel dem Englischen keine unüberwindlichen Grenzen gesetzt.

Zusätzliche Probleme hat er indes den anderen in Frankreich gesprochenen Sprachen beschert. Denn entgegen der idealisierten Vorstellung der Verfassung, alle Französinnen und Franzosen sprächen dieselbe Sprache, ist Frankreich seit langem – wohl schon immer – ein Land, in dem viele unterschiedliche Sprachen gesprochen werden. Der Sprachwissenschaftler Bernard Cerquiglini, der 1999 für die damalige Regierung einen Bericht über die sprachliche Situation des Landes verfasst hat, geht sogar davon aus, dass es sich durch die größte sprachliche Vielfalt in Europa auszeichne – eine Feststellung, die sich ohne klare Kriterien kaum verifizieren oder falsifizieren lässt, da heute alle europäischen Gesellschaften einen hohen Grad an, auch sprachlicher, Komplexität aufweisen. Sie macht jedoch deutlich, in welch hohem Maße die Forderung der Verfassung nach einem Monopol des Französischen fiktiv ist.

Allerdings ist die sprachliche Vielfalt Frankreichs nur relativ wenigen Beobachtern im In- und Ausland vertraut, denn die offizielle Politik hat sich lange Zeit mit Erfolg darum bemüht, sie nicht zum Thema werden zu lassen. Frankreich ist in dieser Hinsicht kein Einzelfall: die meisten Staaten vertraten und vertreten ähnliche Konzeptionen, die eine einzige Sprache in ihren jeweiligen Grenzen zur Staatssprache machen und allen anderen marginale Positionen zuweisen oder sie gar offen verfolgen. Zwar ist die Zeit der Verfolgung heute im Allgemeinen vorbei, die Marginalisierung wird jedoch noch vielfach betrieben. Viele Staaten haben sich für diese Politik Anleihen beim Beispiel Frankreichs genommen, daher ist es auch exemplarisch sinnvoll, die sprachliche Situation in Frankreich genauer zu betrachten.

Im Folgenden schlage ich zunächst einen Blick auf die derzeitige Bevölkerung Frankreichs vor, danach auf für die sprachliche Situation wichtige historische Entwicklungen, schließlich sollen die grundlegenden Begrifflichkeiten diskutiert werden, bevor die verschiedenen Sprachen selbst betrachtet werden. Ein abschließendes Kapitel wird sich mit dem Spielraum fördernder Sprachenpolitik beschäftigen.

Vor dem Eintritt in die Materie habe ich eine Dankesschuld abzutragen. Sie gilt besonders François Pic und Fañch Broudic, die mir zahlreiche Detailfragen beantwortet haben, darüber hinaus allen anderen Mitgliedern des *collectif pour une histoire sociale des langues de France* – Carmen Alén Garabato, Klaus Bochmann, Henri Boyer, Dominique Caubet, Marie-Christine Hazaël-Massieux, Jean Sibille –, die in vielen Diskussionen zur Vorbereitung der in Frankreich erschienenen Darstellung des Komplexes (vgl. Kremnitz 2013) zur Klärung meiner Standpunkte beigetragen und viele Überlegungen und Informationen auch für dieses Buch eingespeist haben. Max Doppelbauer möchte ich für manchen guten Hinweis danken. Volker Noll hat meinen Vorschlag zu diesem Buch sofort freundlich aufgenommen, mich dadurch in die Pflicht genommen, aber mir auch die Gelegenheit gegeben, den gesamten Zusammenhang noch einmal zu überdenken und für ein anderes Publikum aufzubereiten. Nicht zuletzt gilt mein Dank den Studierenden aus nun über vier Jahrzehnten, die mich zu immer größerer Präzision gezwungen haben. Meiner Frau, Gertraud Hartl, bin ich für ihre aufmerksame und kritische Lektüre des Textes ebenso zu hohem Dank verpflichtet wie für die Umsetzung der formalen Vorgaben. Nicht zuletzt möchte ich die verständnisvolle Hilfe von Ulrike Krauß und Christine Henschel aus dem Hause de Gruyter erwähnen. Wie immer jedoch gilt: Alle Irrtümer habe allein ich zu verantworten.

Oberwaltersdorf, im Juli 2014

Inhaltsverzeichnis

Vorwort VII

1 Einleitung: Frankreichs Bevölkerung und ihre Zusammensetzung heute................. 1
    1.1   Aufgabe 6

2 Wichtige Etappen der Sprachengeschichte und Sprachenpolitik Frankreichs 7
    2.1   Von den ersten Texten bis Villers-Cotterêts 1539................................ 7
    2.2   Von Villers-Cotterêts bis zur Französischen Revolution 10
    2.3   Von der Revolution bis zur Verfassungsänderung 2008 13
    2.4   Zur heutigen sprachenpolitischen Lage.. 22
    2.5   Aufgaben 23

3 Grundlegende Begrifflichkeiten 25
    3.1   Staat, Nation, Sprache; Sprachpolitik vs. Sprachenpolitik 25
    3.2   Sprache/Varietät/Dialekt/*patois* und damit verbundene Begriffe......... 31
    3.3   Kommunikation vs. Demarkation (Identität); Kompetenz und Performanz
          (Praxis) 42
    3.4   Status, Prestige und kommunikativer Wert; Normativierung vs.
          Normalisierung; geschriebene und gesprochene Sprache 45
    3.5   Aufgaben 51

4 Die autochthonen Sprachen im französischen Mutterland 53
    4.1   Das Okzitanische 53
    4.2   Das Baskische... 58
    4.3   Das Katalanische 61
    4.4   Das Bretonische.. 63
    4.5   Das Deutsche.. 67
          4.5.1   Das Elsass 67
          4.5.2   Lothringen... 71
    4.6   Das Korsische... 73
    4.7   Das Flämische (Niederländische)... 75

	4.8	Das Frankoprovenzalische	77
	4.9	Die ligurischen Sprachinseln	79
	4.10	Die *langues d'oïl*	79
	4.11	Abschließende Bemerkungen	83
	4.12	Aufgaben	86
5	„Nicht-territorialisierte" Sprachen in Frankreich		87
	5.1	Die Sprachen der jüdischen Bevölkerungsgruppen	88
		5.1.1 Jiddisch	90
		5.1.2 Judenspanisch (Sephardisch, *Judéo-espagnol*, *ladino*, *djudyó*, *djudezmo*)	92
		5.1.3 Andere Sprachen der Juden in Frankreich	94
	5.2	Die Sprachen der Roma	96
	5.3	Maghrebinisches Arabisch	98
	5.4	Berberisch (Tamazight)	102
	5.5	(West-) Armenisch	103
	5.6	Die französische Gebärdensprache (*LSF*)	105
	5.7	Aufgaben	107
6	Ausblick auf die Sprachen der Überseegebiete		109
	6.1	Französisch basierte Kreolsprachen	109
		6.1.1 Das Kreolische auf Martinique	112
		6.1.2 Das Kreolische auf Guadeloupe	117
		6.1.3 Das Kreolische in Guayana	119
		6.1.4 Das Kreolische auf Réunion	121
	6.2	Sprachen in Französisch Guayana	122
	6.3	Saint-Martin	125
	6.4	Zu den Sprachen in Neu-Kaledonien	125
	6.5	Sprachen in Französisch-Polynesien	128
	6.6	Wallisien und Futunien	130
	6.7	Zu den Sprachen auf Mayotte	132
	6.8	Abschließende Bemerkungen	135
	6.9	Aufgaben	137
7	Ausgewählte Sprachen der Einwanderung im 20./21. Jahrhundert		139
	7.1	Italienisch	140
	7.2	Spanisch	143
	7.3	Deutsch	146

7.4	Polnisch	150
7.5	Portugiesisch	152
7.6	Afrikanische Sprachen	154
7.7	Chinesische Sprachen	157
7.8	Sprachen aus Südostasien: Vietnamesisch, Laotisch, Khmer	159
7.9	Aufgaben	161

8 Möglichkeiten und Grenzen fördernder Sprachenpolitik 163
8.1	Grundlagen	163
8.2	Mehrsprachigkeit	167
8.3	Das Beispiel Frankreich	169
8.4	Die Möglichkeiten fördernder Sprachenpolitik	171

9 Textanhang 177
9.1	Die *Ordonnance de Moulins* (Auszug)	177
9.2	Die *Ordonnance de Villers-Cotterêts* (Auszüge)	177
9.3	Die *loi Deixonne*	177
9.4	Die Sprachenfrage in der Verfassung der Fünften Republik	179
9.5	Die *liste Cerquiglini*	180

10 Literatur 191
10.1	Nachschlagewerke	191
10.2	Weitere Literatur	192

1 Einleitung: Frankreichs Bevölkerung und ihre Zusammensetzung heute

Nach den offiziellen Berechnungen des INSEE, des französischen Statistikamtes, lebten zu Jahresbeginn 2013 in Frankreich mit allen Außengebieten ca. 65.800.000 Menschen[1]. Zum Vergleich: ein Jahr zuvor waren es ca. 65.437.000[2]. Ein über mehrere Jahre reichender Vergleich zeigt, dass Frankreichs Bevölkerung wächst, wobei neben der Immigration eine relativ hohe Geburtenrate für – im europäischen Vergleich – hohe Zuwachsraten sorgt. Will man genauere und detailliertere Zahlen, so muss man teilweise weiter in die Vergangenheit zurückgehen. Ebenfalls für Beginn 2013 liegen die folgenden, nach Regionen geordneten Zahlen vor:

Frankreich: Regionen und Außengebiete[3]		
Region (Hauptstadt)	Fläche (km²)	Einwohner
Alsace (Strasbourg)	8 280	1 845 687
Aquitaine (Bordeaux)	41 308	3 232 352
Auvergne (Clermont-Ferrand)	26 013	1 347 387
Bourgogne (Dijon)	31 582	1 642 115
Bretagne (Rennes)	27 208	3 199 066
Centre (Orléans)	39 151	2 548 065
Champagne-Ardennes (Châlons)	25 606	1 335 923
Corse (Ajaccio)	8 680	309 693
Franche-Comté (Besançon)	16 202	1 171 763
Ile-de-France (Paris)	12 012	11 786 234
Languedoc-Roussillon (Montpellier)	27 376	2 636 350
Limousin (Limoges)	16 942	742 771
Lorraine (Metz)	23 547	2 350 920
Midi-Pyrénées (Toulouse)	45 348	2 881 756
Nord-Pas-de-Calais (Lille)	12 414	4 038 157
Basse-Normandie (Caen)	17 589	1 473 494
Haute-Normandie (Rouen)	12 317	1 836 954
Pays de la Loire (Nantes)	32 082	3 571 495
Picardie (Amiens)	19 400	1 914 157
Poitou-Charentes (Poitiers)	25 810	1 770 363
Provence-Alpes-Côte-d'Azur (Marseille)	31 400	4 889 155
Rhône-Alpes (Lyon)	43 698	6 230 691

---

[1] Quelle: http://www.insee.fr/fr/themes/document.asp?reg_id=0&ref_id=NATnon02145 [21.05.2013]
[2] Quelle: Fischer Weltalmanach 2013, S. 157.
[3] Quelle: Fischer Weltalmanach 2014, S. 155.

Frankreich, Mutterland	543 965	62 765 235
Guyane Française (Cayenne)	83 534	(2010) 229 040
Polynésie Française (Papeete)	4 167	(2012) 268 270
Guadeloupe (Basse-Terre)	1 631	(2010) 403 355
Martinique (Fort-de-France)	1 106	(2010) 394 173
Mayotte (Mamoudzou)	374	(2012) 212 645
Nouvelle Calédonie (Nouméa)	19 103	(2009) 245 580
Réunion (Saint-Denis)	2 512	(2010) 821 136
Saint Barthélémy (Gustavia)	25	(2009) 8 902
Saint Martin (Marigot)	53	(2009) 36 824
Saint-Pierre-et-Miquelon (Saint-Pierre)	242	(2009) 6 082
Wallis-et-Futuna (Matâ-Utu)	274	(2008) 13 484
Terres australes et antarctiques françaises (Martin-de-Viviès)	7 854	ca. 200
Gesamt	664 840	65 404 926

Tabelle 1: Frankreich: Regionen und Außengebiete

Es ist klar, dass diese Zahlen nur einen ungefähren Eindruck geben können, deshalb wurden sie auch nicht gerundet, wenn das auch den Eindruck einer gewissen Präzisionskomik hervorrufen kann. Außerdem lassen die Unterschiede in der angegebenen und der addierten Gesamtsumme die Frage nach der Verlässlichkeit der Zahlen im Detail aufkommen, vor allem im Hinblick auf die außereuropäischen Gebiete.

Konzentriert man sich auf die *métropole*, das Mutterland, so kann man feststellen, dass sich in zahlreichen Regionen das Französische als Umgangssprache erst im Laufe des 19. und 20. Jahrhunderts durchgesetzt hat. In diesen Gebieten wurden, vor allem im mündlichen Gebrauch, lange Zeit andere Sprachen verwendet; heute ist ihr Gebrauch, trotz vieler Bemühungen zur Wiederbelebung, in unterschiedlichem Maße zurückgegangen, das Französische ist zur allein vorherrschenden Sprache geworden. Dazu gehören die Regionen des Südens: Aquitaine, Midi-Pyrénées, Languedoc-Roussillon, Provence-Alpes-Côte d'Azur, Limousin, Auvergne und der südliche Teil von Rhône-Alpes, wo okzitanische Varietäten gesprochen wurden und werden. Im westlichen Teil des Departements Pyrénées-Atlantiques, das zur Aquitaine gehört, wird auch Baskisch gesprochen (das Sprachgebiet des Baskischen setzt sich jenseits der Grenze in Spanien fort). Im Departement Pyrénées-Orientales (Region Languedoc-Roussillon) wird auch Katalanisch gesprochen (auch hier gehört der größere Teil des Sprachgebiets zu Spanien). In der Region Korsika wird auch Korsisch gesprochen (das eine Nahbeziehung zum toskanischen Italienisch hat und aufgrund der besonderen rechtlichen Lage Korsikas einen etwas höheren Grad der offiziellen Anerkennung genießt). In der Nordhälfte von Rhône-Alpes und in der Franche-Comté wird auch Frankoprovenzalisch gesprochen, dessen Sprachgebiet sich bis in die Schweiz und das italienische Aosta-Tal erstreckt. Im Elsass und in Teilen Lothringens (in der sogenannten *Lorraine thioise*) werden auch deutsche

Varietäten gesprochen. In der Region Nord-Pas-de-Calais wird vor allem im *canton* Dunkerque auch Flämisch (Niederländisch) gesprochen (dessen Sprachgebiet sich nach Belgien und in die Niederlande fortsetzt). Schließlich wird in der westlichen Hälfte der Bretagne auch Bretonisch gesprochen. Insgesamt leben in diesen Gebieten fast 28 Millionen Menschen, also fast die Hälfte der Bewohner der *métropole* plus Korsika. Noch vor wenigen Jahrzehnten gab es in diesen Gebieten Bürger mit französischem Pass, die kein oder sehr wenig Französisch sprachen. In den meisten Gebieten sind sie nach dem Zweiten Weltkrieg praktisch als zählbare Größen verschwunden, im Elsass und in Lothringen erst deutlich später. Über die heutige Zahl der Sprecher dieser Sprachen gibt es nur recht ungenaue Schätzungen. Indes beherrschen heute alle auch die Staatssprache.

Mit anderen Worten: in einer nicht allzu weit entfernten Vergangenheit war in großen Teilen der *métropole* das Französische nicht die erste Umgangssprache. Einige der anderen Sprachen verfügten über umfangreiche schriftliche Traditionen und standen mit dem Französischen im Hinblick auf den Sprachausbau weitgehend auf einer Ebene. Andere wurden in der Vergangenheit fast nur mündlich verwendet, haben aber inzwischen meist den Ausbau nachgeholt. Insofern wird die restriktive Sprachenpolitik Frankreichs im Rahmen des französischen Konzepts der Nation, vor allem seit der Revolution von 1789, verständlicher, denn es gab für die Staatssprache lange Zeit eine potentielle Konkurrenz.

In allen Überseegebieten werden neben dem Französischen einheimische Sprachen gesprochen, in Guyane, Martinique, Guadeloupe und der ehemaligen *dépendance* Saint-Barthélémy, sowie in Réunion Kreolisch, daneben in Guyane noch eine Reihe teilweise autochthoner, teilweise eingeführter Sprachen. Die Sprachenvielfalt ist in Neukaledonien am größten, aber auch in Polynesien beachtlich. Vor allem in diesen beiden Gebieten besitzen einige der einheimischen Sprachen seit einigen Jahren einen teiloffiziellen Status. In den Überseegebieten gibt es in unterschiedlichem Maße Sprecher, die *nicht* auf das Französische zurückgreifen können. Während sie heute auf den Antillen kaum mehr auftauchen und keine messbare Größe mehr bilden, ist ihre Zahl in einigen der anderen Gebiete groß, auf Mayotte zum Beispiel beherrscht nur eine Minderheit der Bürger *auch* das Französische.

In Bezug auf die zugewanderte Bevölkerung unterscheiden die französischen Statistiken zwischen *immigrés* und *étrangers*; die erste Gruppe umfasst alle Immigranten, einschließlich derer mit einem französischen Pass, während die zweite die Pass-Ausländer aufzählt. Für das Jahr 2009 (das letzte, für das Zahlen verfügbar sind) wird die Zahl der *immigrés* gerundet mit 5.433.000, die der *étrangers* mit 3.771.000 angegeben, bei vergleichsweise geringem Zuwachs (ca. 90.000 bei den ersten, ca. 56.000 bei den zweiten) gegenüber dem Vorjahr. Aus diesem Reservoir speist sich in der Hauptsache die Zahl der Sprecher der Sprachen der Zuwanderer. Man kann – als allgemeine Tendenz – davon ausgehen, dass die *Immigrés* insgesamt in größerem Maße sprachlich assimiliert sind, da sie gewöhnlich auf eine längere Aufenthaltsdauer in Frankreich zurückblicken. Auf der anderen Seite wird die Aussagekraft der Zahlen im Hinblick auf

Sprachen dadurch eingeschränkt, dass bis zu den Reformen während der Präsidentschaft Chiracs in Frankreich hinsichtlich der Staatsbürgerschaft ausschließlich das *ius soli* galt (wer im französischen Staatsgebiet geboren wurde, erhielt automatisch die französische Staatsbürgerschaft). Mit anderen Worten: die Angehörigen der zweiten und dritten Generation der Einwanderung lassen sich mit diesen Zahlen nicht ermitteln. Immerhin können sie einen ungefähren Eindruck von der Größe der verschiedenen Zuwanderergruppen geben.

Frankreich: Zuwanderer (*immigrés*) und Ausländer (*étrangers*) nach Herkunft (2009)		
Herkunftsland	Zuwanderer (gerundet)	Ausländer (gerundet)
Europa insgesamt	(37,7 %) 2 050 000	(39,4 %) 1 484 000
davon: Europa der 27	(33,5 %) 1 818 000	(35,1 %) 1 323 000
Portugal	585 000	493 000
Italien	311 000	174 000
Spanien	252 000	128 000
Großbritannien	151 000	154 000
Deutschland	(2006) 128 000	(2006) 90 000
Belgien	(2006) 102 000	(2006) 80 000
Serbien	(2006) 65 000	(2006) 50 000
Afrika, davon:	(42,7 %) 2 317 000	(40,7 %) 1 534 000
Algerien	722 000	468 000
Marokko	664 000	440 000
Tunesien	236 000	144 000
Mali		(2006) 60 000
Senegal	(2006) 71 000	(2006) 50 000
Kongo		(2006) 45 000
Asien, davon	(14,2 %) 773 000	(13,8 %) 520 000
Türkei	242 000	222 000
Kambodscha, Laos, Vietnam	162 000	41 000
China	(2006) 69 000	65 000
Amerika und Ozeanien	292 000	232 000
Summe	**5 433 000**	**3 771 000**[4]

Tabelle 2: Frankreich: Zuwanderer (*immigrés*) und Ausländer (**étrangers**) nach Herkunft (2009)

---

[4] Quellen: http://www.insee.fr/fr/themes/tableau.asp?reg_id=0&ref_id=immigrespaysnais [27.05.2013]; http://www.inseefr/fr/themes/tableau.asp?reg_id=0&ref_id=etrangersnat [27.05.2013]; Regnard, Corinne, „La population étrangère résidant en France », in : *Infos migrations*, no. 10, octobre 2009; Filhon/Zegnani, 2013.

Letztlich sind auch diese Zahlen nur beschränkt aussagekräftig, zu viele Details fehlen. Im Hinblick auf sprachliche Herkunft muss insbesondere berücksichtigt werden, dass in vielen Staaten verschiedene Sprachen gesprochen werden, und daher aus der staatlichen Herkunft nur begrenzt auf sprachliche Praxen geschlossen werden kann. Vor allem in Staaten, in denen sprachliche Minderheiten einen schweren Stand haben, neigen diese oft verstärkt zur Auswanderung; auf der anderen Seite geht aus den offiziellen Papieren nicht hervor, welche Sprache(n) sie üblicherweise sprechen. Man könnte mit einigem Recht von „verdeckten" Sprachen der Einwanderung sprechen. So ist etwa bekannt, dass lange Zeit unter den Zuwanderern aus der Türkei Sprecher des Kurdischen stark überrepräsentiert waren, da sie in der Türkei vielfacher Diskriminierung ausgesetzt waren; es ist nicht bekannt, ob sich dieses Verhalten mittlerweile geändert hat. Die Angehörigen zahlreicher Minderheiten in vielen anderen Staaten legen ein ähnliches Verhalten an den Tag. Umgekehrt sind in den Zahlen der Zuwanderer auch Menschen französischer Erstsprache enthalten, dadurch vermindert sich die Zahl derer, die die Zielsprache Französisch erst erwerben müssen. Die in Frankreich geborenen Abkömmlinge von Zuwanderern mit französischem Pass, die nicht immer das Französische als Erstsprache haben, tauchen in diesen Statistiken auch nicht auf; über ihre wirkliche Zahl gibt es nur sehr vage Vorstellungen.

Die Darstellung soll zeigen, dass die Sprachenfrage, in Frankreich wie in den allermeisten anderen Staaten, heute kein Randproblem ist, sondern einen erheblichen Teil der Wohnbevölkerung betrifft, wenn auch in unterschiedlichem Maße. Das heißt auch, dass eine sensible Politik vonnöten wäre, wollte man das Spannungspotential in der französischen Gesellschaft und ihren einzelnen Sektoren verringern.

Trotz der zahlreichen angeführten Daten weiß man über das wirkliche Kommunikationsverhalten der Bevölkerung relativ wenig. Das hängt u.a. von drei sich ergänzenden Faktoren ab. Als erstes darf man nicht aus dem Auge lassen, dass ein nicht bekannter, aber nicht zu unterschätzender Teil der Immigration illegal erfolgt. Die Situation dieser Zuwanderer wird gewöhnlich erst nach geraumer Zeit in gesetzliche Bahnen gebracht; sie jedoch dürften, zumindest zu Beginn, in hohem Maße andere Sprachen als das Französische verwenden und den Kontakt mit den staatlichen Autoritäten – und damit auch mit Maßnahmen zur sprachlichen Assimilation – vermeiden. Zweitens gelten in Frankreich seit der Revolution Fragen nach ethnischer oder sprachlicher Zugehörigkeit als Verletzung des Gleichheitsgrundsatzes der Verfassung; daher werden solche Daten in den Volkszählungen kaum erhoben. Über lange Perioden liegen gar keine offiziellen Angaben vor. Erst bei dem Zensus von 1999 wurde bei einer größeren, repräsentativen Zahl von Haushalten auch nach der generationellen Sprachübermittlung und dem Gebrauch gefragt; allerdings gestatten die Ergebnisse nur sehr vorsichtige Verallgemeinerungen (Héran/Filhon/Deprez 2002), sowohl, was absolute Sprecherzahlen anbetrifft, als auch im Hinblick auf die generationelle Weitergabe von dominierten Sprachen: es kann sich dabei nur um eine Momentaufnahme handeln. Einige Regionen, unter anderem Languedoc-Roussillon oder Aquitaine in den neunziger Jahren oder nach der Jahrtausendwende, Rhône-Alpes erst vor kurzem (es handelt sich dabei meist um „graue" Literatur, die nicht ohne weiteres zugänglich ist), oder Einzelpersonen, wie Fañch Broudic (1995, 2009), haben versucht, die Karenz der öffentlichen Hand teilweise zu ersetzen, allerdings können sie meist nicht alle Fragen beantworten. Dabei sind Schätzungen in enger begrenzten Gebieten natürlich einfacher als in großen Räumen wie etwa dem okzitanischen Sprachgebiet. Der dritte Faktor hängt mit dem zweiten zusammen: das hohe *Prestige* des Französischen und das daraus resultierende geringe Ansehen der anderen Sprachen sind bei den kleinräumigen Umfragen, die in größerer Zahl zur Verfügung stehen, massive Verzerrungsfaktoren. Auf der einen Seite tendieren die Befragten dazu, ihre Kompetenz und ihren Gebrauch der Staatssprache zu überschätzen. Auf der anderen werden heute, wenn die Fähigkeiten in dominierten Sprachen im Mutterland abgefragt werden, oft als besonders kompetent angesehene Sprecher als Informanten vorgeschickt, die zur umgekehrten Verzerrung beitragen.

1.1 Aufgabe

1. Informieren Sie sich über die Entwicklung der Bevölkerung im französischen Mutterland zwischen 1800 und heute.

2 Wichtige Etappen der Sprachengeschichte und Sprachenpolitik Frankreichs

2.1 Von den ersten Texten bis Villers-Cotterêts 1539

Die Romanisierung Galliens beginnt mit der Eroberung durch Rom, die in zwei großen Schritten vor sich geht: zunächst, in den Jahren 125–121 v.u.Z. wird die Mittelmeerküste erobert, die die Landverbindung zur Iberischen Halbinsel schafft (*Gallia Narbonensis*), in den Jahren 58–51 erobert Caesar das übrige Gallien, das rasch zu einem der reichsten Gebiete des Römischen Imperiums wird. Gleichzeitig beginnt die sprachliche und kulturelle Romanisierung. Da Rom keine wirkliche Sprachenpolitik betreibt, sondern sich auf die Attraktivität des Lateinischen als herrschender Sprache verlässt, setzt sich die Sprache zunächst in den städtischen Zentren und in der Oberschicht durch und gelangt erst nach und nach auch an die gesellschaftlichen und geografischen Ränder. Die allmählich zunehmende Christianisierung ab dem 2./3. Jahrhundert spielt eine Rolle. Man kann heute annehmen, dass gegen Ende des Weströmischen Reiches (in Gallien seit Beginn des 5. Jahrhunderts) die Romanisierung weitgehend vollzogen war, wenn auch in abgelegenen Gebieten Spuren des Keltischen sich viel länger, wohl bis zum Jahr 1000, halten konnten (Hubschmied 1938).

Die römische Herrschaft wird, Ende des 5. Jahrhunderts, durch die Herrschaft der fränkischen Merowinger abgelöst, die nach und nach die anderen germanischen Herrschaften besiegen und vereinnahmen, diese ab 714 durch die Karolinger. Mit der Kaiserkrönung Karls des Großen 800 kommt es kurzfristig zur Wiedererrichtung des westlichen Kaiserreiches, das allerdings bereits nach wenigen Jahrzehnten in verschiedene Teilreiche aufgesplittert wird.

Das gesprochene Latein verändert sich in den verschiedenen Gebieten des ehemaligen Weströmischen Reiches unterschiedlich rasch, es wird zwar durch seine Rolle als Glaubens- und Herrschaftssprache gestützt, zugleich bewirkt indes der weitgehende Zusammenbruch der Bildungseinrichtungen, dass es (in deutlich veränderter Form) nur noch in Klöstern gelehrt wird. Aber erst während des Konzils von Tours 813 werden sich die Kirchenfürsten – vermutlich unter Einfluss des Kaisers – der Gefahr bewusst, die sich aus einem Kommunikationsbruch, mindestens in großen Teilen des Reiches, ergeben könnte. Die unter Karl dem Großen versuchte Reform des Lateinischen, die dieses wieder an die „klassischen" Formen heranführen soll, vergrößert den Abstand zwischen dem Latein und den gesprochenen Varietäten. So beschließen die Konzilsteilnehmer, dass fortan die Predigten in der „rustica romana lingua" oder in der „thiotisca" zu halten seien, „quo facilius cuncti possint intellegere quae dicunter" (MGH, Concilia, II, 1, 288). Mit dieser Bezeichnung, *rustica romana lingua*, stellen die Kirchenfürsten zum ersten Mal fest, dass die gesprochene Sprache so verschieden vom klassischen Latein ist, dass man von zwei (oder mehreren?) unterschiedlichen Sprachen ausgehen muss. Die umständliche Bezeichnung weist darauf hin, dass die Bischöfe das Phänomen nicht genau erfassen können. Schon wenig später, im Jahre 842, erscheint mit den *Straßburger Eiden* der erste Text in einer Form dieser „neuen" Sprache. Es geht um einen Pakt, den zwei der Söhne Ludwigs des Frommen, Ludwig der Deutsche und Karl der Kahle, am 14. Februar 842 gegen ihren Bruder Lothar beschwören. Der Text der Eide ist in romanischer und in althochdeutscher Sprache als Zitat in den lateinischen Text der Chronik eingefügt. Er wird von französischen Sprachhistorikern oft als der erste französische Text bezeichnet; es wäre sinnvoller, von einem galloromanischen Text zu sprechen, da er sich, trotz vielfacher Bemühungen, nicht einer Varietät des Französischen zuordnen lässt. Vermutlich ist die Intention der Verfasser auch eine ganz andere: da der Text möglichst von allen Angehörigen der anwesenden Heere verstanden werden soll, dürfte er möglichst wenige regionale Charakteristika enthalten und in einer neutralen Sprache abgefasst sein. Außerdem haben sie immer wieder dann, wenn sie bei romanischen Innovationen im Zweifel waren, auf vertrautere lateinische Formen zurückgegriffen (vgl. Berschin/Felixberger/Goebl 1978, 182–187; Banniard 1997; Rey/Duval/Sioufi 2007, 86–91).

Der Beginn der eigenen staatlichen Tradition Frankreichs wird im Allgemeinen erst nach dem Tode des letzten Karolingers mit der Thronbesteigung von Hugues Capet im Jahre 987 angesetzt. Sein Herrschaftsbereich ist allerdings im Vergleich zu dem seiner Vorgänger zunächst sehr klein und beschränkt sich auf Teile der Ile de France, reicht bis südlich Orléans auf der einen und nördlich bis Compiègne auf der anderen Seite. Erst allmählich kommt auch Paris hinzu. Bis ins 13. Jahrhundert sind die französischen Könige in ihrer Macht auf einen Teil Nordfrankreichs beschränkt, nur langsam wächst ihr Einfluss. Hier ist nicht der Ort, diese Entwicklungen im Einzelnen nachzuzeichnen. Festzuhalten ist, dass im Zuge der Auseinandersetzungen mit den Grafen von Toulouse (und der Verfolgung der Katharer, die die Religiosität erneuern wollen), die als Albigenserkreuzzug in die Geschichte eingegangen sind (1209–1229/1244), unter Ludwig IX. (dem „Heiligen") das Mittelmeer erreicht wird. Der Hundertjährige Krieg (1339–1453) endet nach vielen Niederlagen und einer gewaltigen Verarmung des Landes mit der Wiederherstellung der Königsmacht und der weitgehenden Rückeroberung der von der englischen Krone beherrschten Gebiete. Dazwischen erbt Philipp VI. 1349 das Delfinat (*Dauphiné*) und kauft die Stadt Montpellier. Die Herrschaften von Ludwig XI. (1461–1483) und Karl VIII. (1483–1498) dienen vor allem zur Sanierung der Finanzen und zur Errichtung der Grundlagen eines modernen Staates. 1480 stirbt René von Anjou, 1481 sein Nachfolger Karl III., der letzte König der Provence, die als Erbe an die französische Krone fällt; 1486 wird ein Föderationsvertrag unterzeichnet, aber 1547 wird die Provence annektiert. Nur Avignon und der *Comtat Venaissin* bleiben bis zur Revolution päpstlicher Besitz und damit immer wieder eine Zufluchtsstätte für Außenseiter. Damit sind erhebliche Teile des okzitanischen Sprachgebiets unter die Herrschaft der französischen Könige geraten; wenn das zunächst auch noch keine größeren sprachenpolitischen

Folgen hat (allenfalls wird die Position des Lateins wieder gestärkt), werden damit spätere Veränderungen vorbereitet.

Zu Beginn dieser Periode besitzt das Latein als Sprache der Verwaltung, der Kirche und der Wissenschaft fast ein Monopol auf den schriftsprachlichen Gebrauch. Erst nach dem Jahr 1000 spielen Texte in den gesprochenen Sprachen eine zunehmende Rolle, können diese sich bestimmte Bereiche der schriftlichen Kommunikation erobern. Für Urkunden und Verwaltungsakte werden die gesprochenen Sprachen (außer im okzitanischen Sprachgebiet, wo sie ab 1102 belegt sind) erst vergleichsweise spät verwendet (die königliche Kanzlei gibt erst ab Mitte des 13. Jahrhunderts auch Urkunden auf Französisch aus). Die Vormachtstellung des Lateins wird nur ganz allmählich geschwächt. Bis dahin ist Sprache im westeuropäischen Mittelalter noch nicht zum Objekt expliziter Politik geworden.

Das ändert sich relativ rasch mit den technischen und politischen Neuerungen der frühen Neuzeit: vor allem die Erfindung des Buchdrucks Mitte des 15. Jahrhunderts und ihre rasche kapitalistische Nutzung wird sprachenpolitisch erhebliche Konsequenzen für Westeuropa haben. Das Latein wird aus seiner dominanten Rolle vertrieben, die Sprachen der verschiedenen Herrscher treten an seine Stelle. Zunächst nimmt, aufgrund des in der Neuen Welt zusammengerafften Reichtums, das Kastilische eine führende Position ein; es muss diese Position allerdings nach dem Westfälischen Frieden 1648 zugunsten des Französischen räumen.

Seit 1490 erlassen die französischen Könige verschiedene Edikte, mit denen sie den Gebrauch des Lateins als Urkunden- und Rechtssprache einschränken wollen. Schreiben die ersten dieser Verordnungen, wie die *Ordonnance de Moulins* von 1490, noch entweder den Gebrauch des Französischen oder der jeweiligen Umgangssprache vor, so beharrt die Ordonnance von Villers-Cotterêts vom 15. August 1539 darauf, dass diese Texte nur *en langage maternel francoys et non autrement* abgefasst sein dürfen. Erstaunlicherweise kann dieser Text sich in einem Zeitraum von etwa 60 Jahren durchsetzen, im Gegensatz zu seinen Vorgängern zieht er keine späteren parallelen Erlasse mehr nach sich. Allerdings sind sich nicht alle Interpreten darüber einig, ob mit *langage maternel francoys* nur das Französische gemeint ist, oder ob sich darunter alle galloromanischen Varietäten verstehen lassen. Die zeitgenössische Rezeption des Erlasses ist dagegen eindeutig: nach einer Übergangszeit werden praktisch nur noch Texte auf Französisch für rechtsrelevante Funktionen abgefasst; es hat nur wenige Einwände gegen diese Lesart gegeben. Damit ist das herrschaftssprachliche Monopol des Französischen formuliert und weitgehend durchgesetzt. Bemerkenswert ist, dass zu der Zeit die Überlegungen zur Abfassung eines Regelapparats für diese nun offizielle Sprache noch ganz in den Anfängen stecken, es also noch keine wirkliche Referenzform der Herrschaftssprache gibt.

Zur Zeit ihrer Proklamation, um 1539, hat diese Bestimmung praktisch nur für das Okzitanische Konsequenzen, denn es ist im damaligen Herrschaftsbereich der französischen Könige die einzige Sprache (außer dem Französischen), die sich als Verwaltungssprache seit dem frühen 12. Jahrhundert einen Platz erobern konnte. Seine Verwendung wird fortan eingeschränkt. Zwar sind seit dem Ende des Hundertjährigen Krieges auch die baskischen Provinzen Labourd (*Lapurdi*) und Soule (*Zuberoa*) unter der Herrschaft der französischen Könige, aber das Baskische hat keine Tradition als Urkunden- und Rechtssprache, dort wird neben dem Lateinischen mitunter das Okzitanische verwendet, so bedeutet Villers-Cotterêts für das Baskische keine Einbuße (versperrt ihm aber Ausbaumöglichkeiten). Seit 1532 wird, nach langen Spannungen, auch die Bretagne zunächst durch einen Föderationsvertrag an das Königreich angegliedert, der bald zum einfachen Anschluss wird. Aber auch das Bretonische hat keine wirkliche Tradition als Verwaltungssprache, so dass auch hier das Französische vor allem das Latein verdrängt. Zwischen dem 12. und dem 17. Jahrhundert gehören zeitweise Teile des flämisch- oder niederländischsprachigen Flandern zu Frankreich; sie gehen allerdings fast alle wieder verloren.

Somit hat Frankreich zu Beginn der Neuzeit das rechtssprachliche Monopol des Französischen verkündet, allerdings noch keine klare sprachliche Norm herausgebildet (die Sprache des Hofes dient als vager Orientierungspunkt), die meisten französisch- und okzitanischsprachigen Gebiete unter seiner Herrschaft vereint und mit der Annexion anderssprachiger Gebiete begonnen. In der Folge wird es weitere Eroberungen machen.

2.2 Von Villers-Cotterêts bis zur Französischen Revolution

Die meisten der anderssprachigen Gebiete werden erst nach Villers-Cotterêts annektiert: 1620 vereint Ludwig XIII. das Königreich Navarra definitiv mit Frankreich, nachdem bereits 1512 Ferdinand II. von Aragón den südlich der Pyrenäen liegenden Teil besetzt und annektiert hatte. Damit kommt die dritte der nordbaskischen Provinzen, Niedernavarra (*Nafarroa Beherea*), an Frankreich, ebenso wie die Grafschaft *Béarn*, die okzitanischsprachig ist. Im gleichen Jahre wird durch ein Edikt die Verwendung des Französischen in Anlehnung an die Ordonnance von Villers-Cotterêts obligatorisch gemacht; im Unterschied zu den übrigen okzitanischen Gebieten gibt es einen hinhaltenden Widerstand, der bis in die Zeit der Revolution reicht. Vor allem die abgelegenen Gemeinden verwenden weiterhin das bearnesische Okzitanisch als Schriftsprache.

Im Zuge der immer wieder aufflammenden Auseinandersetzungen mit Aragón-Kastilien besetzen französische Heere verschiedentlich Teile von Katalonien; nach dem Pyrenäenfrieden von 1659 kommen die nördlich der Pyrenäen gelegenen Teile Kataloniens, vor allem die Grafschaften *Rosselló* (frz. *Roussillon*), *Conflens*, *Capcir* und Teile der *Cerdanya* an Frankreich. Auch dort wird im Jahre 1700 durch einen Erlass der Gebrauch des Französischen vorgeschrieben.

Nach dem Frieden von Nimwegen 1679 wird auch die *Franche Comté* (die alte Freigrafschaft Burgund) französisch, in der im Süden Frankoprovenzalisch gesprochen wird, die Schriftsprache ist indes seit langem das Französische. Seit dem Dreißigjährigen Krieg bemüht sich Frankreich mit nicht sehr soliden juristischen Argumenten darum,

Stützpunkte im Elsass (so genannte *réunions*) zu gewinnen. Trotz wachsenden Widerstandes gelingt das: 1681 wird Straßburg besetzt und damit das ganze Elsass annektiert. Allerdings ist hier die französische Sprachenpolitik vorsichtiger und lässt dem Deutschen einen größeren Platz. Bis zur Revolution verwenden nur die aus Paris entsandten Beamten das Französische, nur wenige Elsässer beherrschen die Sprache überhaupt. Kleinere Gebiete, wie die württembergische Grafschaft Mömpelgard (*Montbéliard*), kommen erst im Zuge der Revolution zu Frankreich. Im Frieden von Rijswijk 1697 wird der Rhein zum Grenzfluss (gleichzeitig wird auch die Nordgrenze fixiert: gewisse flämischsprachige Gebiete gehören seither ununterbrochen zu Frankreich), die letzte Grenzrevision erfolgt 1713 im Frieden von Utrecht, der den Spanischen Erbfolgekrieg (zusammen mit dem Frieden von Rastatt 1714) beendet.

Lothringen gerät seit der Mitte des 16. Jahrhunderts unter französischen Einfluss, zunächst 1552 die Reichsstädte Metz, Toul und Verdun. Danach Objekt der Auseinandersetzungen mit den Habsburgern, müssen diese es 1735 im Austausch gegen die Toscana dem ehemaligen polnischen König Stanisław Leszczyński überlassen, nach dessen Tod 1766 wird es definitiv in das Königreich Frankreich integriert.

Die Insel Korsika war lange Zeit Streitobjekt zwischen Genua und Pisa, bis sich gegen 1300 Genua durchsetzt. Allerdings besteht die darauf folgende Geschichte der Insel aus einer langen Reihe von Versuchen der Korsen, sich von der genuesischen Herrschaft zu befreien. Der bedeutendste beginnt 1729, die Insel erklärt sich für unabhängig, bekommt in dem westfälischen Edelmann und Abenteurer Theodor Baron von Neuhoff (1694–1756) 1736 einen König, der sich allerdings nicht lange halten kann. Es kommt dann zur Bildung einer korsischen Republik unter Pasquale Paoli (1725–1807), die von den europäischen Aufklärern bewundert wird – Rousseau macht ihr sogar den Text einer Verfassung zum Geschenk – aber die Genuesen rufen die französische Armee zu Hilfe und verkaufen die Insel 1768 an Frankreich, die 1769 bei Ponte-Novo die korsische Armee besiegt und damit den Anschluss an Frankreich in die Wege leitet. Diese Annexion ist insofern bemerkenswert, als die kleine Republik von etlichen europäischen Mächten anerkannt worden war. Die Schrift- und Verwaltungssprache auf der Insel war das Italienische, erst im weiteren Verlauf des 19. Jahrhunderts kann sich das Französische auch einen Platz sichern. Sprachlich war Korsika weitgehend einheitlich: nur die Bewohner der Stadt Bonifacio verwendeten des Ligurische (Genuesische), einige wenige Sprecher soll es noch geben, daneben gab es bis zum Beginn des 20. Jahrhunderts noch Sprecher einer griechischen Varietät in Cargèse (Sibille 2000, 31).

Parallel zu diesen europäischen Erwerbungen beginnt Frankreich mit dem Aufbau seines ersten Kolonialreichs: seit dem 16. Jahrhundert versucht Frankreich, sich in Nordamerika festzusetzen, vor allem 1534–1542 Jacques Cartier, 1608 wird mit der Gründung der Stadt Québec die erste größere Siedlung begründet. Daraus entwickelt sich im 17. Jahrhundert die *Nouvelle France*, die erst im Zuge der Kriege mit England im 18. Jahrhundert geräumt werden muss. Seit 1635 sind mehrere Inseln der kleinen Antillen unter französischem Einfluss, vor allem Martinique und Guadeloupe. Wenig später fasst Frankreich auch auf dem Festland, im heutigen Französisch-Guayana, Fuß. 1638 wird die erste französische Niederlassung im Senegal gegründet, 1659 die dortige Stadt Saint-Louis. Die Besetzung von Stützpunkten auf Madagaskar 1642 muss nach dreißig Jahren wegen des Widerstandes der einheimischen Bevölkerung aufgegeben werden, allerdings kann Frankreich 1654 die damals noch nicht bewohnte Insel Bourbon (heute Réunion) dauerhaft besetzen. 1660 gelangt die westliche Hälfte der Insel Santo Domingo unter französische Herrschaft; sie wird im 18. Jahrhundert zur wertvollsten Kolonie des Königreiches und erkämpft im Zuge der französischen Revolution 1804 ihre Unabhängigkeit als Republik Haiti, der erste von Schwarzen geführte moderne Staat. Die koloniale Expansion Frankreichs in Indien seit ca. 1664 endet mit der Niederlage im Krieg gegen England im 18. Jahrhundert; nur das Kontor Pondichéry mit einigen Dependancen bleibt bis 1954 französisch. 1682–1762 und 1800–1803 ist Louisiana französische Kolonie; Napoléon Bonaparte verkauft sie schließlich an die Vereinigten Staaten. 1715–1810 besitzt Frankreich auch die *Ile de France*, das heutige Mauritius, und kurzzeitig die Seychellen.

Versucht man eine Bilanz zu ziehen, so wird deutlich, dass nur kleinere Teile dieses ersten Kolonialreiches (hier wurden nur die wichtigsten Eroberungen aufgeführt) dauerhaft im Besitz Frankreichs bleiben. Einige, wie Martinique, Guadeloupe, Guyane und Réunion sind bis heute allerdings Überseeregionen und -departements der Französischen Republik.

Die französischen Könige verfügen im Allgemeinen für die neueroberten Gebiete über keine wirkliche Sprachenpolitik. Zwar wird das Französische als Sprache der juristischen Dokumente verkündet, in Wirklichkeit kommt es zu nicht wenigen Ausnahmen, eine darüber hinausgehende Politik der Verbreitung der Sprache gibt es nicht. Diese ist angesichts der weitgehenden Inexistenz einer königlichen Bildungspolitik auch schwerlich denkbar. Zwar ist klar, dass Französisch die Sprache des Hofes ist, wer gesellschaftlich aufsteigen will, muss sie sich aneignen. Aber dieser Hof verfügt kaum über Strukturen, die ihren Erwerb ermöglichen; er hat an der Verbreitung der Sprache kein wirkliches Interesse. Erst allmählich verfügt diese Referenzsprache über einen Regelapparat; die Normativierungsarbeit ist langwierig und wenig effizient, obwohl 1634/35 mit der *Académie* eine Institution geschaffen wird, die genau dafür sorgen soll. Erst die dritte Auflage ihres Wörterbuches von 1740 kann eine weitgehende Reform der Orthographie vornehmen (diese Reform bildet noch die Grundlage der heutigen Orthographie des Französischen). Und erst als die Aufklärung sich im 18. Jahrhundert immer stärker durchsetzt, kommt es zur Ausarbeitung der ersten Pläne zur Volksbildung (das protestantische Europa hatte hier gegenüber Frankreich und den übrigen katholischen Staaten einen großen Vorsprung, denn die Verpflichtung der Gläubigen, die Bibel regelmäßig zu lesen, machte die Einrichtung eines allgemeinen Schulwesens fast unabdingbar). Dieses Fehlen einer konsequenten Politik führt dazu, dass zunächst nur Angehörige der gesellschaftlich führenden Schichten sich um den Erwerb der neuen Herrschaftssprache Gedanken machen, vor allem, um auf diese Weise ihre Position zu sichern (umgekehrt bemüht sich der Königshof bis zu einem gewissen Grad um Angehörige dieser Führungsschichten). Alle anderen Untertanen müssen sich, wollen sie gesellschaftlich vorankommen, die dominierende Sprache selbst aneignen, soweit das möglich ist. Diese politische Inaktivität, die für die Betroffenen praktisch zu einer Politik des Ausschlusses wird, erklärt bis zu einem gewissen Grade, warum die Herrschaftssprache so verklärt wird: sie wird als das Tor zum sozialen Aufstieg gesehen. Hinzu kommt, dass seit dem Ende des Dreißigjährigen Krieges und unter dem Eindruck der politischen Vormachtstellung Ludwigs XIV. das Französische das Kastilische (Spanische) als dominante Sprache in Europa abgelöst hat.

Abgesehen davon, dass die Könige den Primat der Sprache des Hofes verkünden und durch Erlasse fixieren, betreiben sie kaum aktive Sprachenpolitik. Durch ihre Position sorgen sie indes dafür, dass die tatsächlich verwendeten Sprachen in sehr unterschiedlicher Weise von ihren Sprechern eingeschätzt werden. Schon seit der Zurückdrängung des Lateins wird allen Sprachen ein gewisser ideologischer Wert beigelegt. Die ersten Diskussionen darum, welcher oder welchen Sprachen ein Vorrang zuzubilligen sei, beginnen vor allem in der Zeit nach den Reisen des Columbus. Das geschieht zunächst fast nur in gelehrten Kreisen, allerdings wissen auch die einfachen Leute, dass der Sprachbeherrschung und dem Sprachgebrauch bei der Zuteilung der Plätze in der Gesellschaft eine Rolle spielen.

2.3 Von der Revolution bis zur Verfassungsänderung 2008

Die Französische Revolution bedeutet auch in Hinblick auf die Sprachgeschichte und Sprachenpolitik einen tiefen Einschnitt.

Geographisch verändert sich Frankreich – lassen wir die vorübergehenden Eroberungen durch Bonaparte außer Betracht – seit dem Ausbruch der Revolution wenig: in deren Anfangszeiten kommen einige Enklaven wie Avignon, der *Comtat Venaissin* und Montbéliard hinzu. Bedeutsamer ist der Anschluss von Savoyen und Nizza im Jahre 1860, Gebiete, in denen Frankoprovenzalisch bzw. Okzitanisch die Umgangssprache sind, sozusagen als Preis für die Zustimmung Frankreichs zur Einigung Italiens (nach 1945 kommt es zu unbedeutenden „Grenzkorrekturen" zugunsten von Frankreich im Hinterland von Nizza; diese bewirken, dass nun auch einige Gemeinden als traditionelle Sprache das Ligurische haben, eine Varietät des Italienischen; allerdings ist die Sprecherzahl gering, vgl. Dalbera 2013). Umgekehrt muss Frankreich 1871 (den größten Teil vom) Elsass und (einen Teil von) Lothringen an das neue Deutsche Reich abtreten, diese Gebiete kehren erst nach dem Ende des Ersten Weltkrieges 1918 unter französische Herrschaft zurück.

Dagegen erwirbt sich Frankreich ab etwa 1830 ein zweites Kolonialreich von gewaltigen Ausmaßen: ab 1830 erobert es Algerien in einem über zwanzigjährigen Krieg. 1881 wird Tunesien französisches Protektorat und 1912 Marokko. Die Eroberung weiter

Gebiete in Zentral- und Westafrika beginnt 1839 und erstreckt sich bis ins 20. Jahrhundert; diese Kolonien werden in zwei großen Territorien zusammengefasst: 1895 wird Französisch Westafrika (*Afrique Occidentale Française*) gegründet, 1910 Französisch Äquatorialafrika (*Afrique Equatoriale Française*). 1843 wird Mayotte als erste der Komoren erobert, die übrigen Inseln folgen in den nächsten Jahrzehnten, 1896 wird Madagaskar annektiert, und Djibouti wird (zunächst unter der Bezeichnung *Côte Française des Somalis*) Kolonie. Nach dem Ersten Weltkrieg werden Teile der ehemals deutschen Kolonien Togo und Kamerun als Völkerbundmandate übernommen. Zwischen 1859 und 1885 wird Französisch-Indochina erobert, die heutigen Staaten Vietnam, Kambodscha und Laos. Auch im Stillen Ozean erwirbt Frankreich Gebiete: ab 1842 besetzt es das heutige Französisch-Polynesien, 1853 wird Neu-Kaledonien erobert. Zwischen den beiden Weltkriegen stehen auch die heutigen Staaten Syrien und Libanon unter französischem Völkerbundsmandat. Das sind nur die wichtigsten Erwerbungen.

Allerdings geht der größte Teil dieser Eroberungen relativ rasch wieder verloren, teilweise nach verlustreichen Kriegen. 1954 muss Frankreich nach langem Befreiungskrieg die Unabhängigkeit von Vietnam, Kambodscha und Laos anerkennen, 1956 werden Tunesien und Marokko wieder souverän, zwischen 1958 (Guinea) und 1960 werden fast alle afrikanischen Kolonien unabhängig, 1962 endet der 1954 ausgebrochene Befreiungskrieg Algeriens mit der Unabhängigkeit des Landes. 1975 werden die Komoren unabhängig, nur Mayotte bleibt französisch und ist seit 2011 Überseedepartement.

Heute gehören vom ersten Kolonialreich nur noch die vier „alten" Überseedepartements (heute Regionen) Martinique, Guadeloupe, Guyane und Réunion zu Frankreich, vom zweiten sind vor allem noch Polynesien und Neu-Kaledonien beim französischen Staatsverband, nebst einigen kleineren, in der Bevölkerungstabelle erwähnten Gebieten. Sie werden nicht mehr als Kolonien betrachtet und genießen, abgesehen von den Überseedepartements, unterschiedliche Grade der Autonomie. Derzeit gibt es nirgendwo eine starke Unabhängigkeitsbewegung. Allerdings hinterlässt das koloniale Erbe Frankreichs an anderer Stelle Spuren: ein erheblicher Teil der Immigranten nach Frankreich stammt aus den ehemals kolonisierten Gebieten.

Der Einfluss der Revolution auf die interne Sprachgeschichte ist (zunächst) bescheiden; es wurde sogar behauptet, linguistisch gesehen habe die Revolution nicht stattgefunden. Wenn man allerdings nicht nur Phonetik, Morphologie und Syntax betrachtet, wird das Bild differenzierter: zwar bleiben die phonetischen Veränderungen bescheiden (einige bis dahin als familiär oder vulgär eingestufte Varianten werden zur neuen Norm), die Grammatik bleibt praktisch unverändert, aber textlinguistisch kommt es zu erheblichen Neuerungen, denn es entstehen zahlreiche bis dahin nicht bekannte Textsorten, auch pragmatisch kommt es zu Verschiebungen (so etwa das nach kurzer Zeit wieder aus dem Sprachgebrauch verschwundene „revolutionäre Duzen", das die Gleichheit und Brüderlichkeit ausdrücken soll). Natürlich ziehen die gesellschaftlichen Veränderungen auch erhebliche Neuerungen im Lexikon nach sich: viele Wörter sind ideologisch belastet und werden durch andere ersetzt, andere entstehen schlicht mit den neuen Realitäten.

Weitaus wesentlicher ist der ideologische und sprachenpolitische Wandel: die Revolutionäre sind sich rasch darüber im Klaren, dass die Kommunikation in beide Richtungen, von den Herrschenden zu den Beherrschten und umgekehrt, für den Erfolg der Revolution von entscheidender Bedeutung ist, mit anderen Worten, dass Kommunikation und Sprache zum Objekt von Politik werden müssen. Denn die Regierenden müssen sich von nun an in zunehmendem Maße vor den Regierten rechtfertigen, und sie müssen diese für ihre Ziele gewinnen. Eine Berufung etwa auf eine religiöse Instanz ist nicht mehr möglich.

Das erklärt die rasche Entscheidung der Nationalversammlung, bereits am 14. Januar 1790 auf Antrag des aus Flandern stammenden Abgeordneten Bouchette, Übersetzungen der wichtigen revolutionären Texte in die in Frankreich gesprochenen Sprachen anzuordnen, um die notwendige Verbreitung der neuen Ideen zu erreichen (Schlieben-Lange 1985, 98). Allerdings wird rasch deutlich, dass die Nationalversammlung zwischen dem Französischen und den anderen Sprachen einen Unterschied macht, denn sie verwendet für diese kaum je die Bezeichnung *langue*, sondern zieht *idiome* oder ähnliche Bezeichnungen vor. Ein weiteres Problem besteht darin, dass die Revolutionäre in Paris nur eine undeutliche Vorstellung davon haben, welche Sprachen im Lande gesprochen werden (es gibt ja oft keine übergreifenden Bezeichnungen für sie). Immerhin, in einer ersten Phase überwiegt der kommunikative Aspekt der Sprachwahrnehmung, durch die Übersetzungen sollen der Revolution Anhänger gewonnen werden. Diese Politik setzt sich während der ersten (sozialen) Phase der Revolution fort, im Allgemeinen bis 1792/93.

Zugleich bereitet sich indes die zweite, nationale Phase der Revolution vor: ab 13. August 1790 sendet der Abgeordnete Grégoire (1750–1831) seinen berühmten *questionnaire* mit dem Titel *Une série de questions relatives aux patois et aux moeurs des gens de la campagne* aus; am 4. Juni 1794 (*16 prairial An II*) wird er vor dem Konvent als Ergebnis dieser Umfrage (die ernsteren methodischen Ansprüchen in keiner Weise genügt) seinen *Rapport sur la nécessité et les moyens d'anéantir les patois et d'universaliser l'usage de la langue française* vortragen (vgl. de Certeau/Julia/Revel 1975; Alcouffe/Brummert 1985). Er kommt dabei zu dem für ihn bestürzenden Ergebnis:

> On peut assurer sans exagération qu'au moins six millions de Français, surtout dans les campagnes, ignorent la langue nationale; qu'un nombre égal est à-peu-près incapable de soutenir une conversation suivie; qu'en dernier résultat, le nombre de ceux qui la parlent purement n'excède pas trois millions; et probablement le nombre de ceux qui l'écrivent correctement est encore moindre. (zit. nach Balibar/Laporte 1974, 200)

Wenn die von Grégoire angegebenen Zahlen ungefähr stimmen (allerdings gibt die Rundung in Dreierzahlen zu manchen Zweifeln Anlass; die politischen Absichten Grégoires lassen erwarten, dass er die Zahlen eher nach oben gerundet hat) und man die Bevölkerung Frankreichs damals auf ca. 27 Millionen schätzt, dann beherrschen nur wenig mehr als 10% der Bevölkerung die Referenzsprache so ungefähr. Auf jeden Fall ist die Lage weit von den Zielvorstellungen der Revolutionäre entfernt.

Bereits vor seinem Bericht spricht ein anderer Abgeordneter über die Sprachenfrage: am 27. Januar 1794 spricht Bertrand Barère de Vieuzac (1755–1841) *Sur les idiomes*, um sich vor allem gegen die Sprecher des Bretonischen, Baskischen, Deutschen und Italienischen in Frankreich zu wenden. Er sagt unter anderem:

> Nous avons révolutionné le gouvernement, les lois, les usages, les mœurs, les costumes, le commerce et la pensée même; révolutionnons donc aussi la langue, qui est leur instrument journalier. […]
>
> Le fédéralisme et la superstition parlent bas-breton; l'émigration et la haine de la République parlent allemand; la contre-révolution parle l'italien, et le fanatisme parle le basque. Cassons ces instruments de dommage et d'erreur. (zit. nach de Certeau/Julia/Revel 1975, 295)

Man könnte von einer Auseinandersetzung zwischen zwei sprachenpolitischen Linien sprechen: die eine möchte für die allmähliche Ausbreitung des Französischen werben, die andere alle anderen Sprachen zum Verschwinden bringen. Ob man in der ersten eine zweisprachige Politik erblicken kann, ist nicht ganz klar, die zweite zielt auf die (zwangsweise) Einführung einer einzigen Staatssprache ab (Alcouffe/Brummert 1985, 58); das Konzept einer institutionalisierten Zwei- bzw. Mehrsprachigkeit war damals wohl noch nicht vorhanden. Es gibt nur einen bekannt gewordenen Vorschlag in diese Richtung, den von Antoine Gautier-Sauzin (1748–1831) aus Montauban, der nicht umgesetzt wurde (Damaggio 1985). Sicher ist, dass die erste Richtung langfristig denkt und die zweite den unmittelbaren Zwang vorsieht. Während zunächst die erste durchgeführt wird, gewinnt ab 1793/94 die zweite an Bedeutung. Man darf nicht vergessen, dass zu dieser Zeit die revolutionären Kriege gegen die alten Mächte begonnen haben und in Frankreich selbst die Bevölkerung sich in mehreren Gebieten gegen die neue Regierung erhoben hat (Barère erwähnt das Problem im Verlauf seiner Rede). Etwa zu gleicher Zeit werden die Revolutionäre aus dem Ausland, die bis dahin eine erhebliche Rolle gespielt haben, aus den staatlichen und privaten Gremien ausgeschlossen. Die *terreur* bekommt einen sprachlichen Aspekt: das Französische wird fortan als einzige Sprache der Revolution und des neuen Staates verstanden; wer sich nicht um das Französische bemüht, wird als verdächtig angesehen. Allerdings endet diese Phase nach kurzer Zeit, unter dem Direktorium und unter Bonaparte wird die Sprachenpolitik viel pragmatischer. Das Prinzip des Monopols des Französischen wird indes nicht aufgegeben, wenn es auch (und bis 1992) implizit bleibt.

Der naheliegende Weg zu seiner Umsetzung wäre die Einführung der allgemeinen Schulpflicht gewesen. Diese wird in den damals zahlreichen Plänen zur Erziehungspolitik vorgesehen, sogar von den revolutionären Versammlungen dekretiert, kann aber wegen fehlender Mittel und Lehrer nicht umgesetzt werden. Nach mehreren Zwischenschritten – vor allem der *loi Guizot* von 1833, der *loi Falloux* von 1850 und der *loi Duruy* von 1867 – wird sie erst in der Dritten Republik, in den Jahren 1881/82, im Zuge der *lois Jules Ferry* eingeführt und dann auch recht zügig umgesetzt. Nachdem vereinzelt Lehrer auch andere Sprachen als das Französische verwenden (und sogar lehren), um von ihren Schülern, die oft kein Wort der Staatssprache können, verstanden zu werden, muss durch Dekrete der Monopolcharakter des Französischen festgelegt werden. Allerdings gibt es immer wieder Lehrer, die sich dennoch der anderen Sprachen bedienen; teilweise müssen sie es tun, da Kinder, die als Primärsprache etwa Bretonisch oder Baskisch haben, sich – im Gegensatz zu den Kindern mit romanischen Muttersprachen – kein Wort erschließen können; in den Gebieten mit deutscher oder italienischer (Korsika) schriftsprachlicher Tradition tun es manche, da man diese Sprachen nicht als *patois* bezeichnen kann.

Die Dinge verkomplizieren sich dadurch, dass sich seit dem frühen 19. Jahrhundert in mehreren dieser Gebiete – vor allem in Okzitanien und in der Bretagne, aber auch in Katalonien und im Baskenland (beide haben indessen ihren Schwerpunkt in Spanien) – kulturelle Renaissancebewegungen gebildet haben, die zunächst zu einer literarischen Wiederbelebung der jeweiligen Sprachen führen, allmählich auch in politische Forderungen einmünden. Sie nehmen das institutionelle Monopol des Französischen nicht mehr unwidersprochen hin. Diese Opposition verhärtet sich im Laufe der Zeit. Auf der einen Seite fordert der Staat unter Berufung auf die revolutionäre *égalité* die Anerkennung des öffentlichen Monopols des Französischen (die private Verwendung wird *im Prinzip* nicht eingeschränkt), auf der anderen wollen die Vertreter der Peripherien, indem sie sich auf die *liberté* berufen, einen Platz für ihre Sprachen und Kulturen sichern. Um diese Dialektik zu verstehen, muss man sich vor Augen halten, dass das 19. Jahrhundert die Zeit des Wiedererwachens der Nationen ohne Staat ist, von denen viele angesichts des mangelnden Verständnisses der jeweiligen Staaten die politische Autonomie oder Unabhängigkeit anstreben, und etliche sie, oft nach langen Kämpfen, auch erhalten; für sie ist z.B. die okzitanische Renaissance um Frédéric Mistral oft ein Vorbild. In den Renaissancebewegungen in Frankreich hat der politische Separatismus allerdings trotz der wenig kompromissbereiten Haltung des Staates nur wenige Anhänger.

Die rigide Schulpolitik des französischen Staates bringt es mit sich, dass alle französischen Bürger seit dem Ende des 19. Jahrhunderts mit der Staatssprache (mehr oder weniger) vertraut gemacht werden. Französische Staatsbürger, die die Staatssprache nicht beherrschen, werden immer seltener und sind nach 1945 kaum mehr vorhanden; auf jeden Fall spielen sie statistisch keine Rolle mehr. Eine Ausnahme ergibt sich für das Elsass und das deutschsprachige Lothringen, wo diese Phase aufgrund der historischen Ereignisse erst einige Jahrzehnte später erreicht wird. Vor allem jedoch hinken die 1946 zu Überseedepartements erhobenen ehemaligen Kolonien Martinique, Guadeloupe, Guyane und Réunion hinter dem europäischen Frankreich her, denn die allgemeine Schulpflicht wird hier erst seit 1946 ernsthaft umgesetzt; erst gegen Ende des 20. Jahrhunderts verschwinden dort die letzten weitgehend einsprachigen Analphabeten.

Die Sprachenpolitik wird zu einem politischen Zankapfel, seit im Jahre 1870 drei Gelehrte, Charles de Gaulle (1837–1880), Hyacinthe de Charencey (1832–1916) und

Henri Gaidoz (1842–1932) eine *Pétition pour les langues provinciales au Corps Législatif de 1870* veröffentlichen (vgl. Moliner 2010). Der Ausbruch des Deutsch-Französischen Krieges und das Ende des Zweiten Kaiserreichs sorgen dafür, dass die Petition nicht weiter behandelt wird. Aber das Thema bleibt auf der Tagesordnung. Immer wieder fordern die Vertreter der verschiedenen Renaissance-Bewegungen einen Platz für ihre Sprachen in der Öffentlichkeit, vor allem in der Schule, und immer wieder nehmen sich Abgeordnete dieser Forderungen an. Allerdings: wer als Abgeordneter solche Initiativen unterstützt, muss als Erziehungsminister noch lange nicht an der Umsetzung der Pläne arbeiten. Es kommt allenfalls zu punktuellen Konzessionen. Erst das Vichy-Régime 1940–1944 erlässt erste bescheidene Maßnahmen, die aufgrund des Kriegsendes nicht von Dauer sind. Die *loi Deixonne*, die am 11. Januar 1951 verabschiedet und zwei Tage später veröffentlicht wird, gibt vier der *langues et dialectes locaux*, nämlich dem Baskischen, Bretonischen, Katalanischen und Okzitanischen, einen bescheidenen Platz im freiwilligen Unterricht (vgl. Anhang Kap. 9.); Deutsch, Flämisch (Niederländisch) und Italienisch werden nicht erfasst, da sie Varietäten von Sprache seien, die im Unterrichtswesen bereits ihren Platz hätten. Man wird diesen Ausschluss eher als eine Folge des Zweiten Weltkrieges ansehen. Das Gesetz gestattet einen bescheidenen Unterricht in den *langues et dialectes locaux* (das war die damalige Bezeichnung), vor allem an den höheren Schulen (wogegen er damals noch vor allem an den Grundschulen sinnvoll gewesen wäre, denn nicht alle Schulanfänger hatten schon gute Französischkenntnisse), gemäß dem Prinzip der „doppelten Freiwilligkeit" (d.h. Lehrer und Schüler sind freiwillig tätig). Das Korsische wird 1974 durch ein Dekret in das Gesetz einbezogen, da es sich nicht mehr als Varietät des Italienischen deklariert. Andere Sprachen folgen später, nämlich das in Polynesien gesprochene Tahitische und das in Neu-Kaledonien gesprochene Melanesische (allerdings unter diesen Sammelbezeichnungen, die der sprachlichen Vielfalt der beiden Gebiete nicht gerecht werden; vgl. Woehrling 2013, 77). Es ist sicher kein Zufall, dass die *loi Deixonne* zu einem Zeitpunkt verabschiedet wird, an dem es (fast) keine einsprachigen Sprecher der anderen Sprachen mehr gibt. Gleichzeitig beginnt die rasche Erosion der Kenntnisse in den dominierten Sprachen (waren etwa um 1950 noch ca. 80% der Bewohner des bretonischsprachigen Gebietes dieser Sprache auch mächtig, so liegt der Prozentsatz bereits um 1990 unter 20% und ist bis 2007 auf 13% gefallen; vgl. Broudic 1995, 351; Broudic 2013, 441).

Sozusagen im Gegenzug kommt es zur Verabschiedung zweier Gesetze zum Schutze der französischen Sprache gegen fremde Einflüsse (damit sind vor allem anglo-amerikanische gemeint), 1975 zur *loi Bas-Lauriol* und 1994 zur *loi Toubon*. Beide versuchen, mit mäßigem Erfolg, die Position des Französischen zu festigen und eine konsequente Franzisierungspolitik für Fremdwörter in die Wege zu leiten.

Immerhin ist sich das offizielle Frankreich seit der Wahl von François Mitterrand zum Präsidenten 1981 des Sprachenproblems bewusst geworden; während seines Wahlkampfes hatte Mitterrand auf einer Rede in Lorient (Bretagne) sogar « le droit à la différence » verkündet. Der neu ernannte Kulturminister Jack Lang beauftragt den Wissenschaftler Henri Giordan mit einem Bericht über die sprachliche Situation Frankreichs, der 1982 unter dem Titel *Démocratie culturelle et droit à la différence* veröffentlicht wird. Giordan fordert darin eine Politik der Anerkennung der Minderheitskulturen und behandelt die Gruppen *sans implantation territoriale* (damit sind ältere und neuere Zuwanderergruppen gemeint) und die vor allem territorial fixierten Gruppen (die Sprecher der so genannten Regionalsprachen) gemeinsam; außerdem weist er auf die Notwendigkeit einer angemessenen Sprachenpolitik in den Überseedepartements und -territorien hin (Giordan 1982, 50–57). Zwar werden seine Gedanken damals breit und kontrovers diskutiert (manche Vertreter der autochthonen Minderheiten sind gegen eine Gleichbehandlung aller Gruppen), die Folgen bleiben letztlich bescheiden. Dabei lässt sich eine erstaunliche Beobachtung machen: war die sprachliche Vereinheitlichung seit der Revolution vor allem eine Forderung der politischen Linken, während konservative Politiker die Verteidigung der sprachlichen Vielfalt zu ihrem Thema machten, werden seit dem Ende des Zweiten Weltkrieges und verstärkt ab den siebziger Jahren die Minderheitssprachen und -kulturen ein Thema der Linken. Danach werden vor allem konservative Politiker unter dem Schlagwort der Verteidigung der staatlichen Einheit als faktische Gegner der Förderung dieser Kulturen auftreten. Allerdings gibt es auf beiden Seiten Ausnahmen; das macht die politische Willensbildung in der Frage so schwer.

1992 wird die Verfassung ergänzt. Sie stellt fortan in Art. 2. fest: « La langue de la République est le français ». Alle Versuche, in irgendeiner Weise die autochthonen Minderheitensprachen im Rahmen dieses Artikels auch zu erwähnen, scheitern. Damit wird das bisher implizite staatssprachliche Monopol zum ersten Male rechtlich formuliert; der *Conseil Constitutionnel*, der für Verfassungsbeschwerden zuständig ist, gibt diesem Satz durch seine Entscheidungen eine restriktive Interpretation, die so weit geht, dass etwa zweisprachige Schulen mit Immersionsunterricht, im konkreten Fall die bretonischen *Diwan*-Schulen, nicht in das staatliche Schulwesen aufgenommen werden können, da durch diesen Unterricht das Monopol des Französischen als ausschließliches öffentliches Kommunikationsmittel beeinträchtigt werde. Diese Interpretation ist sicher enger als notwendig, denn andere Staaten, die in ihren Verfassungen eine Staatssprache fixiert haben, zeigen größere Flexibilität. In der Folge erweist sich, dass dieser Verfassungsartikel ein Hindernis für jede ernstliche Änderung der gesetzlichen Situation darstellt.

Als die (Links-) Regierung Jospin gegen Ende des Jahrhunderts die 1992 zur Unterzeichnung aufgelegte *Europäische Charta der Regional- oder Minderheitensprachen* unterzeichnen und ratifizieren will, versucht sie, möglichen Einsprüchen durch eine Reihe von Berichten von einem Politiker (Bernard Poignant), einem Verfassungsjuristen (Guy Carcassonne) und dem Sprachwissenschaftler Bernard Cerquiglini zuvorzukommen. Alle kommen zu dem Schluss, dass einer Ratifizierung unter Berücksichtigung bestimmter Details nichts im Wege stehe. Daraufhin unterzeichnet der damalige Europa-Minister Pierre Moscovici am 7. Juni 1999 in Budapest die Charta. Dagegen ruft der damalige Staatspräsident Jacques Chirac sofort den *Conseil Constitutionnel* an, der auch nach kurzer Zeit – allerdings mit einer relativ mühsamen Begründung – die Unvereinbarkeit der *Charta* mit der französischen Verfassung feststellt. Seither sucht Frankreich nach einem Ausweg. Die Regierung Jospin versucht, durch alle möglichen zulässigen Maßnahmen die Situation der Minderheiten zu verändern, so kommt es zu einer Reihe von Dekreten. Das Grundproblem indes bleibt: Frankreich hat sich mit dieser Entscheidung des Verfassungsrates selbst minderheitenrechtlich ins europäische Abseits gestellt. Seither versuchen zwei Präsidenten, bislang vergeblich, zu einer Lösung zu kommen. Im Wahlkampf 2012 verspricht der Kandidat Hollande eine neuerliche Verfassungsänderung, die eine Unterzeichnung möglich machen würde; mittlerweile scheint er das Projekt aufgegeben zu haben.

Es ist in diesem Zusammenhang sinnvoll, einen Blick auf die *liste Cerquiglini* vom April 1999 zu werfen; Cerquiglini war damit beauftragt worden, eine Liste der Sprachen (*langues de France*) zu erstellen, die (möglicherweise) von der Charta in Frankreich berücksichtigt werden könnten/sollten. Er geht vom Monopol des Französischen ab und kommt auf eine Liste von 75 *langues de France* (außer dem Französischen). Nach seiner Überzeugung ist Frankreich der Staat mit den meisten Sprachen in Westeuropa (wobei es schwierig sein dürfte, diese Behauptung zu belegen oder zu falsifizieren).

Es existieren mehrere Versionen der *liste*, die sich nur in geringen Details unterscheiden. Cerquiglini erwähnt zunächst die folgenden definitorischen Prinzipien der *Charta*: sie versteht unter den Begriffen „Regional- oder Minderheitensprachen" solche Sprachen, „die herkömmlicherweise [traditionnellement] in einem bestimmten Gebiet eines Staates von Angehörigen dieses Staates gebraucht werden, die eine Gruppe bilden, deren Zahl kleiner ist als die der übrigen Bevölkerung des Staates" (*Charta*, Art. 1; hier zit. nach Tichy 2000, 23). Etwas weiter werden auch „nicht territorial gebundene Sprachen" einbezogen. Sie umfassen weder Dialekte der Staatssprachen noch die Sprachen von Zuwanderern. Um seine Liste erstellen zu können, muss Cerquiglini den Begriff „herkömmlicherweise" so ausdehnen, dass die ältere Zuwanderung mit einbezogen werden kann (es handelt sich dabei aufgrund des *ius soli* um französische Bürger), die neue dagegen nicht. Allerdings macht er einen Einschnitt, indem er die Franzosen italienischer, portugiesischer, polnischer oder chinesischer Abstammung ausschließt, da diese Sprachen an Sekundarschulen unterrichtet werden. Damit verweist er *implizit* auf eine weitere Grundlage seiner Liste, nämlich, dass die zukünftigen *langues de France* nirgendwo sonst einen offiziellen Status besitzen sollen. Dieses Prinzip gehört zur französischen sprachenpolitischen Tradition und spielt schon bei der *loi Deixonne* eine Rolle, es entspricht indes dem Geist der Charta nicht (andere Staaten sind anders verfahren, wie die Berücksichtigung des Deutschen in Dänemark und des Dänischen in Deutschland zeigt; vgl. Kremnitz 2008, 21). Insgesamt interpretiert Cerquiglini die Charta und ihre Begleittexte so, dass möglichst viele Sprachen in die Liste aufgenommen werden können; er interpretiert dabei die Kriterien in relativ extensiver Weise. Die Liste gliedert sich in der ursprünglichen Fassung in die folgenden Teile: Sprachen des Mutterlandes (darunter fallen die autochthonen Sprachen, deren Vertreter schon seit langem um ihre

Anerkennung kämpfen, aber auch Berberisch (in seinen in Frankreich gesprochenen Varietäten), dialektales Arabisch (in seinen Varietäten), Jiddisch, Romanés (als Sprache der Roma und Sinti) und (West-) Armenisch; die Sprachen der Überseedepartements, darunter fallen die Kreolsprachen und die autochthonen Sprachen von Guayane; die Sprachen der Überseeterritorien, nämlich 28 kanakische Sprachen in Neu-Kaledonien, 9 polynesische Sprachen in Polynesien, Wallis und Futuna, und die beiden auf der Insel Mayotte gesprochenen Sprachen.

Diese lange Liste ist in sich selbst nicht ganz ohne Widersprüche: die Aufzählung des Katalanischen und Baskischen zeigt, dass das Kriterium, nur Sprachen aufzunehmen, die anderswo keinen Status haben, nicht ganz durchgehalten wird. Auf der anderen Seite sind Bezeichnungen wie dialektales Arabisch (später wird die Bezeichnung maghrebinisches Arabisch verwendet) gesucht worden, damit das Arabische in die Liste aufgenommen werden kann, ohne an die Grundsätze zu rühren. In einigen Fällen dürften auch politische Interventionen stattgefunden haben (wenn man auch annehmen darf, dass deren Resultate begrenzt waren). Nachträglich wurden noch das *judéo-espagnol* (Sephardisch) und die französische Gebärdensprache hinzugefügt, 2003 auch die ligurischen Sprachinseln in Frankreich (östlich von Nizza). Umgekehrt ist an einigen Stellen, etwa in Polynesien, nicht ganz klar, ob es sich wirklich in allen Fällen um unterschiedliche Sprachen oder „nur" um Varietäten handelt (vgl. Kremnitz 2008, 25).

Die Wirkung der Liste ist trotz der Nicht-Unterzeichnung der Charta beträchtlich: fortan haben die Verteidiger der sprachlichen Vielfalt Frankreichs ein mehr oder weniger offizielles Dokument, auf das sie sich stützen können. Auf der anderen Seite ist die Liste für manche Politiker ein ziemlicher Schlag. Auf alle Fälle: die Sprachenfrage ist von nun an auf der politischen Tagesordnung. Paradox dabei ist, dass von den Zahlen her die Sprachen der Zuwanderer und der Überseedepartements eine weitaus gewichtigere Rolle spielen als die autochthonen Minderheiten, deren Sprecherzahlen im 20. Jahrhundert wie Schnee in der Sonne geschmolzen sind. Natürlich stellt sich die Frage, ob die Berücksichtigung von ca. 80 Sprachen, etwa im Erziehungswesen, ohne Probleme geleistet werden kann; bislang ist die Frage jedoch akademisch, da auch nicht ansatzweise an der Umsetzung gearbeitet wird.

Nach seinem Amtsantritt 2007 versucht der neue Präsident Nicolas Sarkozy, eine Reihe von Verfassungsänderungen durchzusetzen. Im Rahmen dieses Komplexes wird nach langem Zögern auch eine Bestimmung über die „Regionalsprachen" aufgenommen. Seit 21. Juli 2008 gibt es einen Artikel 75-1. der Verfassung mit dem Wortlaut: « Les langues régionales appartiennent au patrimoine de la France ». Die praktischen Folgen diese Artikels sind indessen bislang minimal: zum einen werden durch ihn nur relativ wenige Sprachen erfasst, zum anderen zeigt sich umgehend, dass dieser Artikel ohne Ausführungsgesetz keine praktische Bedeutung bekommt. Mehrere Gerichtsurteile und eine Sentenz des *Conseil Constitutionnel* machen deutlich, dass erst die Verabschiedung eines Gesetzes die Regierung zu konkreten Maßnahmen verpflichten könnte. Zwar wird zunächst an diesem Gesetz gearbeitet, als es jedoch 2009 zu einem Ministerwechsel kommt, wird das Projekt auf Eis gelegt. Die 2012 an die Macht gekommene Regierung Ayrault hat das Projekt nach einigem Zögern wieder aufgenommen. Am 28. Januar 2014 stimmte die Nationalversammlung mit großer Mehrheit einem Gesetzentwurf zu, der die Charta als mit der Verfassung vereinbar erklärt. Das ist allerdings nur der erste Schritt: bis zu einer tatsächlichen Verfassungsänderung ist es noch ein weiter Weg, und eine effiziente Umsetzung wäre wohl erst von einem Durchführungsgesetz zu erwarten. Ob es dazu kommt, ob die notwendigen Mehrheiten dazu erzielt werden und ob die Regierung letztlich mitzieht, sind noch offene Fragen. Immerhin wurde ein erster – vor allem symbolischer – Schritt getan.

2.4 Zur heutigen sprachenpolitischen Lage

Nach wie vor ist die Sprachenpolitik in Frankreich ein Thema, das mit großer Aufmerksamkeit nicht nur der politischen Klasse, sondern auch vieler Bürger rechnen kann. Dabei scheint es, dass die Gegensätze so tief liegen, dass nur schwer ein befriedigender Kompromiss zu erreichen ist. Zwar sind seit der *loi Deixonne* 1951 auf dem Papier eine ganze Reihe von Verbesserungen vorgesehen worden, aber diese werden nur schleppend (wenn überhaupt) umgesetzt, und zu einer wirklichen Akzeptanz anderer Sprachen durch das offizielle Frankreich ist es nicht gekommen. Ging es in der Vergangenheit vor allem um die autochthonen, territorialen Gruppen, so sind seit den achtziger Jahren auch die nicht-territorialisierten Gruppen stärker hervorgetreten, und in neuerer Zeit die Zuwanderer. Die Zahl der Sprecher der einheimischen Sprachen hat massiv abgenommen – seit Ende des Zweiten Weltkrieges vermutlich fast überall um 80–90% – ihre institutionelle Absicherung ist besser geworden, dagegen haben sich die Zuwanderer und ihre Sprachen vervielfacht. Allerdings gehen die Grundtendenzen des europäischen Minderheitenrechts in Richtung auf eine Förderung der autochthonen Minderheiten, nicht jedoch der Zuwanderer (das dürfte sich weitgehend mit den fehlenden immigrationspolitischen Traditionen in Europa erklären, die die Integration der Zuwanderer in allen Bereichen erschweren; paradoxerweise ist Frankreich der einzige Staat, der auf eine seit langem existierende Immigrationspolitik zurückblicken kann). Insofern hätten die Initiativen der *liste Cerquiglini* wichtige Akzente setzen können.

Immerhin hat die vorsichtige Regionalisierung Frankreichs im Rahmen der *lois Defferre* 1982/83 den Minderheiten in Gestalt der Regionalregierungen neue Gesprächspartner verschafft. Nach relativ langem Zögern haben mittlerweile etliche der betroffenen Regionen sich zu einer Unterstützung der Minderheitensprachen entschlossen, die allerdings ein sehr unterschiedliches Ausmaß annehmen kann. Immerhin scheinen die lange Zeit herrschenden Vorurteile gegen diese Sprachen (sie wurden vielfach als *patois* bezeichnet; zu dieser Bezeichnung Kap. 3.2.) weitgehend verschwunden; in allen Umfragen spricht sich eine deutliche Mehrheit der Befragten für ihr Weiterleben aus. Das führt indes nicht zu einer veränderten Praxis der Befragten, denn die generationelle Weitergabe der Sprachen erfolgt fast überall im Mutterland nur noch in geringem Maße, so dass ihre Verteidiger heute vor allem auf sekundäre Sprecher setzen müssen, d.h. solche, die sie als Zweitsprachen erwerben. Auf längere Sicht ist die Situation prekär, daher ist es auch kein Wunder, dass die meisten dieser Sprachen auf den Listen der gefährdeten Sprachen auftauchen. Zwar werden die Sprachen der Zuwanderer in viel höherem Maße praktiziert und auch an die folgenden Generationen weitergegeben, sie werden jedoch von einem größeren Teil der autochthonen Bevölkerung nicht akzeptiert; diese Haltung stellt ein ernstzunehmendes Hindernis für die Integration der Zuwanderer dar (früher war Frankreich auf seine Integrationskraft sehr stolz).

Heute lassen sich die dominierten Sprachen in Frankreich in folgende Gruppen aufteilen: in die autochthonen Sprachen, in die Sprachen der (ehemaligen) Kolonialgebiete und in die Sprachen der Zuwanderung. Hier wieder lässt sich eine „alte" Zuwanderung (deren Sprachen in ganz Frankreich vorkommen) von einer „neueren" unterscheiden, die entweder als *langues de France* (wenn sie in der *liste Cerquiglini* auftauchen) verstanden werden oder als *langues en France*.

Gelegentlich lassen sich bescheidene Fortschritte verzeichnen: neben die *circulaires* der Erziehungsminister Savary (1981/82) und Bayrou (1995) zur Ausweitung des Unterrichts ist vor allem die Aufnahme vieler autochthoner Sprachen in den *CAPES* (*Certificat d'aptitude au professorat de l'enseignement secondaire*, ein *concours*, der die entsprechenden Sprachen regulär in die Curricula aufnimmt) zwischen 1985 und 2001 zu erwähnen, die am 5. Mai 2013 verabschiedete *loi Peillon* zur Neuordnung des Unterrichtswesens enthält im Art. 27 bis die offizielle Anerkennung des Unterrichts der und in den Regionalsprachen als Recht. Es wird sich zeigen, wie sie umgesetzt wird. Im Jahr 2013 tagt auch eine von der Kulturministerin eingesetzte Arbeitsgruppe, die die Situation der so genannten Regionalsprachen analysieren soll; aus ihrem Abschlussbericht kann man, vor allem, wenn man den Text „gegen den Strich" liest, die Versäumnisse der Politik erkennen. Er gibt eine interessante Momentaufnahme (Comité Consultatif 2013). Die derzeitige Rechtslage wird in Alessio/Eysseric/Couturier 2014 abgebildet.

Zwar hat sich Frankreich implizit vom Monopol des Französischen verabschiedet, da diese aber erst vor relativ kurzer Zeit (1992) in die Verfassung übernommen wurde, hat es sich selbst viele Hindernisse für eine flexiblere Sprachenpolitik aufgestellt. Heute steht es mit seiner offiziellen Monopol-Politik relativ vereinzelt im Europa des Europa-Rates, aber auch der EU; nur Staaten wie die Türkei oder Griechenland nehmen ähnliche intransigente Positionen ein. Es ist nicht abzusehen, wie sich das Problem in überschaubarer Zeit lösen lässt.

2.5 Aufgaben

1. Informieren Sie sich über den Text der Straßburger Eide und überlegen Sie sich, welche Bedeutung für die Kommunikation in der damaligen Zeit sie haben.

2. Vergleichen Sie französische Texte aus dem 12./13. Jahrhundert mit solchen aus dem 16. Jahrhundert und solchen von heute im Hinblick auf die Graphie, das Lexikon und den Satzbau.
3. Informieren Sie sich über die wichtigsten einheimischen Sprachen im ehemaligen Französisch Westafrika.
4. Lesen Sie die Texte der *rapports Barère* und *Grégoire* und informieren Sie sich über ihre Verfasser.

3 Grundlegende Begrifflichkeiten

3.1 Staat, Nation, Sprache; Sprachpolitik vs. Sprachenpolitik

Im Folgenden kann natürlich keine erschöpfende Darstellung der drei Konzepte gegeben werden; sie werden nur insoweit behandelt, als es für den konkreten Zusammenhang sinnvoll ist.

Staat: Das Konzept des *Staates* (das Wort kommt aus dem lateinischen *status*, das bereits in der Spätantike auftaucht; es bedeutet zunächst etwa ‚soziale Situation', daraus entsteht seit dem frühen 15. Jahrhundert ‚Stand' und ‚Rang', im Plural die ‚Stände', frz. *états*, welche in ihrer Gesamtheit das Gemeinwesen darstellen; von *états* kommt es zur Abstraktion *Etat*, wohl gegen Ende des 16. Jahrhunderts in den meisten westeuropäischen Herrschaftssprachen, im Deutschen in dieser Bedeutung erst 1677; als erster soll Machiavelli 1513 *stato* als Synonym von *res publica* verwendet haben (vgl. Schulze 1994, 46). Das semantische Konzept ist neuzeitlich, allerdings kennt es in dem griechischen Begriff *Politeia* oder in den lateinischen Bezeichnungen *res publica* oder *civitas* Vorläufer. Übliche Bezeichnungen im Mittelalter sind *dominium*, *regnum*, auch *imperium*, daneben *terra*, *territorium*, ohne dass sich deutliche Unterschiede festmachen lassen. Der Staat ist durch eine vor allem institutionelle, also nicht an eine bestimmte Person gebundene Herrschaftsform gekennzeichnet. Bereits in der Antike gibt es Staatenbildung, am bekanntesten sind die griechischen Stadtstaaten oder die römische Republik. Viele andere Herrschaftsformen, auch außerhalb der griechisch-lateinischen Welt (sie spielen für die Entwicklung in Europa kaum eine Rolle), verbinden persönliche und institutionelle Elemente. Das gilt auch für den römischen Prinzipat und Dominat seit Augustus.

Schon in der Spätantike werden aus Bürgern allmählich Untertanen, und das Ende des Weströmischen Reiches 476 bringt den Verlust der institutionellen Kontinuität mit sich (wenn sich auch die germanischen Eroberer als Fortsetzer des Reiches fühlen und das westliche Kaisertum wieder aufrichten wollen). Obwohl die ursprünglich nomadischen neuen Herrscher rasch sesshaft werden, geht für lange Zeit diese institutionelle Kontinuität verloren, die Persönlichkeit des einzelnen Herrschers steht im Vordergrund, er muss seine Macht *manu militari* durchsetzen, sobald er Zeichen der Schwäche zeigt, gleitet sie ihm aus der Hand (bezeichnenderweise gibt es in dieser Periode fast keine Herrscherinnen). Ebenso geht die Territorialität der Herrschaft, wie Rom sie ausübte, verloren, und wird durch eine Spatialität abgelöst, die kaum fix gezogene Grenzen kennt und die Macht *praktisch* an die Nähe des Herrschers bindet. Die gesellschaftlichen Hierarchien sind relativ unklar, und die Differenzierung der Gesellschaft ist zunächst gering (sie ist agrarisch geprägt, die handwerkliche und intellektuelle Spezialisierung der Antike ist zu einem großen Teil wieder verloren gegangen). Hinzu kommt der Verlust eines großen Teiles der antiken Traditionen. Einzig die christliche Kirche vermag sich einen relativ hohen Institutionalisierungsgrad zu bewahren, den sie, in Gestalt des Bischofs von Rom, immer stärker auch als Machtfaktor einsetzen kann. Sie muss aufgrund des in zunehmendem Maße funktionierenden Zölibats die fehlende biologische Kontinuität durch erhöhte institutionelle Anstrengungen ersetzen. Allerdings wird die hohe personelle Verflechtung von hohem Adel und den Spitzen der Religion zu einem Instrument der Bewahrung gesellschaftlicher Macht durch eine Schicht. Schließlich sollte man auch den Rückgang der Alphabetisierung der Bevölkerung nicht aus dem Auge lassen: in viel stärkerem Maße als in der Antike werden Lesen und Schreiben zum Spezialwissen bestimmter Fachleute – damals vor allem von Geistlichen – die damit wichtige Positionen in der Gesellschaft erwerben.

Daher kann man im hohen Mittelalter um das Jahr 1000 in Westeuropa von Staatlichkeit in unserem heutigen Sinne kaum sprechen. Es gibt sie zwar bis zu einem gewissen Grade als Zielvorstellung (das Reich Karls des Großen sieht sich als Fortsetzung des Weströmischen Reiches), kaum jedoch als längerfristige Realität. Allerdings enthält diese Gesellschaft bereits Ansätze zu ihrer Veränderung: nach dem Jahr 1000 werden manche Städte eine rasche Entwicklung nehmen und damit die sozialen Verhältnisse verändern. Faktoren der Veränderung sind auch der allmählich wieder entstehende Fernhandel und die Pilgerfahrten und Kreuzzüge, die dieses sehr eng gewordene Westeuropa mit neuen Eindrücken erfüllen. Die Zielvorstellung einer zunehmenden Stabilität von Herrschaft (die erst wirtschaftliche Entwicklung und zunehmenden gesellschaftlichen Wohlstand erlaubt) bringt es mit sich, dass im späten Mittelalter – trotz aller Krisen – die Elemente der Staatlichkeit wieder zunehmen. Vorläufer einer erneuerten Institutionalisierung sind vor allem der unteritalienisch-sizilianische Staat Kaiser Friedrichs II. in der ersten Hälfte des 13. Jahrhunderts und der Deutschordensstaat in Preußen, Kurland und Livland ab 1231 (vgl. Schulze 1994; van Creveld 1999; Reinhard ²2000; Gallus/Jesse ²2007).

Die französischen Könige versuchen zwar – wie alle anderen Monarchen, ihre Konkurrenten – schon seit Hugues Capet (987–996), den Institutionalisierungsgrad ihrer Herrschaft zu steigern, müssen dabei aber nach größeren Fortschritten immer wieder schwere Rückschläge hinnehmen (das lässt sich für die übrigen europäischen Herrschaften ganz ähnlich beobachten). Den schlimmsten Einbruch bildet der Hundertjährige Krieg 1339–1453. Erst danach, vor allem unter Ludwig XI. (1461–1483) und Karl VIII. (1483–1498), kommt es zu einer Stabilisierung der königlichen Macht: moderne Staatlichkeit beginnt im Allgemeinen mit der Aufstellung eines stehenden Heeres (zur Sicherung nach außen) und eines Polizeiwesens (für die innere Ordnung); diese machen eine einigermaßen regelmäßige Haushaltsführung notwendig, und die für all das notwendigen Steuerlasten müssen von den Betroffenen akzeptiert werden. Zugleich werden in Frankreich nach und nach die obersten Gerichtshöfe, die *parlements*, geschaffen, die für eine größere Rechtssicherheit sorgen sollen. Nicht zuletzt verbessert diese verstärkte Präsenz der königlichen Macht die Sicherheit. Die Generalstände, die Vertretung der Untertanen, verlieren in dem Maße an Einfluss, in dem sich die königliche Macht stabilisiert (das verläuft nicht in allen europäischen Staaten in gleicher Weise, es sei nur auf den fast kontinuierlichen Machtzuwachs des englischen Parlaments verwiesen). Natürlich spielt das persönliche Moment des Herrschers nach wie vor eine große Rolle, aber es gibt in zunehmendem Maße Regeln und Verfahrensweisen, die eine gewisse, wenn auch sehr relative, Sicherheit gewähren. Zwar stellen die Religionskriege des 16. Jahrhunderts für Frankreich nochmals eine starke Belastung dar, letzten Endes bedeuten sie keine strukturelle Infragestellung mehr. Der so entstandene Staat – wie seine Konkurrenten – verfügt über relativ stabile Strukturen, die absolutistischen Entwicklungen nach dem Dreißigjährigen Krieg führen jedoch überall zu einer Verringerung des Einflusses der Untertanen. Dieser Staat ist eine Ansammlung von ererbten oder eroberten Gebieten, die ganz unterschiedlicher Sprache und Kultur sein können. „Die wesentliche, wenn nicht einzige Eigenschaft des Staates ist [...] seine Souveränität" (Schulze 1994, 66). Zwar ist die herrschende Sprache und Kultur vorgegeben, nämlich die der Herrschenden, es gibt jedoch keine ernsthafteren Versuche, die Untertanen anderer Sprache und Kultur, oder die Sprecher von Varietäten der Herrschaftssprache, an diese heranzuführen (diese Versuche beginnen zuerst in den protestantisch geprägten Staaten, wo die Schriftlichkeit in zunehmendem Maße eine Rolle spielt).

Nation: Auch der Terminus *Nation* hat eine lange Geschichte; er hat im Laufe der Zeit seine Bedeutung deutlich verändert. Etymologisch stammt er von dem lateinischen Deponens *nasci* ‚geboren werden', ‚wachsen', ‚entspringen', das dazu gehörige Substantiv *natio* bedeutet ‚Geburt', aber auch ‚Volksstamm', ‚Art', ‚Klasse', ‚Gattung'. Das Substantiv weist also auf die gemeinsame Abstammung hin. Vor allem diese letzte Bedeutung wandert ins mittelalterliche Latein, dort werden Menschen gemeinsamer Herkunft als Angehörige einer Nation bezeichnet. Schon bald werden die Studenten der Universitäten nach *nationes* unterschieden, so unterscheidet die Pariser Universität „seit 1249 die gallische Nation, zu der auch Italiener, Spanier und Griechen zählten, die normannische, die englische – darunter die Deutschen, Polen und Skandinavier – sowie schließlich die picardische Nation [...]" (Schulze 1994, 118). Die Zugehörigkeit zu den *nationes* unterscheidet sich indessen von Universität zu Universität, wobei pragmatische Gründe wie die geographische Lage, die Nähe, die Zahl der Studierenden eine Rolle spielen. Auch das Konstanzer Konzil 1414–1418 soll nach Nationen abstimmen, allerdings entstehen aufgrund unklarer Abgrenzungskriterien darüber heftige Streitigkeiten. In Verbindung mit diesem Traditionsstrang kann man auch den seit dem späten 15. Jahrhundert verwendeten Zusatz bei der Reichsbezeichnung Heiliges Römisches Reich *Deutscher Nation* erklären. Diese landsmannschaftliche Semantik lebt noch lange fort. Noch in Zedlers *Universal-Lexicon* kann man 1732 lesen, dass eine gemeinsame Sprache für die Angehörigen einer Nation nicht unerlässlich sei. Wenig später macht allerdings Adelung in seinem *Deutschen Wörterbuch* (1776) die Gemeinsamkeit der Sprache und das Bewusstsein der Zusammengehörigkeit zur Voraussetzung, „sie mögen übrigens einen einigen Staat ausmachen, oder in mehrere verteilet sein" (Schulze 1994, 170). In dieser Tradition stehen auch Herder und seine Nachfolger, die nicht staatliche, sondern sprachliche und kulturelle Gemeinsamkeit voraussetzen. Damit sind die Grundlagen einer *kulturellen* Definition von Nation gelegt. Einen anderen Weg hatte der Nationen-Begriff in Frankreich genommen; dort politisiert er sich; zur Nation gehören diejenigen Individuen, die sich im *status politicus* befinden. Montesquieu definiert Mitte des 18. Jahrhunderts: in den *états généraux* versammelt sich « la nation, c'est-à-dire les seigneurs et les évêques » (Schulze 1994, 117). Auf den einfachsten Nenner gebracht, weitet die Französische Revolution diesen *status politicus* auf alle (männlichen) Franzosen aus, die so von Untertanen zu gleichberechtigten Bürgern werden. Damit ist die Grundlage für die *politische* Definition geschaffen, die vor allem in Frankreich eine entscheidende Rolle spielt. Die moderne Nation setzt allenthalben die Beteiligung der Bürger (heute auch der Bürgerinnen) an den politischen Entscheidungsprozessen voraus.

Diese beiden Konzeptionen verknüpfen sich im Zuge der Französischen Revolution und ihrer Auswirkungen auf Europa. Wie bereits erwähnt, werden in der ersten, vor allem sozialen Phase der Revolution die wichtigen Texte in nichtfranzösische Sprachen übersetzt, damit die Gedanken der Revolution eine weite Verbreitung finden. Mit der politischen Radikalisierung der Revolution, die zu schweren Kämpfen im Lande führen (man könnte in manchen Gebieten von bürgerkriegsähnlichen Zuständen sprechen), und den Revolutionskriegen, die in Eroberungen jenseits der französischen Grenzen münden, kommt es in den Folgejahren zu einer zunehmenden Monopolisierung des Französischen. Der eine Grund liegt darin, dass der Widerstand gegen die Revolution in einigen der anderssprachigen Gebiete Frankreichs besonderen Rückhalt findet. Andererseits werden die revolutionären Truppen, die zunächst an etlichen Orten im Ausland als Befreier empfunden werden, immer mehr zu Besatzungstruppen, gegen die sich Widerstand regt. Diese Gründe bewirken neben anderen, dass die sprachenpolitische Toleranz einer zunehmend rigiden Haltung weicht, die sich an der Verwendung bzw. Anerkennung des Französischen als Nationalsprache festmachen lässt. Damit wird das zunächst rein politische Konzept der Nation durch ein sprachliches und kulturelles gedoppelt, das das Bekenntnis zur französischen Nation an die Anerkennung und den Gebrauch der französischen Sprache knüpft. Wenn auch ideologische Unterschiede zum kulturellen Nationskonzept eines Herder bleiben, in der Praxis gilt dieselbe Verknüpfung von Sprache und Nation: die Durchsetzung der Staatssprache im gesamten Staat wird zur politischen Aufgabe, wer andere Sprachen verteidigt, macht sich – zumindest – verdächtig. Übrigens sind praktisch zeitgleich mit den sprachlich restriktiven Schritten in den Jahren 1793 und 1794 auch die aus dem Ausland stammenden Revolutionäre entmachtet und in vielen Fällen guillotiniert worden (vgl. Kristeva 1988).

Sprache: in diesem Zusammenhang geht es um die Einzelsprache (*langue* im Sinne von Saussure) und nicht um die menschliche Sprechfähigkeit (*langage*). Erstaunlicherweise gibt es in der Sprachwissenschaft keine wirklich anerkannte Definition für dieses zentrale Konzept. Das beruht letzten Endes auf der ungeheuren Plastizität der menschlichen Kommunikation, der die Wissenschaft in der Vergangenheit zu wenig Aufmerksamkeit geschenkt hat. Das erklärt sich zum Teil daraus, dass bei deutlich voneinander verschiedenen Sprachen die Abgrenzung kein Problem darstellt, erst bei nahe „verwandten" Sprachen wird es schwierig, und genau dann greifen die Kriterien kaum. Letzten Endes gibt es zwei Ansätze zur Definition und Abgrenzung von Einzelsprachen, einen intern linguistischen, bei dem der sprachliche Abstand zugrunde gelegt wird; allerdings hat bislang noch niemand wirklich festlegen können, ab welchem Grad des Unterschieds man von zwei Sprachen zu sprechen hat, und wie lange es sich nur um Varietäten handelt. Daher wird oft eine soziolinguistische Vorgehensweise vorgezogen. Der Sprachsoziologe Heinz Kloss hat bereits vor vielen Jahren die Unterscheidung zwischen *Abstands-* und *Ausbausprachen* vorgeschlagen, wobei die erste Bezeichnung sich auf den sprachlichen Abstand, also das schon erwähnte Kriterium, bezieht, während die zweite sich auf das Bewusstsein der Sprecher und die daraus resultierenden Maßnahmen zur Erarbeitung einer Referenzsprache bezieht (vgl. Kloss 1967, und zuletzt 1987). Es geht also letztlich um das Kriterium des Bewusstseins bzw. der Vorstellungen (*représentations* ist der Fachbegriff in der französischen Soziolinguistik) der Sprecher (aber auch der Außenstehenden) und um die daraus resultierenden Konsequenzen. Allerdings hat dieses Kriterium den Nachteil, dass die Vorstellungen von Gruppen sehr wandelbar sein können und damit für eine dauerhafte wissenschaftliche Klassifizierung nur einen begrenzten Wert besitzen. Solche Einstellungen werden vielfach in Umfragen ermittelt, und es zeigt sich, in welch starkem Maße Augenblickseinflüsse das Bild verändern können. Dennoch spielt das Kriterium in der Praxis eine erhebliche Rolle, da es politische Konsequenzen haben kann (vgl. zu dem ganzen Komplex Kremnitz 2008a). Allerdings bringt diese unklare Lage mit sich, dass es immer wieder Auseinandersetzungen um den Status von Sprachen und Varietäten gibt. Darauf wird noch einzugehen sein (vgl. Abschnitt 3.2.).

Die Frage der Sprachverwendung war immer schon eine politische und insbesondere machtpolitische Frage. Allerdings wurde sie in der Antike kaum thematisiert, die herrschenden Sprachen waren die Sprachen der Herrschenden, oder, wie es Antonio de Nebrija, der Verfasser der ersten kastilischen (spanischen) Grammatik 1492, in Anlehnung an antike Autoren formulierte: *Siempre la lengua fue compañera del imperio* [Die Sprache war immer eine Gefährtin der Herrschaft]. Auch nach dem Zusammenbruch des Weströmischen Reiches bleibt die dominante Position des Lateins erhalten, zum einen, da die christliche Kirche im Westen sie zu ihrer Sprache macht, zum anderen, da die neu entstehenden germanischen Herrschaften sich als Fortsetzer des Römischen Reiches verstehen und daher seine Sprache im offiziellen Gebrauch weiter verwenden. Es ist auch die einzige Sprache, die in Regeln gefasst ist, die spätantiken Grammatiken von Aelius Donatus (4. Jahrhundert) und Priscianus (6. Jahrhundert) bleiben die Grundlage der Sprachvermittlung während des gesamten Mittelalters und bis weit in die Neuzeit. Das geht so weit, dass die Begriffe *lingua latina* und *grammatica* lange Zeit als Synonyme verwendet werden. Das Latein wird als einzige in Regeln gefasste Sprache verstanden. Folglich werden andere Sprachen gewöhnlich nicht mit dem Terminus *lingua* bezeichnet, Bezeichnungen wie *idioma,* s*ermo, loquela* treten an seine Stelle. Und wo es doch geschieht, wenn etwa auf dem Konzil von Tours die neue(n) Volkssprache(n) bezeichnet werden müssen, kommt es zu mühsamen Umschreibungen wie *rustica romana lingua*; die Adjektive deuten an, welche Beschwer die Bischöfe mit der Bezeichnung dieses neuen Phänomens haben.

Das gesamte Mittelalter in Westeuropa ist geprägt durch eine lateinisch-volkssprachliche Diglossie. Das bedeutet, dass die schriftliche Kommunikation sich zu Beginn ausschließlich auf Latein vollzieht, neben dem die in vielen Varietäten existierenden Volkssprachen die gesprochene Kommunikation leisten. Erst allmählich erobern sich die Volkssprachen in unterschiedlicher Geschwindigkeit auch in zunehmendem Maße Elemente der Schriftlichkeit. Im Zuge der Renaissance, also ab etwa 1500, ersetzen sie das Latein zunehmend in den offiziellen Funktionen; dadurch entsteht ein neuer Regelungsbedarf. Auf die Bedeutung der *Ordonnance de Villers-Cotterêts* von 1539 wurde bereits hingewiesen. Wo der König von Frankreich herrscht, ist fortan das Französische die herrschende Sprache. Von diesem Zeitpunkt an kann man zwischen *dominanten* und *dominierten* Sprachen unterscheiden; die Sprachen, die nicht als Herrschaftssprachen dienen, erfahren keinen Ausbauprozess (im Sinne von Kloss) und werden damit auf längere Sicht in ihren Kommunikationsmöglichkeiten eingeschränkt. Allerdings ist die Sprache noch kein wirkliches Kriterium für Gebietsansprüche oder Grenzziehungen; alle Herrscher über weitere Gebiete in Westeuropa regieren über Untertanen, die sehr verschiedene Sprachen sprechen. Der Sprachgebrauch wird nach Standeskriterien entschieden, Angehörige der Oberschichten bemühen sich um die herrschende Sprache und können daher auch weiträumig kommunizieren, während die Unterschichten (nicht zuletzt aufgrund ihrer begrenzten Mobilität) sich gewöhnlich in ihren lokalen Varietäten bewegen. Erst in der Aufklärung kommt es zu verstärkten Bemühungen um die Verbreitung der Herrschaftssprachen. Diese erfahren im revolutionären Frankreich ab 1793/94 eine weitere Verstärkung, da die revolutionären Herrscher weit mehr als ihre Vorgänger auf umfassende Kommunikation angewiesen sind. Man kann sagen, dass im Zuge des Ablaufs der Revolution die gemeinsame Staats-Sprache zu einem entscheidenden Kennzeichen der neuen Nation wird. Damit besteht fortan zwischen den drei Begriffen Staat, Nation und Sprache eine enge Beziehung, die von vielen als essentiell angesehen wird. Ein Nationalstaat organisiert sich in *einer* Sprache, es wird im Laufe des 19. und 20. Jahrhunderts nur wenige Ausnahmen zu dieser Regel geben.

Sprachpolitik vs. Sprachenpolitik: bei manchen deutschsprachigen Sprachsoziologen hat sich seit Ende der siebziger Jahre des 20. Jahrhunderts die Unterscheidung zwischen den beiden Begriffen ausgebildet; sie ist allerdings auch auf Widerspruch gestoßen. Dennoch scheint ihre Beibehaltung sinnvoll, denn während *Sprachpolitik* auf eine einzelne Sprache gerichtet ist und dort vor allem die Fixierung von Referenzformen auf allen internen Bereichen, daneben auch die Sprachlenkung umfasst, richtet sich die *Sprachenpolitik* auf das Verhältnis zwischen verschiedenen Sprachen in einem Staat. Dazu gehören Regelungen über Verwendung bestimmter Sprachen in bestimmten kommunikativen Situationen, die Rechte von eventuellen Minderheitensprachen ebenso wie die Festlegung der in den Bildungseinrichtungen gelehrten Sprachen usw. Auch in internationalen Organisationen ist die Fixierung der Sprachenpolitik von großer Bedeutung. Natürlich gibt es Überschneidungszonen, dennoch wird gerade in dem vorliegenden Band die Unterscheidung gemacht (vgl. Glück ⁴2010, unter den entsprechenden Stichwörtern, die Einträge stammen von Ulrich Ammon).

3.2 Sprache/Varietät/Dialekt/*patois* und damit verbundene Begriffe

Als im vorigen Abschnitt eine Annäherung an den Begriff *Sprache* in den hier notwendigen Zusammenhängen gegeben wurde, fiel auch der Terminus Varietät, ohne dass er näher diskutiert worden wäre. Im Folgenden soll nun auf die Bezeichnungen von Kommunikationsformen eingegangen werden, die „unter" der Ebene der Sprache liegen und die sich nach unterschiedlichen Kriterien differenzieren.

Varietät und Dialekt: heute hat sich als allgemeinster Terminus *Varietät* eingebürgert, als nicht näher bezeichneter Teil einer Sprache, die sich gewöhnlich aus einer größeren Anzahl von Varietäten zusammensetzt. Dabei spielt es keine Rolle, ob es sich um räumliche, soziale oder andere Unterschiede handelt. Die Gesamtheit der Varietäten einer Sprache wird mitunter nach Eugenio Coseriu (1921–2002, der den Begriff von Leiv Flydal 1951 übernommen hat) als deren *Architektur* bezeichnet (vgl. Coseriu 1988, 294–296). Lange Zeit wurden die sprachlichen Unterschiede im Raum, auch *diatopische* Unterschiede genannt, als die wichtigsten angesehen. Daher wird das dazu gehörige Substantiv *Dialekt* noch heute oft – nicht nur umgangssprachlich – als Synonym für *Varietät* verwendet; allerdings ist diese Verwendung irreführend, da damit ein Unterbegriff gleichzeitig für den Oberbegriff verwendet wird. Die zunehmende Mobilität großer Teile der Menschheit bringt es mit sich, dass sich die diatopischen Unterschiede immer stärker abschwächen und somit wohl auch in Zukunft an Bedeutung verlieren werden. Das dürfte auch für die Sprachgeographie als Disziplin gelten. In Coserius Verständnis treten neben die diatopischen Unterschiede die *diastratischen*, die Unterschiede im sprachlichen Verhalten zwischen sozialen Schichten; Sprecher, die dieselbe soziale Varietät verwenden, gebrauchen somit denselben *Soziolekt*. Coseriu erwähnt auch *diaphasische* Unterschiede, mit denen er die Unterschiede zwischen verschiedenen Stilschichten erfassen möchte (vgl. alles ebda.). Die heutige Sprachwissenschaft interessiert sich in zunehmendem Maße für die *diamesischen* Unterschiede zwischen Sprachvarietäten, d.h. auf die durch die Verwendung unterschiedlicher Medien entstehenden Differenzen; es leuchtet ein, dass die Veränderungen der Technik in den letzten Jahrzehnten diese Verschiebung in die Wege geleitet haben. Allerdings besteht auf diesem Feld noch erheblicher Forschungsbedarf (vgl. etwa Czernilofsky, ²2006, 424; zur Herausbildung dieser Ebene auch Koch/Oesterreicher, ²2011, v. a. 8–16).

Patois: dieser Begriff bedarf einer besonderen Diskussion. Zum einen gehört er nahezu ausschließlich einer französischen Diskurstradition an, zum anderen ist er seit langem wertend; nur wenige andere Sprachen haben ihn als Lehnwort übernommen. Der französische Sprachwissenschaftler (er hat vor allem als Sprachgeograph und Dialektologe gearbeitet) Albert Dauzat (1877–1955) hat dafür die folgende Definition vorgeschlagen:

> [...] est patois tout idiome, langue ou dialecte, socialement déchu, en tant qu'il n'est plus parlé par l'élite intellectuelle, et, subsidiairement, en tant qu'il n'a plus de littérature. La distinction n'est pas d'ordre linguistique, mais social. (Dauzat 1927, 30–31)

Diese Definition wird in Frankreich vielfach angewandt auf alle vom Schriftfranzösischen verschiedenen Sprachformen, ob es sich um Varietäten des Französischen oder um andere romanische oder nicht-romanische Sprachen handelt. Letzten Endes bezeichnet nach diesem Verständnis *patois* die Nicht-Sprachen im Gegensatz zur einzigen Sprache, dem Französischen; allen anderen Sprachen und Varietäten wird ein sozial (und kommunikativ) minderer Status zugewiesen. Diese Definition erklärt sich weitgehend aus der Sprachkonzeption der Französischen Revolution, die nur einer Sprache, der offiziellen Staatssprache, die Bezeichnung ‚Sprache' reservieren wollte. Alle anderen Formen sollten diese Bezeichnung nicht erhalten (man denkt unwillkürlich an die Zeit der Dominanz des Lateins, als nur diesem die Bezeichnung *lingua* zugeschrieben wird). Der Terminus hält sich in Frankreich hartnäckig, noch 1968 kann der Sprachwissenschaftler Pierre Guiraud ein Lehrbuch mit einem entsprechenden Titel in einer der renommiertesten wissenschaftlichen Reihen veröffentlichen (vgl. Guiraud 1968).

Das Wort selbst taucht schon gegen Ende des 13. Jahrhunderts auf, zunächst wohl im Sinne von ‚schwer verständlicher Sprache', aber auch allgemeiner. So schreibt etwa Guillaume de Lorris in seinem Teil des *Rosenromans*, als er den Gesang der Vögel erwähnt *en son patois*, im Sinne von ‚in ihrer Sprache' (Bloch/Wartburg ^{5}1968). Später bedeutet das Wort dann wohl auch ‚lokale Sprechweise' (Baumgartner/Ménard 1996), zunächst ohne pejorativen Nebensinn. Erst im Zuge der Aufklärung erhält das Wort abwertende Konnotationen. Das erklärt etwa, warum der Abbé de Sauvages in der ersten Auflage seines Wörterbuches von 1756 dieses Stichwort noch nicht aufführt, in der zweiten von 1785 aber dann wohl, verbunden indes mit einer Verteidigung des Languedokischen (=Okzitanischen) in der Einleitung, die versucht zu zeigen, dass diese Bezeichnung für das Languedokische unpassend sei (vgl. Boissier de Sauvages 1756, 1785). Das lässt darauf schließen, dass die Verbreitung des Französischen im Süden im 18. Jahrhundert deutliche Fortschritte gemacht hat, zugleich aber auch, dass sich die Sprecher des Okzitanischen einer gewissen Bedrohung ihrer Sprache bewusst werden. Obwohl er schon damals in Frage gestellt wurde, hat sich der Begriff in der französischen Öffentlichkeit bis heute (wenn auch zuletzt mit abnehmender Häufigkeit) gehalten.

Auf der Seite der Betroffenen kann die Internalisierung des Begriffes zu dem führen, was Robert Lafont (1923–2009) einst als *aliénation linguistique* (sprachliche Entfremdung) bezeichnete (Lafont 1967). In der katalanischen Soziolinguistik hat sich dafür der Terminus *auto-odi* (Selbsthass) eingebürgert, der ursprünglich aus Deutschland stammt und dann über die USA in Katalonien Aufnahme gefunden hat (vgl. Ninyoles 1969, 96–108; Kabatek 1994; Kremnitz ²1994, 60–68; zuletzt Doppelbauer 2005, 2011). In diesem Falle schätzen Sprecher aufgrund ihres Sprachgebrauchs sich selbst als minderwertig ein, sie verinnerlichen sozusagen die Vorurteile, die von außen auf sie niedergehen. Die Vorurteile gegen die (Nicht-) Sprachen werden oft auch zu Vorurteilen gegen ihre Sprecher, wobei die Richtung der Vorurteilsbildung nicht immer ganz klar ist (zuerst die Sprache und dann die Sprecher oder – wohl eher – zuerst die Sprecher und dann ihre Sprache). Solche kollektiven Vorurteile können in „normalen" Situationen wenig aggressiv sein, in Krisen können sie jedoch zu kritischen Situationen führen. Auf einer allgemeineren Ebene betrachtet charakterisiert der Begriff *patois* eine Diglossie-Situation in nicht neutraler Weise (vgl. Kremnitz 1974, 7).

Die doppelte Semantik des Begriffes *patois*, der auf der einen Seite deskriptiv sein will (mündliche lokale Kommunikationsweise der sozialen Unterschicht), auf der anderen Seite aber negative Konnotationen hat, macht seine Verwendung in einem ernsthaften wissenschaftlichen Diskurs praktisch unmöglich. Es ist daher seltsam, ihn selbst bei einem der bedeutendsten französischen Strukturalisten, André Martinet (1908–1999), ohne Distanzierung zu finden (Martinet 1980, 152–153). Das deutet darauf hin, dass es sich vor allem um ein ideologisches Konzept handelt, welches der französische Nationalismus internalisiert hat, und das noch heute in der politischen Diskussion eine (oft unbewusste) Rolle spielt.

Immerhin hat sich der offizielle Diskurs verändert. War lange Zeit nur von *patois* die Rede, so verwendete die *loi Deixonne* 1951 die Bezeichnung « langues et dialectes locaux » und führt damit ein Raum-Prinzip ein, das in der französischen Diskussion noch bis heute eine wichtige Rolle spielt. Schon in den späten sechziger Jahren beginnen einige Repräsentanten der anderen autochthonen Sprachen, von den *langues de France* zu sprechen, zunächst allerdings ohne großes Echo. In den frühen siebziger Jahren sprechen manche Sprachwissenschaftler von *langues régionales* (vor allem trägt ein Themenheft der Zeitschrift *Langue française*, no. 25, 1975, diesen Titel). Allerdings ist auch eine *langue régionale* weniger als eine *langue*. Der Terminus erhält allerdings durch die Regionalisierungsgesetze von 1982/83 (die *lois Defferre*) eine Verstärkung, obwohl Henri Giordan (1982) ihn in seinem Bericht sorgfältig vermeidet. Die Debatte um die Bezeichnung wird wohl erst 1999 mit der *liste Cerquiglini* entschieden, die von den *langues de (la) France* spricht.

Zwei- oder Mehrsprachigkeit (vgl. auch Kremnitz ²1994, 21–26): die französische Nationskonzeption zwingt Bürger anderer Sprache praktisch zur Zwei- oder Mehrsprachigkeit, wenn sie ihre bürgerlichen Rechte ausüben wollen (das ist zwar in den meisten anderen Staaten ähnlich, in Frankreich ist die monopolistische Sprachenpolitik zugunsten der Staatssprache indes besonders ausgeprägt). Das zwingt zu einer näheren Betrachtung der Begrifflichkeiten in diesem Bereich, zumal mehrere sprachwissenschaftliche Teildisziplinen in Details nicht immer ganz konform gehen. Zwar hat es schon immer Beobachtungen und Untersuchungen zur Zwei- bzw. Mehrsprachigkeit gegeben, vielfach wurde sie, vor allem in Folge der Nationalisierung der Sprachwissenschaften und nicht zuletzt auch des Sozialdarwinismus, als Gefahr für den Einzelnen gesehen, auf jeden Fall als Störung der Vorstellung von einer „reinen", geschlossenen Sprachgemeinschaft (diese Vorstellung lässt sich filigran noch im *Cours de linguistique générale* lesen, vgl. Saussure 1916), das systematische Interesse beginnt mit der Untersuchung von Uriel Weinreich (1926–1967; Weinrich 1953). Heute geht die Forschung allgemein davon aus, dass der frühe Erwerb von zwei Sprachen den Erwerb zusätzlicher Sprachen begünstigt und insgesamt für die Entwicklung des Individuums positive Konsequenzen hat. Allerdings kann dieser prinzipielle Vorteil durch ein negatives Umfeld sich zum Nachteil verkehren.

Das Deutsche kann mit der deutschen Bezeichnung *Zwei- oder Mehrsprachigkeit* einen Oberbegriff über die verschiedenen Erscheinungsformen bilden, eine Möglichkeit, die den romanischen Sprachen und dem Englischen nicht ohne weiteres zur Verfügung steht. Heute wird immer stärker das Fremdwort *Bilinguismus* (aus dem Französischen) oder *Bilingualismus* (aus dem Englischen) verwendet, beide stammen vom dem lateinischen *bilinguis* ‚wer zwei Zungen hat' (und damit entweder zweisprachig oder doppelzüngig, d.h. falsch ist). Allerdings gilt für das Fremdwort heute in der engeren Fachsprache eine eingeschränktere Definition. Neuere gesellschaftliche Entwicklungen haben das Vorkommen von Mehrsprachigkeit immer häufiger werden lassen; letztlich gilt, was für Zweisprachigkeit gilt, auch für Mehrsprachigkeit, nur natürlich mit zunehmender Komplexität.

Seit Fishman (1967) werden den Termini Bilinguismus und *Diglossie* (siehe unten) verschiedene Bedeutungen zugewiesen; der erste Terminus wird seither gewöhnlich der Psycholinguistik zugeordnet und bezeichnet die individuelle Zweisprachigkeit, der zweite wird auf gesellschaftliche Zweisprachigkeit angewandt. Natürlich setzt gesellschaftliche Mehrsprachigkeit ein gewisses Vorkommen von individueller Mehrsprachigkeit voraus.

Bilinguismus: Das Vorkommen des Bilinguismus lässt sich nach verschiedenen Kriterien beschreiben. Wohl am grundlegendsten ist die Unterscheidung zwischen *asymmetrischem* und *symmetrischem* Bilinguismus (für diesen taucht mitunter die Bezeichnung *Ambilinguismus* auf). Im ersten Falle werden die beiden (oder mehr) Sprachen in unterschiedlichem Maße beherrscht, im zweiten dagegen in gleicher Weise. Naturgemäß ist der symmetrische Bilinguismus relativ selten, denn eine gleiche Beherrschung zweier Sprachen (geht es um mehr als zwei Sprachen, ist der Fall noch seltener) setzt eine (annähernd) gleiche Praxis und einen entsprechenden Erfahrungshintergrund in beiden Sprachen voraus; insofern ist er meist nur als Anspruch zu verstehen, an den sich das Individuum asymptotisch annähern kann. Im Falle des asymmetrischen Bilinguismus lassen sich meist Unterschiede in den vier Fertigkeiten Sprechen, Hören, Lesen, Schreiben feststellen. Außerdem kann die *Kompetenz* (die abstrakte Fähigkeit) infolge der *Performanz* (der tatsächlichen Sprachverwendung) Schwankungen unterliegen: wer eine Sprache viel verwendet, verbessert gewöhnlich seine Kompetenz in ihr (mitunter kommt es zu Petrifizierungen, Kompetenzebenen, ab denen kaum weitere Fortschritte gemacht werden), geht der Gebrauch dieser Sprache dagegen zurück, so lässt nach einiger Zeit auch die kommunikative Beweglichkeit in ihr nach. Vor allem in der skandinavischen Sprachwissenschaft hat man verstärkte Aufmerksamkeit auf das Phänomen der *Halbsprachigkeit* gelegt; damit sind Sprecher gemeint, die zwei (oder mehr) Sprachen einigermaßen beherrschen, in keiner jedoch all ihren Kommunikationsbedürfnissen genügen können (Hansegard 1968). Die Zunahme der Mobilität hat dafür gesorgt, dass diese Form des Bilinguismus in der Gegenwart immer häufiger auftritt. Die Betroffenen nehmen sie gewöhnlich selbst als Problem wahr.

Ein wichtiges Kriterium für die Charakterisierung ist der Zeitpunkt des jeweiligen Spracherwerbs. Er kann parallel von statten gehen (etwa in zweisprachigen Familien), beide Sprachen werden gleichzeitig gelernt, oder konsekutiv, erst wenn die erste Sprache schon einigermaßen gefestigt ist, kommt eine zweite hinzu. Der *frühe* Erwerb beider Sprachen ist eine gute Voraussetzung für die Erreichung einer ähnlich hohen Kompetenz; allerdings gibt es auch Fälle von *spätem* Bilinguismus, in denen eine annähernd gleiche Kompetenz erreicht wird; sie sind statistisch seltener.

Wichtig ist auch die Unterscheidung zwischen *ungesteuertem* und *gesteuertem* Spracherwerb. Während im ersten Falle der Spracherwerb sich natürlich in der Kommunikation vollzieht, verläuft er im zweiten über Bildungsinstitutionen, vor allem das Schul- und Hochschulwesen. Alle Erfahrungen zeigen, dass diese letzte Erwerbsform nur unter sehr günstigen Umständen zu einem wirklichen Erfolg führen kann, wenn die Motivation der Lernenden hoch und der Unterricht gut und intensiv ist. Die Resultate können durch eine Verbindung von gesteuertem und ungesteuertem Erwerb (Aufenthalte im Gebiet der Zielsprache) meist sehr verbessert werden.

Lange Zeit wurde viel Nachdruck auf eine von Weinreich (1953) in die Debatte geworfene Unterscheidung gelegt, nämlich die zwischen *zusammengesetztem* (compound) und *koordiniertem* (coordinate) Bilinguismus; im ersten Falle wird derselbe Begriff durch je ein Wort in jeder Sprache ausgedrückt, ein außersprachlicher Referent hätte demnach zwei sprachliche Bezeichnungen, im zweiten liegen zwei sprachenspezifische Begriffe vor, also die außersprachlichen Referenten und die sprachlichen Bezeichnungen wären getrennt. Dabei wurde allgemein angenommen, dass der zusammengesetzte Bilinguismus interferenzanfälliger sei. Allerdings haben die Forschungen in diesem Bereich bislang nicht zu klaren Ergebnissen geführt, deshalb hat die Unterscheidung heute in der Praxis an Bedeutung verloren.

Diglossie (im Falle des Aufeinandertreffens von mehreren Sprachen spricht man von *Polyglossie*, vgl. auch Kremnitz ²1994, v.a. 27–33; ²2004): seit Fishman (1967) wird der Begriff *Diglossie* der Soziolinguistik zugeordnet, seine Geschichte ist allerdings erheblich älter. Das Wort stammt aus dem Griechischen und bedeutet zunächst dasselbe wie das lateinische *Bilinguismus*. Es wurde, nach allem, was wir wissen, zum ersten Male 1885 von dem griechischen Schriftsteller Emmanuil Roidis verwendet, um die Sprachensituation im Griechischen zu charakterisieren, bei der damals eine konservativere, vor allem schriftsprachlich verwendete Form, die *Katharevousa*, einer hauptsächlich gesprochenen Sprache, der *Dimotiki*, gegenüberstand. Der Terminus Diglossie wurde dann von dem aus Odessa, also der griechischen Diaspora, stammenden und später in Frankreich lebenden Schriftsteller Jannis Psycharis (Jean Psichari, 1854–1929) wiederaufgegriffen. Der Unterschied zwischen den beiden Sprachformen war nicht nur ein linguistischer und medialer, sondern vor allem auch ein sozialer. Daher kam es um dieses Thema auch zu heftigen politischen Auseinandersetzungen – Psichari war einer der großen Verteidiger der Volkssprache und einer ihrer wichtigen Schriftsteller (vgl. Psichari 1928), die erst mit dem Ende der Diktatur 1973 langsam zum Ende kamen, als eine auf der *Dimotiki* basierende Kompromissform als Referenzsprache eingeführt und durchgesetzt wurde.

In der Folge von Psicharis Aufsatz 1928 wird der Terminus von einigen französischen Sprachwissenschaftlern übernommen, vor allem von dem Arabisten William Marçais. Von ihm wiederum dürfte Charles A. Ferguson, selbst Arabist, den Terminus übernommen und seiner internationalen Verwendung zugeführt haben (vgl. Prudent 1981; Jardel 1982). Ferguson versucht, anhand von vier Beispielen (Koranarabisch/Umgangsarabisch, Katharevousa/Dimotiki, Deutsch/Schweizerdeutsch, Französisch/Kreolisch auf Haiti) eine Synthese zu formulieren (Ferguson 1959), mit der der Terminus seinen Siegeszug durch die Welt antritt. Allerdings stützt Ferguson sich implizit vor allem auf das Beispiel des Arabischen, wo die Hochsprache des Korans den gesprochenen (und heute teilweise auch geschriebenen) regionalen Varietäten seit vielen Jahrhunderten gegenübersteht. Das führt zu einer engen Definition, die von einer relativen Stabilität der Situation ausgeht, auf der genetischen Verwandtschaft der betroffenen Sprachen oder Varietäten insistiert, und von einer relativ klaren Dichotomie zwischen „Oben" und „Unten" ausgeht. Diese Einschränkungen machen die Anwendung des Konzepts auf andere als die genannten Fälle schwierig. Deshalb bemühen sich andere Autoren darum, die Definition auszuweiten. So fällt rasch die Beschränkung auf genetisch verwandte Varietäten, es wird klar, dass auch deutlich verschiedene Sprachen in einer Diglossie-Situation zueinander stehen können. Auf andere Erweiterungen der Definitionen braucht hier nicht eingegangen zu werden. Im Zusammenhang mit der in der Soziolinguistik der späten sechziger Jahre entstehenden Diskussion um die Defizit- bzw. Differenzhypothese, d. h. um die Frage, ob von der Referenznorm abweichendes sprachliches Verhalten als Defizit oder einfach als eine andere, konkurrierende Norm zu verstehen ist (Kremnitz, ²1994, 31), stellt sich die Frage nach dem Prestige der jeweiligen sprachlichen Formen, und damit nach ihrer Bewertung. Daraus erwächst für manche die Frage, ob Diglossie eine akzeptable Situation sei oder ob sie als Fehlentwicklung gesehen werden muss.

In diesem Zusammenhang wird deutlich, dass die Unterschiede nicht nur sprachliche sondern, und vor allem, auch politische sind, zumindest da, wo Sprachen eine ideologische Bedeutung zugelegt wird, also vor allem dort, wo sich das Nationskonzept der Französischen Revolution mehr oder weniger durchgesetzt hat. Vor allem Soziolinguisten, die selbst aus sprachlich unterdrückten Gruppen oder Minderheiten stammen, stellen die Frage, ob eine eventuelle Diskriminierung bestimmter sprachlicher Verhaltensweisen hinzunehmen sei. Aus diesem Kontext erwächst die Theoriebildung der katalanischen Soziolinguistik, die in solchen Fällen von einem *sprachlichen Konflikt* ausgeht, der zwischen den beiden beteiligten Sprachen entbrennt (in der damaligen Situation der späten Franco-Diktatur geht es um den Konflikt zwischen Kastilisch/Spanisch und Katalanisch, vgl. u.a. Aracil 1965; Ninyoles 1969; *Congrés de Cultura Catalana* 1978; Vallverdú ²1979; Kremnitz 1979, 2003). Die 1978 vorgeschlagene Definition lautet:

> Ein Sprachkonflikt liegt dann vor, wenn zwei deutlich voneinander verschiedene Sprachen sich gegenüberstehen, wobei die eine politisch dominiert (im staatlichen und öffentlichen Gebrauch) und die andere politisch unterworfen ist. Die Formen der Dominanz sind vielfältig und gehen von den eindeutig repressiven (wie sie der Spanische Staat unter dem Franquismus verwendete) bis zu den politisch toleranten, deren repressive Kraft vor allem ideologischer Natur ist (wie die, die der Französische und Italienische Staat anwenden). Ein Sprachkonflikt kann latent oder akut sein, je nach den sozialen, kulturellen und politischen Gegebenheiten der Gesellschaft, in der er auftritt. (*Congrés de Cultura Catalana* 1978, 13).

Sie ist aus der Situation der kaum überwundenen Diktatur entstanden und daher in einigen Punkten erweiterungsbedürftig. Außerdem geht sie von einer relativ einfachen Dichotomie aus; die heutigen europäischen Gesellschaften sind alle, vor allem aufgrund der Zuwanderung, durch gesellschaftliche Polyglossie charakterisiert, und die (nicht nur sprachlichen) Auseinandersetzungen sind aufgrund der Globalisierungs-Erscheinungen viel komplexer. Man wird auch nicht davon ausgehen können, wie seinerzeit Ninyoles dachte, dass ein Konflikt unmittelbar auf eine Lösung zustrebe, indem eine der Sprachen, die dominante oder die dominierte, die andere komplett vom Feld verdrängt; die heutigen Realitäten sind komplexer. Zum einen gibt es in Europa keine wirklich repressive Sprachenpolitik zugunsten einer dominanten Sprache mehr, zum anderen ist, nicht zuletzt durch den Aufbau der EU, neben die staatliche Ebene der Sprachenpolitik eine neue, europäische getreten, die jenseits der staatlichen Dominanz eine europäische aufbaut. Das Modell wird somit weitaus komplexer, wie Domènec Bernardó bereits vor dreißig Jahren exemplarisch beobachtete (Bernardó 1983). Allerdings führen die medialen Veränderungen der letzten Jahrzehnte dazu, beginnend mit der Einführung des Rundfunks und vor allem des Fernsehens, dass Veränderungen des kommunikativen Verhaltens sich massiv beschleunigen und Vorstöße und Rückschläge in der Verwendung einzelner Sprachen sehr viel rascher erfolgen als früher. Damit wird die Situation insgesamt weniger übersichtlich.

Insgesamt kann man den Sprachkonflikt im Rahmen dieser Definitionen und ihrer Ergänzungen als eine besonders ausgeprägte Form von Diglossie ansehen; Diglossie wird somit in Bezug darauf zum Oberbegriff.

In diesem Zusammenhang ist in den späten siebziger Jahren die Frage aufgetaucht, ob jede Diglossie einen Konflikt bedeuten müsse oder ob sie *neutral* sein könne, in dem Sinne, dass sie ideologisch neutralisiert sei und keine sprachliche Entfremdung mehr ausdrücken müsse (Vallverdú 1979, 21). Vallverdú stützt sich für seine Vermutung auf das Beispiel der Schweiz. Allerdings gelten auch in der Schweiz relativ strikte Verwendungsregeln für die verschiedenen offiziellen Sprachen (die Sprachen der Zuwanderer genießen keinen Status), wenn diese Regeln durchbrochen werden, dann kommt es rasch zu Sanktionen bzw. Konflikten, wie einige Auseinandersetzungen der letzten Jahre gezeigt haben. Es scheint daher eher, dass das *konfliktuelle Potential* einer Diglossie in einer modernen, ideologisch komplexen Gesellschaft immer vorhanden ist, dass es jedoch über lange Zeit latent bleiben kann, um im Falle von Krisen rasch akut zu werden.

Der Erfolg des Terminus *Diglossie* (es gibt tausende von Arbeiten, die ihn verwenden oder zu definieren suchen) hat dazu geführt, dass er unscharf geworden ist. Ein kleinster gemeinsamer Nenner dieser Definitionen könnte etwa lauten, es handle sich um die „funktionell differenzierte Verwendung von zwei (oder mehreren) sprachlichen Varietäten in einer Gesellschaft". Allerdings wird damit auch seine Aussagekraft stark verringert, gerade das gesellschaftskritische Potential, das ihm eigentlich innewohnt, wird hintangestellt. Deshalb ist er in letzter Zeit etwas „aus der Mode" gekommen, bzw. bedarf präzisierender Ergänzungen. Dazu hat nicht zuletzt die sehr unterschiedliche Einschätzung der Diglossie durch kritische, periphere und nur observierende Wissenschaftler geführt. Schon vor über dreißig Jahren formulierten Robert Lafont und Philippe Gardy diese grundlegende Opposition in der Forschungshaltung:

> On peut dire en simplifiant beaucoup – mais la simplification permet d'aller au fond des choses – qu'il y a actuellement dans le monde deux sociolinguistiques de la diglossie: l'une est *intégrative* et tend à réduire un malaise sociologique par l'abandon de la langue B, l'autre est *polémique:* c'est celle qui considère la diglossie comme *crise*, quelle que soit sa durée; elle se construit donc comme *science critique*, contre la formule A > B. (Gardy/Lafont 1981, 86)

Natürlich gibt es für diglossische Situationen auch Bezeichnungen, welche die Machtrelation in den Hintergrund rücken, sie sozusagen „verdunkeln" sollen. Dazu gehört schon der Begriff *Minderheitensprache*, der zwar objektiv „richtig" ist, aber vielfach von Betroffenen abgelehnt wird, da er eine schwächere Position bezeichnet. Eine noch deutlicher camouflierende Funktion hat der Begriff *Regionalsprache*, der im üblichen Gebrauch Sprachen bezeichnen soll, die nur in bestimmten Teilen eines Staates gesprochen werden. Die Bezeichnung ist allerdings in Wirklichkeit wenig aussagekräftig, denn zum einen werden alle Sprachen an bestimmten geographischen Örtern oder Gebieten gesprochen, zum anderen können Sprachen überall gesprochen werden, wenn ihre Sprecher sich an einen anderen Ort, in eine andere Region begeben; die zunehmende Mobilität der letzten Zeit lässt diesen Umstand immer deutlicher hervortreten, und die neuesten Erfindungen der Kommunikationstechnik lassen die Frage auftauchen, ob man überhaupt noch von einer *notwendigen* geographischen Verankerung von Sprachen sprechen kann (ich könnte heute im Prinzip an jedem Ort der Erde mit Sprechern jeder beliebigen Sprache in Kontakt treten, soweit nur die technischen Voraussetzungen gegeben sind). Führte der Umstand, dass die Menschen in zunehmendem Maße sesshaft wurden, einst zu einer gewissen *Territorialisierung* von Sprachen (eigentlich eher zu einer *Spatialisie-*

rung, denn sie wurden in bestimmten Räumen gesprochen, nicht in streng abgegrenzten Gebieten), so führt die in der Moderne wieder zunehmende Mobilität bis zu einem gewissen Grade zu einer *Deterritorialisierung.* Die Bezeichnung *Regionalsprache* versucht implizit, eine soziolinguistische Abstufung zwischen „vollgültigen" Sprachen und solchen herzustellen, die dieses Niveau *nicht ganz* erreichen. Natürlich haben verschiedene Sprachen verschiedene Ebenen des Ausbaus erreicht und sind daher in verschiedener Weise für die Kommunikation tauglich. Verschiedene Forscher haben im Laufe der Zeit Typologien der Sprachverwendung zu erstellen versucht; diese können auch zur Zustandsbeschreibung sinnvoll sein. Sie verdunkeln indes die einfache Tatsache, dass, entsprechende kommunikative Bedürfnisse vorausgesetzt, *jede* Sprache auf *jedes* beliebige Niveau der Kommunikationsfähigkeit angehoben werden kann. Den Beweis liefern etwa die europäischen Volkssprachen, die im Mittelalter im Hinblick auf ihren Ausbau und die Kommunikationsfelder, die sie abdecken konnten, weit hinter dem Latein zurückstanden, aber sobald sich die kommunikativen Notwendigkeiten ergaben, rasch mit ihm gleichzogen und es sogar in vieler Hinsicht überholten. Bezeichnungen wie *Regionalsprache* lassen daher im Dunklen, dass der Zustand der jeweiligen Sprache etwas mit politischen, nicht mit sprachlichen Gegebenheiten zu tun hat und daher leicht als diskriminierend aufgefasst werden kann. Daher stellt sich die Frage, ob es nicht – trotz ihrer Verwendung in der *Europäischen Charta der Regional- oder Minderheitensprachen* (die Bezeichnung der Charta erfolgte aus politischen Gründen, um eventuellen ideologischen Vorurteilen – gerade von französischer Seite – entgegenzukommen), sinnvoller ist, ganz auf solche Bezeichnungen zu verzichten, die *auch* die Realitäten verdecken.

Dominante vs. dominierte Sprachen: als Ausweichmöglichkeit könnte sich das Begriffspaar *dominante vs. dominierte Sprachen und Kulturen* anbieten. Es betont die Ebene der Beziehungen, auf der einen Seite steht eine Sprache in einer politisch und sozial besseren Situation, auf der anderen eine in einer schwächeren Position. Damit wird dem Umstand Rechnung getragen, dass, wo zwei Sprachen in einem Gebiet in Kontakt stehen, es zu einem Ungleichgewicht kommt, das mit der unterschiedlichen sozialen Position der Sprecher zu tun hat, nicht jedoch mit sprachlichen Fakten. Ein solches Verhältnis besteht immer in einer konkreten Situation; erfahrungsgemäß kann diese sich jedoch ändern, und damit kann sich die Dominanzsituation umkehren. Außerdem kann, was im Ort A oder in der Kommunikationssituation 1 die dominante Sprache ist, im Ort B oder in der Kommunikationssituation 2 dominiert sein, denn Dominanzsituationen lassen sich immer nur ganz konkret festmachen. Die Dominanzsituation ist ja nicht einheitlich, sondern sie ist die Resultante aus den einzelnen Kommunikationsakten. Ein weiteres Argument kommt hinzu: in der Praxis sind Kontaktsituationen zwischen ausschließlich zwei Sprachen heute eher selten, weitere Sprachen sind vielfach entweder direkt oder wenigstens lateral in einer Kommunikationssituation impliziert. Zwischen all diesen Sprachen (und ihren Sprechern) werden sich Hierarchien aufbauen, die dazu führen, dass die *Dominanz* immer für konkrete Sprachenpaare gilt (heutzutage liefern Baustellen, auf denen oft viele Sprachen zugleich erklingen, auf der ganzen Erde gute Beispiele für die hier skizzierte Situation). Um es konkret zu machen: in Frankreich ist das Französische eindeutig die dominante Sprache gegenüber allen anderen, die in diesem Staat in der Öffentlichkeit gesprochen werden. Üblicherweise wird jedoch nach dem Französischen dem Okzitanischen oder Bretonischen eine höhere Position zugewiesen als dem maghrebinischen Arabisch (da diese Sprachen „schon immer" in Frankreich vorkommen), außer die Sprecher des Arabischen befinden sich in einer konkreten Situation in der Überzahl, so dass sie – in dieser Situation – über die Regeln der Kommunikation bestimmen können. So kann sich beim Zusammentreffen der Sprecher verschiedener Sprachen sehr schnell eine Hierarchie herausbilden, die zwar nur für den Augenblick ihre Gültigkeit hat, die Mitwirkung an *dieser konkreten* Kommunikationssituation indes von ihrer Akzeptanz und der erforderlichen sprachlichen Kompetenz abhängig macht. Um es mit Saussure zu sagen: zwar spielt sich gesellschaftliche *Dominanz* in Bezug auf zwei Sprachen in der *langue* ab, für den einzelnen Sprecher wird sie jedoch auf der Ebene der *parole*, d. h. der konkreten kommunikativen Akte erfahrbar.

Aus diesem Grund hat Robert Lafont für die Analyse der konkreten Situationen den Begriff der *diglossischen Funktionsweisen* (frz. *fonctionnements diglossiques*, Lafont 1979) vorgeschlagen, der die scheinbare Einheitlichkeit einer Diglossie (bzw. eines Konflikts) in die unendliche Zahl der einzelnen Kommunikationsakte aufgliedert. Die – oft in sich widersprüchlichen – Sprachgebrauchsnormen einer Gesellschaft sind in jeder dieser Situationen präsent, das jeweils unterschiedliche Gewicht der spezifischen Variablen (implizierte Personen, Situation, Kommunikationsformen und -fähigkeiten, Ideologien, Themen, u. a.) führt zu ganz unterschiedlichen Strategien (und damit sprachlichen Produktionen) des jeweiligen Sprechers. Anders formuliert: der einzelne Sprecher macht von seiner bi- oder multilingualen Kompetenz einen strategischen und damit diglossischen Gebrauch; er weiß, wann die Verwendung der dominanten und wann der Einsatz der dominierten Sprache(n) angebracht ist. Das heißt, dass dabei auch die *ideologischen Aspekte* der Diglossie bzw. der Dominanzrelation aufmerksam beobachtet werden (Kremnitz ²1994, 36–37).

Eigengruppen vs. Außengruppen, dachloser Dialekt oder *dachloser Außendialekt*: unter diesen Bezeichnungen verbirgt sich eine praktisch relevante Differenzierung, die einst ebenfalls von Heinz Kloss als erstem vorgeschlagen wurde. Kloss unterschied in Bezug auf dominierte Gruppen zwischen *Außengruppen* und *Eigengruppen*. Unter den ersten verstand er Gruppen, „deren sprachlich-kulturelles (und meist auch politisches) Kernland in einem anderen Staate liegt" (Kloss 1969, 62); heute würde das etwa zutreffen auf die Finnischsprachigen in Schweden oder die Russischsprachigen in den baltischen Republiken. Sie können, wie Kloss feststellte, auf die kulturellen Infrastrukturen ihres „Kernlandes" zurückgreifen. Als Eigengruppen bezeichnete Kloss Gruppen, die ganz auf sich allein gestellt sind, da die Sprecher ihrer Sprache nirgends über eigene staatliche Strukturen verfügen. In der Soziolinguistik ist zwar das Konzept beibehalten worden, die Begrifflichkeit wurde indes geändert: die stärkere Beschränkung auf sprachliche Aspekte führte zu Bezeichnungen (anstatt Eigengruppe) wie *dachloser Dialekt* oder *dachloser Außendialekt*, nach dem englischen *roofless dialect* (etwa Ammon 2004). Die zugrunde liegende Differenzierung soll einfach zeigen, dass Gruppen, die sich nicht auf staatliche (oder ähnliche) Strukturen außerhalb eines Staatsgebiets stützen können, in einer sehr viel schwierigen Situation der Selbstbehauptung sind als die entsprechenden Gruppen mit einer äußeren Abstützung.

Die Frage hat für Frankreich ihre praktische Bedeutung, denn zwei große dominierte Gruppen im Mutterland, die Bretonen und die Okzitanen, müssen nach dieser Unterscheidung als Eigengruppen angesehen werden und können sich nicht auf Rückhalt von außen stützen. Dasselbe gilt für die Sprecher des Frankoprovenzalischen. Zwei andere Gruppen, die Basken und die Katalanen, sind nach dieser Untergliederung klarerweise Außengruppen, denn der größte Teil ihrer Sprecher lebt in Spanien; sie erhalten seit dem Ende der Franco-Diktatur auch von dort kulturelle Unterstützung. Interessanter ist die Situation indes in einigen anderen Gebieten, denn dort ist in jüngster Vergangenheit eine Verschiebung von der Eigengruppe zur Außengruppe im Gange (oder weitgehend abgeschlossen). So wurden 1951 Korsika, das Elsass und Lothringen und Flandern nicht in den Geltungsbereich der *loi Deixonne* einbezogen, da es sich – so die offizielle Begründung – um Varietäten von Sprachen handelte, die außerhalb Frankreichs gesprochen würden und dort einen offiziellen Status hätten. 1974 wurde das Korsische in den Geltungsbereich des Gesetzes einbezogen, da es nun nicht mehr als Varietät des Italienischen, sondern als eigene, vom Italienischen verschiedene Sprache auch offiziell anerkannt wurde. Seither wird das Korsische auch klar zu einer eigenen Sprache ausgebaut, wobei der große Abstand zwischen den nördlichen und südlichen Varietäten die Erarbeitung einer einzigen Referenznorm (noch) verhindert hat. Ähnliche Prozesse sind zur Zeit in Bezug auf das Elsässische und vor allem für das Lothringische (oder Moselfränkische) im Gange. Der Ausbau des Elsässischen wird als eigene, vom Deutschen verschiedene Sprache, angestrebt, allerdings bilden auch hier die Varietäten zwischen den alemannischen Varietäten des Südens und den fränkischen des Nordens eine bislang nicht überwundene Hürde; bis auf weiteres wird das Deutsche noch als Referenzsprache verwendet. Der Weg zu einer neuen Ausbausprache wurde eingeschlagen, wenn es auch scheint, als sei das Ziel noch entfernt (vgl. Kap. 4.5.). Bei den moselfränkischen Varietäten spielt mittlerweile die Nähe zum Letzeburgischen eine Rolle, so dass manche dieses als Dachsprache übernehmen wollen. Ähnliche Tendenzen lassen sich heute auch beim Flämischen im äußersten Norden feststellen; aufgrund der geringen Zahl der noch existierenden Sprecher in Frankreich spielen sie allerdings sprachenpolitisch kaum eine Rolle. Die Immigranten nach Frankreich sind natürlich typische Fälle von Außengruppen, während die meisten der in den DOM und TOM gesprochenen Sprachen als solche von Eigengruppen anzusehen sind.

Die Frage Außen- oder Eigengruppe hat auch eine kommunikative Bedeutung, die zum Teil erklärt, warum der französische Staat den Prozessen der Bildung von Eigengruppen positiv gegenübersteht. Wenn diese sich von größeren Gruppen abspalten, wie etwa die Sprecher des Korsischen vom italienischen Kontinuum, dann verringert sich die

Sprecherzahl und die kommunikative Bedeutung dieser neuen Sprachen ist voraussichtlich geringer als die der früheren Außengruppen (vgl. auch 3.4.).

3.3 Kommunikation vs. Demarkation (Identität); Kompetenz und Performanz (Praxis)

Jede Verwendung einer Sprache dient einem doppelten Ziel: auf der einen Seite der *Kommunikation*, der Redende/Schreibende will mit jemand anderem in Kontakt treten, auf der anderen Seite der *Demarkation*, der Kommunizierende möchte sich zugleich vom anderen abgrenzen und seine eigene *Identität* zum Ausdruck bringen. Diese doppelte Funktion lässt sich nicht aufheben; zwar kann der Abstand gering sein, aber es gilt immer: ich bin nicht du, du bist nicht ich. Im anderen Extrem kann dieser Abstand sehr groß sein, dann sagen wir, dass wir uns nicht verstehen; aber auch in diesem Fall, die praktische Erfahrung zeigt es, ist eine gewisse minimale Verständigung möglich. Unsere Kommunikation bleibt immer fragmentarisch und bis zu einem gewissen Grade unsicher. Wir können zwar versuchen, sie zu vervollständigen, durch zusätzliche Sprechakte oder durch außersprachliche Mitteilungen, sie bleibt indes mit einer gewissen Unsicherheit behaftet. Wir können der Rezeption und Interpretation der sprachlichen Zeichen durch unser Gegenüber nie ganz sicher sein; daher liegt unserer Kommunikation immer ein Element des Zweifels zugrunde. Zugleich versichern wir uns durch die Kommunikation immer auch unserer eigenen Identität.

Immerhin ist die Kommunikationsabsicht das primäre Element; man begibt sich nicht in einen Kommunikationsakt, außer in ganz besonderen Ausnahmefällen, die fast immer konstruiert erscheinen, um *nicht* zu kommunizieren. Aber jedem Kommunizieren wohnt notwendig auch das Abgrenzen inne. Die Kommunikation, alle Kommunikationsmodelle zeigen es, bildet sich zunächst zwischen einem Sender und einem Empfänger. Sie kann sich durch die Vervielfältigung der Repräsentanten auf beiden Seiten oder durch die Intervention von Dritten verkomplizieren. Sie kann durch Einflüsse von außen Verzerrungen erfahren. Die Kommunikation vollzieht sich ausschließlich mit den Mitteln, die den Partnern zur Verfügung stehen (in der mündlichen Unterhaltung sind das eben Stimme und Gehör, selten anderes, in der schriftlichen Kommunikation können alle möglichen Hilfsmittel hinzutreten, in der Kommunikation via neue Medien vervielfachen sich die möglichen Konfigurationen abermals). Wo sie gewohnheitsmäßig wird, entstehen Gewohnheiten des Verhaltens. Das kann zwischen Menschen geschehen, die häufig miteinander zu tun haben, es kann aber auch der Fall zwischen ganzen Gruppen sein. So haben sich in der Vergangenheit Dialekte mit unscharfen Grenzen gebildet, so bilden sich vor unseren Augen regionale Redeweisen. In Frankreich z. B. hat sich in den letzten Jahren aus den verschiedenen Formen des so genannten Regionalfranzösischen in der Provence und im Oberen und Unteren Languedoc ein neues großräumigeres Französisch gebildet, das Züge dieser einzelnen Varietäten miteinander verbindet (als *Regio-*

nalfranzösisch werden in der französischen Sprachwissenschaft die Varietäten bezeichnet, die sich als Resultatne aus dem Zusammentreffen von französischer Normsprache und autochthoner Sprache oder Varietät gebildet haben); diese Entwicklungen sind noch kaum untersucht (vgl. Kremnitz 1999). Ähnliche Beobachtungen lassen sich für bestimmte Gruppensprachen machen; all diesen Erscheinungen ist gemein, dass sie raschen Veränderungen unterliegen.

Ein weiterer wichtiger Aspekt kommt hinzu: Kommunikation ist ein komplexes Phänomen. Ein Sprecher produziert aufgrund seiner Kompetenz eine Lautkette, der er einen bestimmten Sinn zuordnet. Der Hörer muss diese Botschaft rezipieren; dazu verfügt er – im Prinzip – über dieselbe *Sprache* wie der Sprecher. Allerdings kommuniziert der Sprecher aufgrund der Gesamtheit *seiner* Erfahrungen, Vorstellungen und Wertungen; der Hörer wird sich, auch wenn ein Naheverhältnis besteht, nur teilweise auf *dieselben* Erfahrungen stützen können. Er muss die ihn treffende Lautkette (in der schriftlichen Kommunikation natürlich Graphenkette) zu interpretieren suchen, und er tut das auf der Grundlage *seiner* Erfahrungen und Vorstellungen. Wir müssen uns dabei im Klaren darüber sein, dass unsere gemeinsamen Erfahrungen, selbst mit den Menschen, mit denen wir im engsten Kontakt stehen, vergleichsweise bescheiden sind, verglichen mit dem, was nur uns ausschließlich persönlich eigen ist (natürlich spielen diese Unterschiede bei der Alltagskommunikation nur eine untergeordnete Rolle; sobald diese jedoch komplexer wird, lassen sie sich rasch erkennen). Daher ist es recht wahrscheinlich, dass sich die *rezipierte* Botschaft von der *gesendeten* unterscheidet. Nun können, wenn solche Unterschiede den Betroffenen offensichtlich werden, verschiedene kommunikationssichernde Maßnahmen eingesetzt werden: Rückfragen, Präzisierungen, Interpretationshilfen. Allerdings stoßen diese auf ihre Grenzen: dort, wo sie gar nicht erkannt werden, aber auch dort, wo unterschiedliche Erfahrungen oder Wertungen nicht vermittelbar sind (das war zum Beispiel nach 1492 zwischen Europäern und Amerikanern vielfach der Fall; die unüberbrückbare kommunikative Grenze erklärt manche der lange tradierten Missverständnisse). Letzen Endes bleibt unsere Erfahrung immer fragmentarisch und bis zu einem gewissen Grade unsicher.

Nun haben die Sprachwissenschaften seit ihrer Erneuerung seit dem frühen 19. Jahrhundet ihr Augenmerk vor allem auf die sprachliche Produktion gerichtet; sie haben die *Rezeption* weitgehend als mechanischen Vorgang verstanden (entspricht die empfangene Lautkette der gesendeten?) und sie haben das *dialektische Spiel* der Kommunikation weitgehend außer Acht gelassen. Für das 19. Jahrhundert ist diese Orientierung relativ verständlich, denn die technische Entwicklung ließ bis gegen Ende des Jahrhunderts die Bewahrung und Reproduktion der einmaligen gesprochenen Rede (*parole*) nicht zu. Das gab der geschriebenen Sprache eine Bedeutung, die sie bis heute in unserem Bewusstsein noch nicht ganz verloren hat (sie ist die Referenz, nach der man sich richtet), die ihr aber eigentlich nicht zusteht (nur ein relativ kleiner Teil der gesprochenen Sprachen auf der Erde wird auch geschrieben). Außerdem sprechen auch gewisse philosophische Traditionen dafür, denn die Suche nach der letzten Wahrheit war weit verbreitet, zunächst in einem religiösen Sinn, dann, nach dem Wirksamwerden der Aufklärung, auch in einem profanen. Diese Orientierung hat sich auch nach den technischen Erfindungen der letzten Jahrzehnte nicht wesentlich verändert. Die Junggrammatiker im späten 19. Jahrhundert interessieren sich vor allem für die sprachliche *Produktion*, und auch im Ferdinand de Saussure zugeschriebenen *Cours de linguistique générale* taucht das Stichwort Kommunikation im Index nicht auf. Die generative Grammatik hat – durch ihren Gründer Chomsky – wissen lassen, dass Kommunikation für ihre Interessen keine wichtige Rolle spiele.

Das hat dazu geführt, dass die Sprachwissenschaft sich erst spät für Kommunikationsmodelle überhaupt interessierte. Das erste, das Aufmerksamkeit erhielt, war das *Organon-Modell* von Karl Bühler (1879–1963), der vor allem Psychologe war (Bühler 1934). Allerdings privilegiert auch Bühler die sprachliche Produktion. Das für lange Zeit einflussreichste Modell, das auch zur Grundlage der heute verbreiteten wurde, ist das von Shannon und Weaver 1949 vorgeschlagene, das auch mit am Anfang einer neuen Disziplin, der *Kybernetik* stand (vgl. Shannon/Weaver 1949). Seither tauchen solche Modelle auch in allen Handbüchern der Sprachwissenschaft auf, die Disziplin hat indes ihre Praxis kaum geändert und setzt nach wie vor ihr Hauptinteresse in die sprachliche Produktion. Natürlich hat das auch praktische Gründe: diese ist weitaus leichter zu untersuchen als die Kommunikations- und Rezeptionsebene. Es gibt Ausnahmen, aber das Selbstverständnis des Faches ist ein anderes (vgl. zu dem Komplex Kremnitz 2005). Zwar gibt es mittlerweile eine eigene Kommunikationswissenschaft, diese kann jedoch auch längst nicht alle Fragen beantworten.

Gerade im Bereich des asymmetrischen Sprachkontaktes – darum geht es beim Thema dieses Buches – spielt indes die Dialektik von Emission und Rezeption eine erhebliche Rolle. Denn die Einordnung einer Äußerung auf der Skala Sprache/Varietät usw. kann für das Gelingen oder Misslingen von Kommunikation eine gewaltige Rolle spielen.

Ein Aspekt des Kommunikations-/Demarkationsproblems ist auch der Unterschied zwischen *Kompetenz* und *Performanz* (auch Sprachfähigkeit vs. Sprachverwendung). Kompetenz, der Terminus wurde bereits mehrfach stillschweigend verwendet, bedeutet die abstrakte Kommunikationsfähigkeit eines Sprechers in einer Sprache, sozusagen das, was er an Wissen und Fähigkeiten über diese Sprache in seinem Gehirn gespeichert hat. Der Terminus stammt aus der generativen Grammatik Chomskys und kann in Verbindung gebracht werden mit der *langue* bzw. dem *System* des Strukturalismus. Ihm gegenüber steht als tatsächliche Sprachverwendung die Performanz, die mit der *parole* des *Cours de linguistique générale* in Zusammenhang gebracht werden kann. Geht man von diesem Modell aus, dann stellt die Kompetenz ein Ideal dar, aus dem der Sprecher für seine Praxis schöpft, das aber immer von Störelementen (in der Fachsprache der Kommunikationstheorie spricht man von *Rauschen*) beeinflusst wird. Dazu können ganz banale Faktoren gehören wie zu geringe Lautstärke oder Nebengeräusche, aber auch grundlegendere wie Unkenntnis bestimmter Termini oder Verschiedenheit in den Konnotationen (das Wort ‚Kaiser' ruft bei einem Republikaner andere Assoziationen hervor als bei einem Monarchisten, aber ebenso bei einem Österreicher im Vergleich mit einem Deutschen oder Franzosen). Wichtig ist, dass die Kompetenz von der Praxis abhängig ist: verwende ich eine Sprache oft und für viele verschiedene Textsorten, so bleibt meine Kompetenz in dieser Sprache erhalten oder sie baut sich aus. Verwende ich sie dagegen nur selten und/oder nur für wenige Textsorten, so wird meine Kompetenz in dieser Sprache allmählich geringer. Umgekehrt wird die „Rückkehr" zur Verwendung einer Sprache sich auch positiv auf die entsprechende Kompetenz auswirken. In dem hier zu behandelnden Kontext bedeutet das, dass die Verwendungshäufigkeit von dominierten Sprachen eine Rolle für ihren Erhalt bzw. ihre Aufgabe spielt.

3.4 Status, Prestige und kommunikativer Wert; Normativierung vs. Normalisierung; geschriebene und gesprochene Sprache

Status, Prestige und kommunikativer Wert: die ersten beiden der hier verwendeten Termini sollen hier mit der Semantik verwendet werden, die aus der katalanischen Soziolinguistik stammt. Teilweise entsprechen ihnen in anderen wissenschaftlichen Traditionen unterschiedliche Definitionen. Es handelt sich dabei um Fixierungen einer *expliziten Sprachenpolitik*, die sprachliche Regelungen als offizielles Objekt der Politik hat. *Implizite Sprachenpolitik* liegt dann vor, wenn Maßnahmen sich nicht ausdrücklich auf Sprache beziehen, aber Folgen für die Kommunikation haben (können). So hatte z.B. die italienische Siedlungspolitik in Südtirol während der Mussolini-Zeit *auch* die Funktion, die Zahl der italienischen Primärsprecher in dem Gebiet zu vergrößern, obwohl dieser Aspekt offiziell nicht erwähnt wurde.

Status (vgl. zu diesem Komplex Kremnitz ²1994, 88–94; 2003): der Status von Sprachen wird durch Institutionen festgelegt. Das kann durch Verfassungsartikel geschehen, aber auch auf niedrigerer legislatorischer Ebene. Heutzutage werden meist die Staatssprachen in den Verfassungen erwähnt, bei vielen traditionellen Staaten wurden solche Regelungen bis vor kurzem nicht als notwendig angesehen. Man wird in der zunehmenden Fixierung der Staatssprachen in Verfassungen auf der einen Seite ein Konsequenz der Globalisierung sehen können, auf der anderen auch einen Reflex der Unsicherheit. Wichtiger ist die Statusfixierung für dominierte Sprachen, denn sie sind von vorn herein in einer schwächeren Position und bedürfen einer Absicherung. Im Allgemeinen gilt, dass je hochrangiger die Texte sind, durch die die Verwendung einer Sprache in einem Staat oder einem Staatsteil abgesichert wird, desto sicherer die Position der Sprecher ist. Allerdings zeigt die historische Erfahrung, dass bei einem Regimewechsel auch solche Sicherheiten oft nur scheinbare sind. Es gibt verschiedene Rahmen für sprachenpolitische Lösungen, die hier nur kurz erwähnt werden sollen. Die günstigste Situation für eine schwächere Sprache ist der *symmetrische institutionelle Aufbau (Kooffizialität)*. In diesem Falle sind zwei (oder mehr) Sprachen in einem bestimmten Territorium rechtlich gleichgestellt. Ihre Sprecher genießen dieselben Rechte zur Sprachverwendung im öffentlichen Bereich (meist wird nur er geregelt), müssen jedoch gegebenenfalls auch dieselben Einschränkungen hinnehmen. In diesem Fall liegt auf legaler Ebene keine Diglossie vor sondern eine institutionalisierte symmetrische Zwei- oder Mehrsprachigkeit. Allerdings kann eine institutionelle Symmetrie eine gesellschaftliche Asymmetrie nicht sicher verhindern. Ein Beispiel für eine solche Konstruktion ist etwa Finnland, wo im gesamten Staatsgebiet zwei Sprachen, das Finnische und das Schwedische, gleichermaßen offiziell sind, obwohl der Anteil der Schwedischsprachigen heute nur etwa 6% beträgt und zunehmend aus seiner früheren Rolle als führende Sprache verdrängt wird.

Die Symmetrie kann durch bestimmte Einschränkungen präzisiert (d. h. vermindert) werden, wenn etwa die rechtliche Symmetrie auf bestimmte Gebiete begrenzt wird (*Territorialitätsprinzip*). Das gilt etwa in Spanien für die autonomen Sprachen Katalanisch, Baskisch und Galicisch, die nur in den jeweiligen autonomen Regionen kooffiziell sind, im Rest des Staates jedoch keinerlei rechtlichen Schutz genießen. Eine andere Einschränkung liegt im *Personalitätsprinzip*, das besagt, dass Sprecher einer kooffiziellen Sprache ihre Rechte einfordern müssen. Teilweise gibt es Verbindungen beider Prinzipien, heute etwa in Südtirol, wo eine territorial begrenzte Symmetrie nach dem persönlichen Bekenntnis des Sprechers in Anspruch genommen werden kann.

Weniger günstig für die Sprecher dominierter Sprachen ist gewöhnlich der *asymmetrische institutionelle Aufbau*. In diesem Falle wird eine Sprache zur Staatssprache erklärt, andere können jedoch einen gewissen Grad der Anerkennung genießen. Am besten für die dominierten Sprachen ist es, wenn sie über einen *Minderheitenstatus* verfügen, der ihnen eine Duldung und Förderung durch den Staat zubilligt. Sie können als Minderheiten (dominierte Gruppen, der Terminus wird allerdings wegen seiner Schonungslosigkeit in der Politik kaum verwendet) anerkannt, d.h. als von der Mehrheit sprachlich und kulturell unterschiedliche Gruppen verstanden werden, genießen jedoch keine rechtliche Gleichheit. In der Praxis werden damit sehr unterschiedliche Situationen bezeichnet. Das eine Extrem bilden Gruppen, die über komplette kulturelle, mediale und schulische Infrastrukturen verfügen und auch ein definiertes politisches Mitspracherecht haben (die dänische Minderheit in Schleswig-Holstein befindet sich ungefähr in einer solchen Position), am anderen Ende stehen Gruppen, die zwar anerkannt werden, aber nur über geringe Existenz- und noch weniger Entfaltungsrechte verfügen; noch immer befinden sich alle dominierten Gruppen in Frankreich in diesem Bereich, auch die mittlerweile in der Verfassung erwähnten „Regionalsprachen".

Eine dominierte Sprache kann von einem Staat auch institutionell *ignoriert* werden. Dadurch sind ihre Sprecher zur Zweisprachigkeit gezwungen, wenn sie sich in die staatliche Gesellschaft eingliedern wollen (gewöhnlich werden sie nicht gefragt, außerdem können sie heutzutage kaum darauf verzichten; zu stark ist die staatliche Durchdringung aller Bereiche der Gesellschaft). Es dürfte kaum noch autochthone Gruppen in Europa in dieser Situation geben, für Zuwanderer stellt dieser Fall dagegen fast die Normalität dar. Die *Verfolgung* einer Sprachgruppe kann sich auf administrative Maßnahmen beschränken, etwa das Verbot der Verwendung der Sprache in der Öffentlichkeit, sie kann aber auch bis zur physischen Bedrohung und Verfolgung reichen. Offiziell befindet sich heute keine Minderheit in Europa mehr in dieser Situation, allerdings tun manche Staaten wenig, um etwa die am stärksten diskriminierte Gruppe der Roma und Sinti vor Verfolgung zu schützen. Auch kommt es immer wieder zur Verfolgung von Angehörigen von Zuwanderergruppen. Entsprechende Drohungen sind mittlerweile sogar zu einem Instrument der Politik in vielen Staaten geworden; die Zivilgesellschaften verteidigen die Angehörigen von ausgegrenzten Minderheiten viel zu wenig.

Da heute in allen europäischen Sprachen sehr viele Sprachen zugleich gesprochen werden, wäre es für die Politik eine große Herausforderung, eine allen Beteiligten gerecht werdende Politik zu konzipieren; allerdings ist das auch noch nicht ernsthaft versucht worden. Praktisch kommen heute alle der erwähnten politischen Möglichkeiten parallel vor: es gibt zugleich (meist autochthone) Gruppen, die einen relativ befriedigenden Status besitzen, andere, die sich in einer weniger komfortablen Situation befinden, und schließlich viele, vor allem Zuwanderergruppen, die weitgehend ignoriert werden. Nur dort, wo die Minderheiten besonders groß sind und möglicherweise auch politisch eine Rolle spielen, können sie auf eine gewisse Stützung hoffen. Im Falle von Frankreich genießen heute die so genannten Regionalsprachen aufgrund der Verfassungsänderung von 2008 eine wenigstens symbolische Anerkennung, allerdings werden sie nicht namentlich erwähnt, die große Zahl der Einwanderer aus Nordafrika – sie sind vielfach französische Staatsbürger –, deren Heimatsprachen das maghrebinische Arabisch und die Varietäten des Berberischen (Tamazight) sind, verschaffen sich durch ihre bloße Zahl eine gewisse öffentliche Präsenz, stehen daneben aber auch im Zentrum der Kritik (ein ehemaliger französischer Staatspräsident wollte protestierende Angehörige dieser Gruppen 2005 ja sogar *karchériser*, also mit dem Kärcher ausrotten). Daneben genießen kleine, aber gesellschaftlich relativ einflussreiche Minderheiten wie etwa die Armenier eine implizit ganz gute Stellung, im Gegensatz dazu leiden Roma und Sinti, vor allem, wenn es sich um Zuwanderer (gewöhnlich aus der EU, d. h. im Prinzip mit Aufenthaltsrecht) handelt, unter einer massiven Ausgrenzung.

Prestige (vgl. Ninyoles 1969, 63 ff., 80; Kremnitz ²1994, 74–80; 2003): die katalanische Soziolinguistik hat einst als Prestige die implizite gesellschaftliche Bewertung einer Sprache bzw. Varietät bezeichnet. Sie ist nicht formal (also durch gesetzliche Maßnahmen o.Ä.) abgesichert, deshalb wurde sie auch als *fiktiver Status* bezeichnet. Allerdings muss man klar zwischen *internem Prestige*, unter den Sprechern der jeweiligen Sprache, und *externem Prestige*, also dem Ansehen, das eine Sprache außerhalb der Gruppe ihrer Sprecher genießt, unterscheiden. Gewöhnlich schätzen die Sprecher selbst ihre Sprache höher ein, als das Außenstehende tun. Allerdings gibt es Fälle, in denen auch die Sprecher selbst keine hohe Meinung von ihrer Sprache oder Varietät haben, da sie von außen diskriminiert werden (das gilt heute etwa für manche autochthone amerikanische Sprache; viele Sprecher des Quechua haben die von außen auf sie niederprasselnden Vorurteile so stark internalisiert, dass sie nicht als Sprecher erkannt werden wollen; es handelt sich dabei um ein klassisches Beispiel von sprachlicher Entfremdung oder Selbsthass). In anderen Fällen verwenden Angehörige von diskriminierten Gruppen ihre jeweilige Sprache nur im Umgang mit Vertrauten und wollen auch nicht, dass Außenstehende sie lernen; das ist etwa die Situation vieler Roma und Sinti in Europa.

Das Prestige, das eine Sprache genießt, bekommt noch eine andere Bedeutung, denn es ist in vielen Fällen entscheidend für die Sprachenpolitik von Staaten (und internationalen Organisationen). Nur solche Sprachen werden in die schulischen Curricula aufgenommen, die über ein entsprechendes Prestige verfügen, wobei die Frage kaum gestellt wird, ob ihre tatsächliche Bedeutung für die Zielgruppe so groß ist, wie der ihnen in der Schule eingeräumte Platz erwarten lässt. Umgekehrt werden Sprachen nicht in die institutionelle Vermittlung aufgenommen, deren Außenprestige bescheiden ist. In vielen Fällen sind das Nachbarschaftssprachen, die vielleicht eine erhebliche praktische Bedeutung haben könnten, oder die Sprachen von Zuwanderergruppen, deren stärker verbreitete Kenntnis in einer Gesellschaft zum Abbau von wechselseitigen Vorurteilen beitragen könnte. Weder achten die Institutionen auf solche Möglichkeiten, noch nehmen die Eltern von Schülern sie wahr, die vielfach glauben, die (oft unzureichende) Kenntnis der am weitesten verbreiteten Sprache genüge schon, damit sich ihre Nachkommen einen Platz an der Sonne erobern können. Es wäre gut, wenn die sprachenpolitischen Entscheidungen von Institutionen weniger von Prestige-Erwägungen abhingen und mehr von kommunikativen Bedürfnissen.

Natürlich besteht zwischen Status und Prestige in diesem Modell ein enges, dialektisches Verhältnis. Ein hohes Prestige ruft nach einem hohen Status, und umgekehrt trägt ein höherer Status zur Steigerung des Prestiges bei. Dort, wo beide weit auseinanderklaffen, kann man von einer kritischen, wenig stabilen Situation ausgehen.

Kommunikative Bedeutung von Sprachen (vgl. Bein 2001; Kremnitz 2003): da zwischen dem Prestige und dem tatsächlichen Gebrauch einer Sprache in einer Gesellschaft sich oft eine gewaltige Kluft auftut, wurde bisweilen die Einführung einer Größe mit der Bezeichnung *kommunikative Bedeutung* (oder: *kommunikativer Wert*) von Sprachen vorgeschlagen. Damit soll erfasst werden, wie stark der tatsächliche Gebrauch einer Sprache, ohne Rücksicht auf Status und Prestige ist. Davon sind vor allem solche Sprachen betroffen, die über ein geringes Prestige verfügen, aber zugleich vielfach verwendet werden; das gilt etwa für bestimmte Sprachen von Zuwanderern. So ist etwa in Frankreich das maghrebinische Arabisch in seinen Varietäten hochfrequent, in Deutschland käme dem Türkischen eine ähnliche Rolle zu. Aber auch Nachbarschaftssprachen können sich in einer solchen Situation befinden; im nördlichen Niederösterreich gilt das etwa für das Tschechische, im Burgenland für das Ungarische. Faktum ist nun, dass diese Sprachen aufgrund eines relativ geringen externen Prestiges kaum in den staatlichen Institutionen gelehrt werden, oder dort, wo das doch der Fall ist, nur wenig Anklang finden. Allerdings wäre es für die Kommunikation und den sozialen Frieden hilfreich, wenn sie nicht nur von ihren Sprechern, sondern auch von Angehörigen der jeweiligen Mehrheitsgesellschaft beherrscht würden, aus praktischen Gründen, aber auch aus

Gründen der Akzeptanz. Eine andere Diskrepanz öffnet sich etwa zwischen dem Prestige des Lateins und seiner heutigen praktischen Verwendung. Die Sinnhaftigkeit des Begriffes ergibt sich aus dem häufigen Auseinanderklaffen zwischen einer erklärten Bedeutung (Prestige) und der tatsächlichen Verwendung.

Es ist sehr schwierig, diese kommunikative Bedeutung zu messen. Provisorisch könnte man sie mit der Summe der Verwendungen einer Sprache in einem gegebenen Territorium und in einem bestimmten Zeitraum angeben. Vor einer geglückten formalen Definition des Begriffes steht noch viel Arbeit. Die Mühe dürfte sich allerdings lohnen, nicht nur aus wissenschaftlichen sondern auch aus gesellschaftlichen Gründen.

Normativierung vs. Normalisierung (kat. *normativització vs. normalització*; frz. *normativisation vs. normalisation*; Kremnitz ²1994, 76–79; Ruiz i San Pascual/Sanz i Ribelles/Solé i Camardons 2001): auch dieses Begriffspaar stammt aus der katalanischen Soziolinguistik. Der erste Terminus wird von anderen soziolinguistischen Traditionen meist als *Kodifizierung* bezeichnet, auch andere Begrifflichkeiten treten auf; damit ist die Arbeit zur Erstellung einer sprachlichen Referenzform gemeint. Unter *Normalisierung* wurde ursprünglich (vgl. Ninyoles 1969) die Ausweitung des sozialen Gebrauchs einer Sprache auf alle Kommunikationsbereiche verstanden; gemäß der Orientierung der Theorie an dem sprachlichen Konflikt Kastilisch/Katalanisch wurde damals unter Normalisierung der ausschließliche Gebrauch einer Sprache, im gegebenen Fall des Katalanischen, in einem Territorium verstanden. Schon damals haben viele Forscher die ideologische Verengung des Begriffes bedauert; inzwischen ist dieser Monopolanspruch aufgegeben, der Terminus bedeutet nur, dass eine Sprache ohne Einschränkung für *alle* kommunikativen Bedürfnisse verwendet werden kann, ohne Rücksicht darauf, ob es sich um einen *exklusiven* Gebrauch handelt oder ob auch andere Sprachen in dem gegebenen Territorium dieselben Möglichkeiten haben.

Die *Normativierung* umfasst üblicherweise die folgenden Bereiche: Fixierung der Orthographie, der Morphologie und Syntax, sowie des Lexikons. Die Orthoepie oder Orthophonie, die Normaussprache, hat erst allmählich größere Bedeutung gewonnen, vor allem aufgrund der Zunahme der Präsenz der Medien in der Gesellschaft. In einer weiteren Perspektive gehört heute auch die Ordnung von Textsorten dazu; die Diversifizierung der Kommunikation hat die Wichtigkeit dieses Aspekts in den Vordergrund treten lassen.

Historisch gesehen steht am Beginn eines Normativierungsprozesses meist die Erarbeitung einer orthographischen Konvention, sie wurde bisweilen als Voraussetzung eines sprachlichen (Wieder-) Belebungsprozesses angesehen. Zugleich bedeutet sie die (Wieder-) Gewinnung der Schriftlichkeit für eine Sprache; diese aber ist für das Prestige der betroffenen Sprache vor allem bei den eigenen Sprechern von erheblicher Bedeutung. In den europäischen Sprachen, für die in der Renaissance ein Prozess der Normativierung begann, ging es gewöhnlich zunächst um Graphieregeln, und dieselbe Erfahrung hat sich auch bei den Sprachen gezeigt, die seit dem 19. Jahrhundert in der zweiten großen Emanzipationsphase von Volkssprachen normativiert wurden. Die kommunikativen

Möglichkeiten vieler dominierter Sprachen leiden darunter, dass ihre Normativierung nicht alle sprachlichen Bereiche in genügendem Maße umfasst. Gewöhnlich sind die weniger klar umrissenen Bereiche, wie Lexikon oder die Existenz von Textsorten davon betroffen. Das kann damit zusammenhängen, dass (vorübergehend) nicht alle Bereiche der Kommunikation in der betreffenden Sprache abgedeckt werden können. Es kann aber auch Streitigkeiten in einem elementaren Bereich wie den Graphieregeln oder der Grundlage eines orthographischen Systems geben; diese haben meist ideologische Gründe. Wo keine staatliche oder parastaatliche Autorität solche Auseinandersetzungen beenden kann, beeinträchtigen sie möglicherweise den Ausbauprozess. Das ist einer der Gründe dafür, dass sprachliche Emanzipation mindestens auf längere Sicht heute fast notwendig einer institutionellen Abstützung bedarf. Es leuchtet ein, dass der Grad des Ausbaus bzw. der Normativierung gerade bei dominierten Sprachen von großer Bedeutung ist; auf der einen Seite beeinflusst er die praktischen Kommunikationsmöglichkeiten in dieser Sprache, auf der anderen ist er für das Prestige der betreffenden Sprache wichtig.

Daraus geht auch hervor, dass nicht die bloße Existenz einer Referenzform von Bedeutung ist, diese muss in der Gesellschaft bekannt sein und akzeptiert werden. Nur so kann sie eine soziale Wirkung ausüben. Das Sein und das Bewusstsein stehen auch hier in einem dialektischen Verhältnis.

Der Prozess der *Normalisierung* von Sprachen greift zum einen sehr weit und hat zum anderen keine präzisen Grenzen. Denn er geht davon aus, dass eine Sprache für jeden kommunikativen Zweck verwendet werden kann. Das setzt jedoch zunächst eine entsprechende politische Lage voraus: eine Sprache muss einen Mindestgrad an institutioneller Anerkennung genießen (vgl. das unter *Status* Gesagte), sie muss aber auch für alle kommunikativen Bedürfnisse verwendet werden (können).

Die Entwicklung der letzten Jahrzehnte zeigt jedoch, dass nach einer Periode relativer Demokratisierung des Sprachgebrauches – weltweit wurden immer mehr Sprachen für immer mehr kommunikative Felder verwendet – heute wieder ein umgekehrter Prozess eingesetzt hat. Für bestimmte, vor allem wissenschaftliche und technische Verwendungen entwickelt sich ein zunehmendes Monopol von nur wenigen Sprachen, derzeit allen voran das Englische. Das zeigt sich etwa daran, dass in einer zunehmenden Zahl von Bereichen das Englische als wissenschaftliche Metasprache verwendet wird. Bisweilen geht das so weit, dass das Englische verwendet werden *muss*, obwohl die Verwendung anderer Sprachen die Kommunikation erleichtern würde; in solchen Fällen siegen ideologische (bisweilen auch schlicht machtpolitische) Kriterien über kommunikative. Nun hat die Geschichte, nicht nur in Europa, schon verschiedene solcher Monopolisierungsphasen gekannt; es ist zu erwarten, dass auch diese eines Tages von anderen Tendenzen abgelöst wird. Auf der anderen Seite gibt es durchaus konkrete kommunikative Bereiche, in denen das Englische defizitär ist; für diese bestimmten Bereiche werden besser andere Sprachen verwendet. So ist zwar das Englische heute die Sprache mit dem höchsten Grad der Normalisierung, es kann aber auch nicht alle kommunikativen

Bedürfnisse in optimaler Weise abhandeln. Außerdem ist Normalisierung auf dieser höchsten Ebene sehr leicht und rasch Veränderungen unterworfen.

Ein wichtiger Aspekt der Normalisierung ist die Frage, in welchem Maße eine Sprache neben der gesprochenen Kommunikation auch als Schriftsprache verwendet wird. Da unsere Zivilisation in hohem Maße auf schriftlicher Kommunikation beruht – nicht nur die meisten kulturellen Überlieferungen bedürfen der Schrift, auch das alltägliche Leben kommt ohne sie fast nicht aus – ist die schriftliche Verwendung einer Sprache ein funktional wichtiges Element, aber auch ein Maßstab für das Prestige. Die Abwertung von Varietäten geht häufig von dem Argument der fehlenden Schriftlichkeit aus, gleichgültig ob diese von der bislang fehlenden kommunikativen Notwendigkeit abhängt oder von politischer Blockade. Daher ist die Frage nach dem Grade des Gebrauchs für die schriftliche Kommunikation auch eine nach den Aussichten der jeweiligen Sprache. Natürlich gilt nach wie vor, dass die meisten Sprachen auf der Erde entweder nie schriftlich verwendet wurden oder über einen gelegentlichen Gebrauch nicht hinausgekommen sind; ihre längerfristige Weiterexistenz ist damit in Frage gestellt, sofern die Tendenzen zur Globalisierung nicht gebremst werden.

Im Falle von dominierten Sprachen kann man meist nicht von einer vollständigen Normalisierung ausgehen; entweder fehlen die politischen Voraussetzungen oder die Normativierung ist nicht weit genug fortgeschritten, um alle Felder der Kommunikation abzudecken. Es wird daher im Folgenden sinnvoll sein, immer auch den Grad der Normativierung und Normalisierung zu betrachten. Dabei ist auch zu berücksichtigen, ob es sich um Eigen- oder Außengruppen handelt. Während die ersten im Normalfall auf sich selbst gestellt sind, können die zweiten in gewissem Maße auf Unterstützung aus dem Kerngebiet hoffen.

3.5 Aufgaben

1. Machen Sie sich Gedanken darüber, was die Kirchenfürsten 813 mit dem Begriff *rustica romana lingua* genau ausdrücken wollten.
2. Suchen Sie die Definitionen von ‚Sprache' in verschiedenen sprachwissenschaftlichen Nachschlagewerken und vergleichen Sie die Aussagen.
3. Lesen Sie den Aufsatz „Diglossia" von Ferguson und vergleichen Sie die dort vorgeschlagene Definition mit späteren. Welche Unterschiede lassen sich festsellen?
4. Vergleichen Sie verschiedene Kommunikationsmodelle und arbeiten Sie die Unterschiede heraus (Sie finden sie in den einschlägigen Nachschlagewerken und in Einführungen in die Sprachwissenschaft).
5. Untersuchen Sie, welche konkurrierenden Bezeichnungen für die hier verwendeten Termini Normativierung und Normalisierung verwendet werden und suchen Sie nach semantischen Unterschieden (etwa in den Nachschlagewerken von Bußmann und Glück, vgl. Kap. 10.).

6. Überlegen Sie, inwiefern das Außenprestige von Sprachen schon für Sie selbst Bedeutung bekommen hat?

4 Die autochthonen Sprachen im französischen Mutterland

Jede Darstellung der Sprachen Frankreichs wird sich zunächst mit denjenigen von ihnen befassen, die sich schon am längsten in Kontakt zum französischen Staat und seiner Staatssprache befinden. Das sind die Sprachen, die durch die allmähliche Ausdehnung des Machtbereichs der französischen Könige unter deren Einfluss gekommen sind (vgl. Kap. 2.). Aus Gründen der historischen Abfolge, der geographischen Kontiguität und der heutigen Bedeutung werden sie in folgender Reihenfolge vorgestellt: zunächst Okzitanisch, Baskisch, Katalanisch, dann Bretonisch, danach Deutsch, Korsisch und Niederländisch, das Frankoprovenzalische, die kleinen ligurischen Sprachinseln und zum Schluss die *langues d'oïl*. Dabei sollen gewöhnlich die folgenden Aspekte berücksichtigt werden: traditionelles Verbreitungsgebiet, Sprachstruktur, externe Sprachgeschichte und Aspekte der Geschichte, heutige Situation. Nicht alle Sprachen werden in gleicher Dichte abgehandelt, da vielfach eine Darstellung exemplarisch für alle beobachteten Fälle sein kann.

4.1 Das Okzitanische

Sprachgebiet und Sprecherzahl: Das traditionelle Sprachgebiet des Okzitanischen umfasst mit rund 200.000 km² den ganzen Süden des festländischen Frankreich mit Ausnahme des kleinen baskischsprachigen Gebietes im Departement *Pyrénées Atlantiques* und der katalanischsprachigen *Pyrénées Orientales*. Es nimmt damit fast 40% des französischen Mutterlandes ein; eine wirkliche Anerkennung der okzitanischen Differenz würde den französischen Staat vor erhebliche Probleme stellen. Das traditionelle Sprachgebiet beginnt im Westen ungefähr an der Mündung der Gironde, die Grenze steigt dann in einem Bogen nach Norden, so dass der größte Teil des Zentralmassivs (okz. heißt es folgerichtig *Massiu septentrional*) beim Okzitanischen verbleibt, die Sprachgrenze erreicht etwa bei Guéret ihren nördlichsten Punkt und senkt sich dann etwas nach Osten, sie überschreitet bei Tain die Rhône und verläuft schließlich knapp südlich von Grenoble bis zur Staatsgrenze. Auf italienischem Staatsgebiet gehören die oberen Täler der (südlichen) Abflüsse der Alpen noch zum okzitanischen Sprachgebiet, das hier auf das Piemontesische stößt. Im Norden gibt es eine Übergangszone, genannt *le croissant*, bei deren Mundarten eine Zuordnung zum Okzitanischen oder Französischen kaum möglich ist. Das okzitanische Sprachgebiet reichte früher weiter nach Norden, wohl bis zum Südufer der Loire; allerdings werden Poitou, Saintonge und Angoumois seit langem als Gebiete französischer Varietäten angesehen; stößt der aufmerksame Beobachter indes auf einen (der nicht mehr zahlreichen) Sprecher dieser Varietäten, so kann er leicht typisch okzitanische Lautungen und Vokabeln erkennen. Zum okzitanischen Sprachgebiet gehört auch das *Val d'Aran* in Katalonien. Außerdem wird heute noch Okzitanisch in Guardia Piemontese in Kalabrien gesprochen, wohin ursprünglich Waldenser aus den italienischen Tälern geflohen waren. Von den ehemaligen Waldenserkolonien in Württemberg und Hessen sind die letzten in der ersten Hälfte des 20. Jahrhunderts erloschen; auch in der argentinischen Stadt Pigüé im Süden der Provinz Buenos Aires wird heute kein Okzitanisch mehr gesprochen. Während die Sprache in Frankreich nur durch den Art. 75-1. der Verfassung implizit anerkannt ist, ist die Situation in Italien seit dem Gesetz von 1999 besser, und in Katalonien ist heute die Kooffizialität für die knapp 6000 Sprecher des Val d'Aran erreicht (vgl. Ronjat 1930–1941, I, 10–22; Kremnitz 1981; Bec [6]1995).

Dieses Sprachgebiet ist heute nur noch virtuell zu verstehen, denn in weiten Zonen wurde die Sprache vor allem während des 20. Jahrhunderts durch das Französische ersetzt. Allerdings gibt es aufgrund der Mobilität in den größeren Städten des Nordens mitunter noch immer okzitanischsprachige Gruppen, die bisweilen die Sprache auch zur Abgrenzung verwenden. Bestimmte Berufsgruppen, vor allem soziale Aufsteiger, hatten dafür lange Zeit eine Reputation. Mittlerweile hat ihre Zahl stark abgenommen. Heutige Schätzungen der Sprecherzahl (aus den in Kap. 1. angegebenen Gründen gibt es keine genaueren Angaben) gehen von minimal 600.000 Sprechern aus, maximal 1,5 Millionen. Dabei sind die Zahlen noch immer rückläufig, denn die stärkere Kompetenz bei den Älteren wird von den nachfolgenden Generationen nicht erreicht; die generationelle Weitergabe ist stark gestört und wird nur in recht geringem Maße durch *sekundäre Sprecher* (das sind im Gegensatz zu den *primären Sprechern*, die die Sprache auf „natürlichem" Wege, durch Kommunikation gelernt haben, solche, die ihre Sprachkompetenz willentlich und im Allgemeinen über Bildungsinstitutionen erworben haben) ausgeglichen.

Noch nach dem Ersten Weltkrieg kann Jules Ronjat mit gutem Grund vermuten, dass mehr als 90% der Bevölkerung im okzitanischsprachigen Gebiet die Sprache beherrschen und täglich verwenden und dass ein großer Teil der Auswanderer, in andere Teile Frankreichs oder in die damaligen Kolonien, sie beibehalten habe. Er kommt somit auf eine (realistisch scheinende) Gesamtzahl von etwa 10 Millionen Sprechern (Ronjat 1930–1941, I, 25–26). Allerdings hat seit der Umsetzung der allgemeinen Schulpflicht die rasche Sprachsubstitution eingesetzt. Denn sie sorgt zunächst dafür, dass die jungen Generationen das Französische immer besser beherrschen. Erst wenn das in hohem Maße der Fall ist, nimmt die Kompetenz in der dominierten Sprache merklich und relativ rasch ab, denn diese hat dann immer weniger kommunikative Nischen für sich. Dieser Zustand wird im Laufe des 20. Jahrhunderts erreicht. Deshalb kann zwar Robert Lafont für die späten sechziger Jahre noch zwischen einer und acht Millionen Sprecher annehmen, je nach dem Grad der Kompetenz (Lafont 1971, 56–57), aber dieses Potential ist in rascher Erosion begriffen – das dürfte einer der Gründe für die Lebendigkeit der Regionalbewegung in Frankreich nach 1968 sein. So erklärt sich der rasche Rückgang bis heute.

Der Prozess der Substitution lässt sich auch am Auftreten des Phänomens des *francitan* feststellen. Es handelt sich dabei um eine sprachliche Zwischenform, die sich dort ausgebildet hat, wo beide Sprachen am engsten in Kontakt stehen. Ideologisch wird es von den Sprechern oft als das „Französisch des kleinen Mannes" interpretiert. Dabei stoßen vor allem okzitanische Phonologie und vielfach Syntax auf eine weitgehend französische Morphologie; das Lexikon macht zahlreiche Anleihen beim Okzitanischen (vgl. Couderc 1975; zusammenfassend Boyer 1990, 2001). Waren Varietäten des *Francitan* noch in den sechziger und siebziger Jahren des 20. Jahrhunderts die üblichen Ausdrucksformen der meisten Bürger des Südens, so haben sich diese Züge mittlerweile deutlich abgeschwächt, außerdem sind lokale oder regionale Züge eingeebnet worden.

Sprachstruktur: Das Okzitanische ist eine romanische Sprache. Es unterscheidet sich relativ wenig vom Katalanischen und den anderen südlichen Sprachen der Romania, dagegen deutlicher vom Französischen und Frankoprovenzalischen (Ronjat 1930–1941, I, 6–7; Bec [6]1995, 23–31). Gewöhnlich wird das Okzitanische in sechs große dialektale Einheiten gegliedert, nämlich im Westen das Gaskognische (das sich aufgrund eines proto-baskischen Substrats am stärksten von den anderen Varietäten unterscheidet), im Norden das Limousinische, das Auvergnatische und das Alpine, im Süden das Languedokische und das Provenzalische; bisweilen wird von diesem noch das Nissardische unterschieden. Es gibt mittlerweile zahlreiche Lehrwerke der Sprache, darunter eines für deutschsprachige Lerner von Cichon ([2]2002). Als Grammatiken treten neben die noch immer vollständigste von Ronjat (1930–1941), diejenigen von Alibèrt ([2]1976) und Sumien (2006); die beiden letzten sind stark normativ ausgerichtet. Eine ungeheure Summe von Informationen bieten die Sprachatlanten des okzitanischen Gebiets, allerdings sind sie meist nicht ganz einfach in der Konsultation.

Externe Sprachgeschichte (vgl. zum Folgenden Lafont/Anatole 1970/71; Lafont 1974; Armengaud/Lafont 1979; Abrate 2001; Boyer/Gardy 2001; Lavelle 2004): das Okzitanische entwickelte sich parallel zum Nordfranzösischen als die gesprochene Sprache des Südens. Die Straßburger Eide von 842 enthalten eine Reihe von Zügen, die dem Süden zugeschrieben werden können; die Absicht des Schreibers war wohl weniger eine Berücksichtigung von Varietäten als eine große kommunikative Reichweite. Das weist darauf hin, dass die beiden Sprachen, Französisch und Okzitanisch, ursprünglich weniger Abstand als heute hatten. Auch die okzitanische Schriftkultur entwickelte sich parallel zur Französischen, vielfach sind die ersten okzitanischen Textbelege, trotz weniger guter Überlieferungslage, älter als die entsprechenden französischen. Die ersten okzitanischen Texte sind vor 1000 entstanden, die große Zeit beginnt um 1100, als fast gleichzeitig der erste Trobador mit seinen Liedern hervortritt, nämlich Guilhem IX. von Poitiers, Herzog von Aquitanien (1071–1127), und 1102 die lange Reihe der administrativen Dokumente mit einer Urkunde aus Rodez eingeleitet wird; man hat mitunter von einer *accélération* der Entwicklung in den okzitanischsprachigen Städten gesprochen. Die Besonderheit der Situation der Sprache wird wohl am deutlichsten durch eine ab Beginn des 13. Jahrhunderts entstehende Reihe von Poetiken/Grammatiken, deren erste bekannte die von Ramon Vidal (de Besalú, um 1200/1210), die berühmteste der *Donatz Proensals* von Uc Faidit (um 1240) ist: ihre Autoren beginnen, die Sprache in Regeln zu fassen und versuchen damit, sie dem Latein, der damals einzigen „geregelten" Sprache, gleichzustellen. Das gelingt letzten Endes nicht, denn ab 1209 wütet in weiten Teilen des Sprachgebiets, vor allem in denen, die zur Grafschaft Toulouse gehören, damals einer europäischen Großmacht, der so genannte Albigenser- oder Katharer-Kreuzzug, der, offiziell gegen religiöse Dissidenten gerichtet, nach Jahrzehnten (als letzte Feste der Katharer wird Quéribus 1255 erobert) mit der Verwüstung des Landes endet. Zugleich wird das Gebiet des Grafen von Toulouse zerschlagen und fällt 1271 als Erbe an die französische Krone. Damit endet die enge Bindung an den katalanischen Süden, eine mögliche gemeinsame Herrschaft, die sich zwischen 1204 und 1213 abzeichnet, wird nach dem Sieg der Kreuzfahrer in der Schlacht von Muret 1213 hinfällig (eine sprachliche Folge besteht darin, dass fortan Okzitanisch und Katalanisch getrennte Wege gehen; eine damals noch mögliche Vereinigung unter einem einheitlichen Referenzdach wird hinfällig; außerdem beginnen danach die Könige von Aragón, die zugleich Grafen von Barcelona sind, die *reconquesta* des bis dahin noch arabisch beherrschten Südens der Iberischen Halbinsel und die Eroberung ihres mittelmeerischen Imperiums). Damit setzt die Eroberung des okzitanischen Sprachraumes durch die französischen Herrscher ein, das letzte Kapitel vollzieht sich 1860 mit der definitiven Eingliederung Nizzas (vgl. Kap. 3).

Die Dependenz von den französischen Königen (und der katholischen Kirche) erlaubt es auf Dauer nicht, den Vorsprung der okzitanischen Kultur zu bewahren. Zwar betreiben die französischen Könige zunächst noch keine aktive Sprachenpolitik, aber mit dem Aufkommen des Buchdruckes und der Abwendung vom Latein zu Beginn des 16. Jahrhunderts wird das Französische immer stärker als geschriebene Sprache verwendet, sowohl in der Verwaltungspraxis als auch im literarischen Gebrauch. Die alphabetisierte Oberschicht wendet sich der Sprache der Herrscher zu, die *Ordonnance de Villers-Cotterêts* von 1539 vollzieht nur eine Entwicklung nach, die etwa ein Jahrhundert früher begonnen hat und nun in vollem Gange ist. Allerdings ist der Preis hoch: fortan schreibt eine kleine Minderheit Texte auf Französisch, während die Gesamtheit der Bevölkerung das Okzitanische als tägliche Sprache hat. Daran wird sich noch über Jahrhunderte wenig ändern. Nach dem Ende der mittelalterlichen lateinisch-volkssprachlichen Diglossie kommt es nun zu einer neuen, weitgehend an die Schriftlichkeit gebundenen, zwischen Französisch und Okzitanisch. Es gibt genügend literarische Zeugnisse dafür, dass die Französischkenntnisse auch der Oberschicht noch lange Zeit prekär bis inexistent sind. Zwar nimmt die Zahl jener, die *auch* das Französische beherrschen, ganz allmählich zu, ihre absolute Zahl bleibt indes unbedeutend. Die Verwendung des Okzitanischen dauert an, allerdings bleibt sie weitgehend *residuell*, das heißt, neue Textsorten entstehen kaum noch, ihnen bleibt das Französische vorbehalten. Eine Folge dieser Entwicklung ist der rasche Verlust der Kenntnis der okzitanischen Graphietraditionen, die in der Zeit der Trobadore für eine vergleichsweise starke graphische Einheitlichkeit der Texte gesorgt haben. Als es zwischen 1550 und 1620 zu einer ersten *Renaissance-Bewegung* kommt, sind diese Traditionen bereits verloren, und die Schriftsteller halten sich an das Vorbild der französischen Graphietraditionen, nur wenige schaffen ihre eigenen Systeme (vgl. Lafont 1970). Immerhin ist diese erste Renaissance bemerkenswert; sie deutet darauf hin, dass das Bewusstsein von Sprache deutlich zunimmt, Sprachen auch eine erste ideologische Aufladung bekommen – welche sind die vornehmsten? – zu jener Zeit spielt sich indes noch in keiner anderen dominierten Sprache ein ähnliches Phänomen der Renaissance ab. Auch hier scheint das Okzitanische ein Vorläufer zu sein.

Eine gewisse Veränderung zeigt sich mit den ersten Erfolgen der Aufklärung. Diese will das Ausmaß der Bildung und Erziehung ausweiten, ihre Protagonisten ersinnen erste Volksbildungspläne und versuchen, den Unterricht und die Alphabetisierung auszuweiten. Allerdings ist die Aufklärung ihren klassischen Vorbildern verpflichtet und daher wenig sprachfreudig: sie möchte für ihre Ziele die „großen" Sprachen einsetzen, wenn schon nicht die des klassischen Altertums, so doch die gut ausgebauten Herrschersprachen ihrer Zeit. Auf der einen Seite stehen nun ernsthafte Bemühungen um eine Vergrößerung der Zahl der Französischsprecher, auf der anderen erfolgen die ersten Angriffe auf die, für eine umfassende Kommunikation angeblich nicht geeigneten, Volkssprachen, für die nun mehr und mehr der Begriff *patois* verwendet wird. Allerdings kann man im 18. Jahrhundert noch nicht von einer ernsthaften Verringerung der Zahl der Okzitanischsprecher ausgehen, denn das Okzitanische ist nach wie vor als alltägliche Umgangssprache unumgänglich. Die Tendenzen zur Verbreitung des Französischen steigern sich in der Revolutionszeit, allerdings mit sehr unterschiedlichen Erfolgen. Wieder zeichnen sich auf den Karten geographische und soziale Zentren ab, in denen das Französische deutliche Fortschritte macht, auf dem flachen Lande und in den Gebirgszonen ändert sich nur wenig.

Zugleich beginnt mit dem einsetzenden 19. Jahrhundert, und sicher teilweise als Folge der zunehmenden Präsenz des Französischen, eine erneuerte kulturelle Renaissance des Okzitanischen, die sich bis heute fortsetzt. Der französische Nationalismus, der in den späteren Phasen der Revolution expansive Gestalt annimmt, steht an der Wiege vieler anderer europäischer Nationalbewegungen, die zunächst als kulturelle beginnen, dann aber vielfach politisch werden und in einer Reihe von Fällen zur Bildung neuer Nationen und zur Gründung neuer Staaten führen. Zu den früheren dieser Bewegungen gehört die okzitanische, die sich indes sehr bald vor allem als literarische empfindet und kaum politische Forderungen stellt. Die Renaissance hat schon mehrere Etappen hinter sich, als sie 1854 im *Félibrige*, einer heute noch bestehenden Dichtervereinigung, einen ersten organisatorischen Rahmen bekommt. Aufgrund der geringen politischen Erfolge kommt es verschiedentlich zur Gründung neuer Organisationen, die eine stärkere Politisierung anstreben, so 1923/24 durch die Gründung der Zeitschrift *Oc* in Toulouse und 1945 durch die Gründung des *Institut d'Estudis Occitans* (*IEO*), ebenfalls in Toulouse. Eine wirkliche Verankerung in der Bevölkerung bekommt der so entstandene Okzitanismus erst nach 1968 für einige Jahre. Wahrscheinlich kann man seine damaligen Erfolge mit den starken Fortschritten der sprachlichen Substitution nach dem Zweiten Weltkrieg in Verbindung bringen. Zwar konnten die unterschiedlichen Flügel der Renaissance-Bewegung eine gewisse literarische Blüte erreichen und den Rückgang der Sprecherzahlen eindämmen, eine Umkehr der Dynamik erzielten sie bis heute nicht. Der Hauptgrund für den nur teilweisen Erfolg ist die Stärke des französischen Staates, der interne Dissens zwischen den unterschiedlichen Flügeln der Renaissance-Bewegung hat indes einen Anteil daran.

Heutige Situation: Der heutige Zustand lässt sich als widersprüchlich beschreiben. Auf der einen Seite gibt es nur noch eine geringe Zahl aktiver Sprecher, es gibt fast keine Sprecher mehr, die das Okzitanische als Erstsprache erworben haben und die sekundären Sprecher können die Verluste nur teilweise ausgleichen. Auf der anderen Seite ist den autochthonen Sprachen seit der Präsidentschaft Mitterrands eine gewisse Institutionalisierung gelungen, von der auch das Okzitanische profitiert. Die Schaffung eines *CAPES occitan/langue d'oc* (die Bezeichnung weist auf interne Differenzen hin, die sich heute allerdings weitgehend beruhigt haben) 1992/93 hat zu dieser Konsolidierung beigetragen, wenn auch seit vielen Jahren die Zahl der jährlich ausgeschriebenen Stellen nicht ausreicht, um nur die Abgänge aufgrund von Pensionierung zu ersetzen. Sicher hat die Gründung okzitanischer Privatschulen, der *Calandretas*, seit Ende der siebziger Jahre, eine stimulierende Wirkung gehabt; allerdings können sie nur wenige Tausend Schüler unterrichten. In ähnlicher Weise hat die Gründung von Privatsendern, die dem Okzitanischen einen gewissen Platz geben, zur Öffnung der staatlichen Anstalten beigetragen. Es gibt in bescheidenem Umfang okzitanische Medien, darunter eine Wochenzeitung (*La Setmana*). Nach einer Periode der Krisen hat die neuerliche Konsolidierung des *IEO* seit der Jahrtausendwende, nicht mehr als wissenschaftliche Institution (das war das ursprüngliche Ziel), sondern als kultureller Multiplikator und Organisator, die Basis für eine gewisse öffentliche Präsenz geschaffen. In manchen Orten findet man auch Orts- und Straßenschilder auf Okzitanisch, aber die symbolische Präsenz der Sprache bleibt insgesamt bescheiden und durch große regionale Unterschiede charakterisiert. Es gibt nur wenige kulturelle Zentren. Immerhin fördern mittlerweile alle Regionen im okzitanischen Sprachgebiet die Bewahrung, manchmal auch die Verwendung der Sprache, wenn auch in sehr unterschiedlichem Ausmaße. Erste Initiativen zu einer gemeinsamen Politik mehrerer Regionen verlaufen vielversprechend. Allerdings ist der politische Okzitanismus nach wie vor schwach, andere Parteien übernehmen die Ziele der Bewegung allenfalls teilweise. Daher bleiben die Zukunftsaussichten bescheiden.

4.2 Das Baskische

Sprachgebiet und Sprecherzahl: die drei Provinzen des nördlichen Baskenlandes (bask. *Iparralde*), nämlich Soule (*Zuberoa*), Basse Navarre (*Nafarroa Beherrea*) und Labourd (*Lapurdi*) sind auch innerhalb des nicht sehr großen gesamten Baskenlandes (*Euskal*

Herria) die kleinsten und bevölkerungsärmsten. Ursprünglich dürfte der baskische Sprachraum deutlich größer gewesen sein; allerdings sind die Schätzungen unsicher. Nur die Ortsnamen geben Hinweise auf ein weitaus größeres Siedlungsgebiet in der Vergangenheit, auch nördlich der Pyrenäen. Die drei Provinzen kamen zu Ende des Hundertjährigen Krieges (*Lapurdi* und *Zuberoa*), also Mitte des 15. Jahrhunderts bzw. mit der Annexion Navarras 1620 zu Frankreich. Sie bilden seit der Revolution den Westteil des Departement *Pyrénées Atlantiques*. Seit vielen Jahren gibt es Bemühungen um ein eigenes baskisches Departement, bislang sind sie jedoch gescheitert. Das Nordbaskenland kennt traditionell eine starke Auswanderung, die dafür gesorgt hat, dass es in den großen Städten des okzitanischen Sprachgebietes kompakte baskische Gruppen gegeben hat und teilweise noch gibt; diese haben oft für die im Lande Gebliebenen eine erhebliche Bedeutung. Die dialektale Gliederung folgt ziemlich genau der Aufteilung der drei historischen Provinzen.

Auch die Zahl der Baskischsprecher in Iparralde geht zurück, wenn ihre relative Anzahl auch deutlich höher liegt als etwa die der Sprecher des Okzitanischen. Die letzte Untersuchung der Regierung von *Euskadi* (das ist die autonome baskische Region in Spanien) kommt zu einem Ergebnis von ca. 21,4% Zweisprachigen (51.000 Personen), 9% passiv Zweisprachigen (sie verstehen nur) und 69% Einsprachigen auf Französisch. Noch zwanzig Jahre zuvor ergab eine entsprechende Untersuchung noch 2900 Personen, die ausschließlich Baskisch sprachen, und 32,7% Zweisprachige (Coyos 2013, 429). Es kam allerdings in den letzten Jahrzehnten zu einer vergleichsweise massiven Zuwanderung, die zum Sinken des Anteils der Baskischsprecher beigetragen hat. Auf der anderen Seite hat die Einrichtung der autonomen Regionen in Spanien 1979/80 (*Euskadi* und *Navarra*, von denen vor allem die erste sprachenpolitisch engagiert ist) zur Stützung der Sprachpraxis beigetragen.

Aufgrund der geographischen Lage ist seit langem unter den Basken, im Norden wie im Süden, Mehrsprachigkeit weit verbreitet: neben dem Baskischen war früher vor allem das Gaskognische als okzitanische Varietät bis ins 20. Jahrhundert verbreitet und lange Zeit auch Urkundensprache, daneben das Französische und das Kastilische (Spanische). In neuerer Zeit treten die beiden Staatssprachen stärker in den Vordergrund.

Sprachstruktur: das Baskische ist eine nicht indo-europäische Sprache. Es ist bis heute nicht gelungen, sie mit einer anderen Sprache genetisch in Verbindung zu bringen, wenn auch an – teilweise abenteuerlichen – Hypothesen in der Vergangenheit kein Mangel war. Daher ist das Baskische auch von anderen europäischen Sprachen her auch nicht ansatzweise zu erschließen und gilt als schwer erlernbar. Seit einigen Jahren gibt es eine deutschsprachige Grammatik (Bendel 2006).

Externe Sprachgeschichte: das Baskische ist zwar eine sehr alte Sprache, wahrscheinlich die älteste der in Europa gesprochenen, es wurde jedoch in der Vergangenheit wenig und spät geschrieben. Als Urkundensprachen wurden neben dem Latein im Mittelalter Okzitanisch (in seiner bearnesischen Varietät), dann auch Spanisch und später Französisch verwendet. Zwar gibt es einzelne schriftliche Belege des Baskischen, etwa in den um 1000 entstandenen *Glosas Emilianenses*, einem der ältesten kastilischen Text-Denkmäler, das im Kloster San Millán de Cogolla entstanden ist, auch in einigen späteren Dichtungen, der erste erhaltene größere Text ist indes die 1545 in Bordeaux gedruckte Gedichtsammlung des Geistlichen Bernat Dechepare (Detxepare, ca. 1470/80–?) *Linguae vasconum primitiae*, gefolgt 1571 von einer Übersetzung des Neuen Testaments von Joanes Leizarraga (1506–1601), die im Auftrag von Jeanne d'Albret (1528–1572), der dem reformierten Glauben anhängenden Königin von Navarra, erfolgte (Urquizu Sarasua 2000, 131–147). Diese beiden Texte stammen aus Iparralde, es ist daher nicht verwunderlich, dass die Schriftlichkeit sich dort zuerst, wenn auch in bescheidenem Maße, entwickelte. Dort bildeten sich auch die ersten schriftsprachlichen Traditionen, die erst später von solchen aus dem Süden überflügelt wurden.

Die Randlage und die Isolierung halten bis zur Französischen Revolution weitgehend an. Das sorgt für eine weitgehende Sprachbewahrung. Zwar bringen die napoleonischen Kriege eine Unterbrechung, sie ist indes von kurzer Dauer. Erst die allgemeine Schulpflicht verstärkt die Präsenz des Französischen zunehmend und bereitet einen merklichen Rückgang der kollektiven Kompetenz auf Baskisch vor. Umgekehrt wirken sich die sprachenpolitischen Erfolge im Süden indirekt auf den Norden aus. Der baskische Nationalismus findet auch im Norden Anhänger, allerdings nicht in genügender Zahl, um die politischen Verhältnisse wirklich beeinflussen zu können. Immerhin kann die baskische Gemeinschaft den französischen Staat zu einigen Konzessionen veranlassen; wahrscheinlich spielen die geringe Größe der Gruppe und die Furcht vor dem Nationalismus des Südens eine gewisse Rolle. Auf der anderen Seite bildet das Fehlen einer Referenzsprache lange Zeit ein Problem, vor allem für die institutionelle Verwendung der Sprache. Erst die Schaffung des *euskara batua*, der Einheitssprache durch die baskische Akademie *Euskaltzaindia*, unter Leitung von Koldo Mitxelena (1915–1987), seit 1969 schafft hier allmähliche Abhilfe. Die Referenzsprache scheint in Iparralde ohne größere Schwierigkeiten angenommen worden zu sein; in einigen der südlichen Provinzen, vor allem in Bilbao/Bilbo, hat es dagegen, zumindest zu Anfang, Probleme gegeben. Allerdings hat die Verwendung der Referenzsprache in den Medien und im Unterricht rasch für eine massive Präsenz gesorgt und die Widerstände abgebaut.

Heutige Situation: aus dem Gesagten resultiert, dass der Rückgang der Sprecherzahl noch vergleichsweise geringer ist als in den Gebieten anderer dominierter Sprachen. Die Präsenz des Baskischen ist relativ groß, die Scheu, die Sprache in der Öffentlichkeit zu verwenden viel geringer als in anderen Peripherien Frankreichs. Dazu hat sicher die lange Beibehaltung der herkömmlichen Lebensweise beigetragen. Diese hat auf der anderen Seite eine relativ starke symbolische Präsenz der Sprache erlaubt: zweisprachige Inschriften finden sich häufig. Natürlich gibt es Unterschiede zwischen dem Küstengebiet, das vom Tourismus beeinflusst ist, und dem Landesinneren. Es gibt Institutionen zur Pflege der Sprache und Kultur, die mit einigem Erfolg arbeiten, vor allem seit 2004 ein *Office public de la langue basque*. Sie können auf die Unterstützung durch den Süden bauen. Auch die Zusammenarbeit mit den okzitanischen (gaskognischen) Nachbarn bedeutet eine wechselseitige Stärkung. Nach dem Vorbild der *Ikastolak* des Südens gibt es baskische private Immersionsschulen, diese wiederum haben dazu beigetragen, dass die Sprache auch in den staatlichen Schulen verstärkt gelehrt wird. Allerdings befinden sich die baskische Sprache und Kultur in Frankreich weiterhin auf einem langsamen Rückzug, wenn man von einigen, allerdings bedeutsamen symbolischen Aspekten absieht.

4.3 Das Katalanische

Sprachgebiet und Sprecherzahl: die Situation des Katalanischen in Frankreich ist in mancher Hinsicht der des Baskischen vergleichbar. Der weitaus größte Teil des Sprachgebietes befindet sich im Süden, in Spanien (wobei derzeit Perspektiven einer möglichen Unabhängigkeit Kataloniens – nicht jedoch der anderen Teile des Sprachgebiets – sichtbar werden), daneben spielt Andorra, das die Sprache heute als einzige offizielle hat, eine Rolle. Das traditionelle Gebiet des Katalanischen in Frankreich besteht aus dem Departement *Pyrénées-Orientales* (heute bezeichnet man diesen Teil des Sprachgebiets oft auf Katalanisch als *Catalunya [del] Nord*), mit Ausnahme eines *canton*, nämlich des *Fenouillet* und eines Teils des *Capcir* (Ronjat 1930–1941, I, 13). Da die Unterschiede zwischen Katalanisch und Okzitanisch jedoch sehr gering sind, spielt das kommunikativ keine Rolle. Die Varietäten Nordkataloniens gehören zum Ostkatalanischen, auf dessen Grundlage die Referenzsprache beruht. Sie haben bestimmte Gemeinsamkeiten mit den angrenzenden okzitanischen Varietäten; daneben machen sich vor allem in neuerer Zeit französische Einflüsse bemerkbar.

Auch in Nordkatalonien ist die Sprecherzahl im 20. Jahrhundert erodiert, stärker als im baskischen Sprachgebiet. Dabei war auch diese Grenzzone trotz der Einführung der allgemeinen Schulpflicht lange Zeit konservativ. Die Beibehaltung der traditionellen (land-) wirtschaftlichen Strukturen trug ebenso dazu bei wie die Randlage. Das Ende des Algerienkrieges 1962, das eine große Zahl von Zuwanderern mit sich bringt, und der Ausbau des Tourismus tragen zu einer raschen Veränderung der Situation, vor allem im stark bevölkerten Küstenstrich, bei. Zwar können erste Umfragen der *Région Languedoc-Roussillon* Anfang der neunziger Jahre noch einen höheren Grad der Sprachbewahrung als im angrenzenden okzitanischen Sprachgebiet feststellen, dann erfolgt aber ein vergleichsweise rascher Rückgang (vgl. Puig i Moreno 2007). Heute sehen viele einheimische Katalanisten trotz der Unterstützung aus dem Süden die Lage als bedenklich an.

Sprachstruktur: das Katalanische ist eine romanische Sprache wie das Okzitanische, dessen nächster „Verwandter" es ist. Es hat immer wieder Bestrebungen, vor allem von okzitanischer Seite gegeben, beide Sprache als eine Einheit zu sehen, die geringen strukturellen Unterschiede zwischen beiden Sprachen würden diese These wohl stützen, die historischen Abläufe seit der Niederlage von Muret 1213 haben der Geschichte allerdings eine andere Richtung gegeben. Als iberoromanische Sprache steht das Katalanische den anderen Sprachen der südlichen Romania vergleichsweise nahe, die Interkomprehension ist vielfach gegeben. Als heute relevante Grammatik ist u.a. zu nennen Badia i Margarit (1995), für Deutschsprachige Brumme (1997).

Externe Sprachgeschichte: die Geschichte des Katalanischen beginnt parallel mit der der anderen romanischen Sprachen. Die ersten Texte stammen aus der Mitte des 12. Jahrhunderts, die große mittelalterliche Blüte der Sprache und Literatur beginnt in der zweiten Hälfte des 13. Jahrhunderts mit dem Wirken von Ramon Llull. Mit der Machtergreifung der Dynastie Trastámara nach dem Kompromiss von Casp (1412), deutlich jedoch nach der Thronbesteigung der Katholischen Könige 1479 beginnt die Zeit der so genannten *decadència*, das Königreich Aragón (und damit auch die Grafschaft Barcelona) geraten immer stärker in Abhängigkeit von Kastilien, das zudem nach der Eroberung Amerikas über nahezu unbegrenzte Mittel verfügt. Im Zuge der Auseinandersetzungen zwischen den französischen Königen und den Habsburgern kommt es 1659 zum Pyrenäenfrieden, der das Gebiet des heutigen Departements an Frankreich gibt (vgl. Kap. 2.). Die Grenzziehung ist teilweise willkürlich und führt mitten durch einzelne Gehöfte. 1700 erfolgt ein Erlass, der die Verwendung des Französischen für alle juristischen und offiziellen Zwecke vorschreibt, also praktisch die Übernahme der sprachlichen Bestimmungen der *Ordonnance de Villers-Cotterêts*. Die Oberschicht lernt die Sprache relativ rasch, nicht zuletzt, um ihren Einfluss zu bewahren; der Sprachwechsel wird dadurch erleichtert, dass das Katalanische ja schon unter den spanischen Habsburgern in eine dominierte Stellung geraten war. Sonst aber bleibt die autochthone Sprache omnipräsent, erst 1830 beschließt die Stadtverwaltung von Perpignan den Austausch der katalanischen durch französische Straßennamen (Camps 2000, 154). Die Substitution vollzieht sich auch hier von oben nach unten und vom Zentrum zu den Peripherien der Gesellschaft (vgl. Bernardó 1979), allerdings sind die Bewegungen sehr langsam. Die allgemeine Schulpflicht ab 1882 trägt das Französische allmählich in alle Familien, dennoch bleibt vor allem in der ländlichen Bevölkerung die Präsenz des Katalanischen bis weit in die zweite Hälfte des 20. Jahrhunderts hoch.

Erst relativ spät greift die katalanische *Renaixença*, deren Beginn man konventionell mit dem Jahre 1833 ansetzt, auch auf den Norden über. Erste Vorläufer finden sich ab etwa 1880, erst um die Jahrhundertwende werden sie lebhafter. Großen Einfluss hat zunächst der *Félibrige*, die damals führende Organisation der okzitanischen Renaissance. Die Bewegung im *Roussillon* (das ist zunächst die übliche Eigenbezeichnung) grenzt sich vom Katalanismus im Süden zunächst recht deutlich ab. Die traditionellen Gesellschaftsstrukturen des Departements sind weit von den sozialen Auseinandersetzungen des südlichen Kataloniens entfernt. Daher findet auch die Sprachreform von Pompeu Fabra, die sich nach der Publikation der Orthographienormen 1913 relativ rasch durchsetzt, zunächst im Norden keinen Anklang und kann sich erst in den sechziger Jahren allmählich verbreiten. Infolge der Maibewegung 1968 wird der Trennstrich zum Okzitanismus etwas stärker gezogen, die spezifisch katalanische Komponente der autochthonen Kultur tritt (wieder) stärker in den Vordergrund. Die Wiedergewinnung der

Autonomie im Süden (schrittweise ab 1977) verändert die Situation, denn Perpignan/Perpinyà beginnt, in Ansätzen, das keine 200 km entfernte Zentrum Barcelona im Süden mit Paris zu vergleichen, das durch die vierfache Distanz getrennt ist. Die Stadtverwaltung von Perpignan setzt auf ihre Katalanität. Allerdings macht umgekehrt die Substitution massive Fortschritte (vgl. Sagnes 1999; Camps 2000, für eine dezidiert katalanistische Position Pales/Biosca ²1978).

Heutige Situation: Die Lage ist ähnlich wie in den Gebieten der meisten autochthonen Sprachen: die Wertschätzung für das Katalanische hat deutlich zugenommen, das zeigen alle Umfragen, gleichzeitig setzt sich die Substitution fast ungebrochen fort. Die Institutionalisierung steigt. Die symbolische Präsenz als Bezug zur Katalanität des Departements ist in den letzten beiden Jahrzehnten stark gestiegen, gleichzeitig ist die kommunikative Bedeutung der Sprache deutlich gesunken. Es gibt auch hier katalanische Immersionsschulen, die bislang von der *Generalitat* in Barcelona Subventionen bekommen, das staatliche Schulwesen hat mit einer vorsichtigen Stärkung des Katalanisch-Unterrichts reagiert. Überhaupt spielt die Unterstützung aus dem Süden eine wichtige Rolle. Die Medien gewähren der Sprache und Kultur einen gewissen Raum, es gibt so etwas wie eine bescheidene kulturelle Szene, aber sie zieht nur eine Minderheit an. Die wichtigeren betont katalanischen Autoren und Künstler aus Nord-Katalonien müssen sich, wollen sie Erfolg haben, nach Barcelona wenden; dort befinden sich die kulturellen Infrastrukturen, aber auch die möglichen Interessenten. Eine gewisse Politisierung lässt sich beobachten, mit bislang mageren Resultaten. Allerdings ist das Departement politisch gespalten in eine starke Linke, aber auch eine deutlich erstarkte extreme Rechte, die einen explizit französischen Nationalismus vertritt und dem Katalanischen nur einen bescheidenen Raum gewährt.

4.4 Das Bretonische

Sprachgebiet und Sprecherzahl: das Bretonische befindet sich in der besonderen Lage, dass es nur im westlichen Teil der Bretagne gesprochen wird, in der so genannten Niederbretagne. Im Osten schließt sich daran das *Gallo* an, eine romanische Varietät, die stark vom Keltischen beeinflusst ist (sie gehört zu den *langues d'oïl*, s. 4.10.). Die Grenze zwischen den beiden Sprachen hat sich in den letzten eintausend Jahren kontinuierlich nach Westen verschoben, heute verläuft sie auf einer Linie, die westlich von Plouha bis westlich der Stadt Vannes führt. Allerdings ist auch diese Linie mittlerweile virtuell, denn seit der Mitte des 20. Jahrhunderts macht die Substitution rasche Fortschritte. Schätzte man um 1830 die Sprecherzahl des Bretonischen noch auf über eine Million (vgl. Broudic 1995), so kommt Fañch Broudic in seinen letzten Berechnungen noch auf etwa 172.000 Sprecher für das Jahr 2007 (das bedeutet ca. 13% der Gesamtsprecherzahl), Tendenz fallend. Die meisten von ihnen leben innerhalb des traditionellen Sprachgebietes, allerdings gibt es immer noch bretonische Auswanderer in den großen städtischen Zentren Frankreichs, die dort bisweilen auch die Sprache bewahren. Daneben gibt es eine kleine, aber wachsende Minderheit von Sprechern im östlichen und südlichen Teil der historischen Bretagne (mit den Zentren Rennes und Nantes), die – oft aus symbolischen Gründen – die Sprache erworben haben. Es gibt seit einigen Jahrzehnten keine einsprachigen Sprecher des Bretonischen mehr; dagegen sollen es um 1950 noch rund 100.000 gewesen sein (Broudic 2013). Sie gehören nach Kloss einer Eigengruppe an und können kaum auf Hilfe von außen hoffen.

Sprachstruktur: das Bretonische ist eine keltische Sprache; genetisch steht ihm das Walisische am nächsten. Genetisch sind die keltischen Sprachen zwar relativ nahe mit den romanischen verwandt, sie gehören indes doch einer anderen der indo-europäischen Sprachfamilien an, so dass sie gegenseitig nicht verstanden werden. Insgesamt ist die keltische Sprachfamilie in historischer Zeit in Europa stark dezimiert worden. Das Bretonische teilt sich in vier geographische Varietäten, nämlich das *Léonais*, das *Trégorois*, und das *Cornouaillais* im Westen und Norden, denen sich im Südosten das *Vannetais* gegenüberstellt. Diese Zweiteilung beruht nach den Vermutungen des Sprachwissenschaftlers François Falc'hun (1909–1991) darauf, dass die drei nördlichen Varietäten vor allem auf Rückwanderer von den Britischen Inseln zurückzuführen seien, die dort nach dem Zusammenbruch des Weströmischen Reiches in die *Aremorica* (so die lateinische Bezeichnung) eingeströmt seien, im Südosten seien sie dagegen noch auf autochthone Sprecher des Festlandkeltischen gestoßen (Falc'hun 1981). Die These wird zwar nicht allgemein anerkannt, hat jedoch einen hohen Wahrscheinlichkeitsgrad für sich. Die heute wohl beste Grammatik ist Favereau (1997). Es gibt auch ein Sprachlehrwerk für Deutschsprachige: Denez (1995).

Externe Sprachgeschichte: die Bretagne war im Mittelalter ein selbständiges Herzogtum; einige ihrer Herrscher beanspruchten den Königstitel für sich; allerdings gerät das Land in die Auseinandersetzungen zwischen der englischen und der französischen Krone. Diese Situation endet nach vielen Peripetien definitiv 1532 mit dem Unionsedikt, das letztlich einen Anschluss an Frankreich bedeutet. Die mittelalterliche Bretagne ist dreisprachig: neben dem Latein spielen das Bretonische und das Französische eine Rolle, das Bretonische wird allerdings kaum geschrieben. Es scheint keine einzige Urkunde in dieser Sprache zu geben. Somit ist das Bretonische 1539 auch kein wirkliches Ziel für die *Ordonnance de Villers-Cotterêts*. Allerdings verhindert sie eine mögliche Verwendung der Volkssprache als Urkundensprache, die zunächst nicht unmöglich scheint. Nach dem Anschluss verläuft die Sprachgeschichte ähnlich wie in anderen Peripherien: die Oberschicht eignet sich auch das Französische an, während der Großteil der Bevölkerung das Bretonische beibehält. Darüber hinaus kann sich das Französische vor allem in den Städten eine gewisse Präsenz sichern. Aufgrund des Abstandes des Bretonischen zum Französischen sind indes die Kommunikationsgrenzen relativ strikt.

Die Revolution bringt das Französische auch in die Teile der Bretagne, die bislang relativ wenig davon berührt waren. Auf der anderen Seite wenden sich viele Sprecher der Sprache gegen die Revolution, die bürgerkriegsähnlichen Unruhen sind in der Bretagne und den angrenzenden Gebieten (die *Vendée*) heftig. Das erklärt etwa den Aufruf von Barère aus dem Jahre 1794 (vgl. Kap. 2.3.). Somit erhält das Bretonische eine relativ klare ideologische Konnotation als Ausdrucksmittel von Gegnern der Revolution; das geschieht in sehr viel stärkerem Maße als in anderen Teilen Frankreichs. Vor allem gegen Ende des 19. Jahrhunderts, mit dem Sieg der Dritten Republik, der Einführung der allgemeinen Schulpflicht und der zunehmenden Trennung von Kirche und Staat, verstärkt sich diese Opposition. Die katholische Kirche wird zur (vorübergehenden) Verteidigerin des Bretonischen, der Staat versucht seine öffentliche Verwendung einzuschränken, die zuvor auch in den Schulen verbreitet war (Broudic 2013, 451). Und das, obwohl um 1900 noch ein großer Teil der ländlichen Bevölkerung des Französischen nicht mächtig ist. Erst allmählich kann der Staat diese Auseinandersetzung für sich entscheiden. Er hat als Argumente die Möglichkeiten zum sozialen Aufstieg, die nur über das Französische laufen, daneben aber die Attraktivität des modernen Lebens, zögert aber auch nicht, von seiner repressiven Macht bei Gelegenheit Gebrauch zu machen. Die Substitution kostet einen hohen Preis: die Kommunikation zwischen den Generationen bricht teilweise ab, es kommt zu einem langen Schweigen. Die Umstände dieser Veränderung sind meisterlich beschrieben in dem autobiographischen Werk von Per Jakez Hélias (1914–1995, vgl. Hélias 1975). Nach 1882 lernt die bretonische Jugend zunächst das Französische, bevor sie ab etwa 1945 massenhaft das Bretonische auf- und nicht mehr an die nächste Generation weitergibt. Schließlich wird auch die Kirche sich auf die Seite des Französischen schlagen, um nicht an Einfluss zu verlieren.

Im Rahmen dieser Auseinandersetzung kommt es auch zu einem verstärkten schriftlichen Gebrauch des Bretonischen. Zwar wird das erste bretonische Buch, ein dreisprachiges (bretonisch/lateinisch/französisch) Wörterbuch von Jehan Lagadeuc mit dem Titel *Catholicon*, bereits 1499 gedruckt, zu einer wirklichen Blüte des Buchdruckes auf Bretonisch kommt es im 19. Jahrhundert, vor allem wird nun auch das bis dahin weitgehend gültige Monopol der Kirche durchbrochen: auch weltliche Texte werden veröffentlicht. Man kann von einer Renaissance des Bretonischen sprechen, die auch im Kontext der entsprechenden Strömungen in den anderen keltischen Sprachen, vor allem Walisisch, Irisch und Schottisch, zu sehen ist. Sie beginnt ernsthaft 1839 mit der Publikation der Sammlung *Barzaz Breiz* [Volkslieder aus der Bretagne] durch den Marquis d'Hersart de la Villemarqué (1815–1895); zwar wird die Authentizität des Textes bald in Frage gestellt, sein Publikumserfolg ist indes groß und öffnet den Weg für zahlreiche weitere Publikationen. Sie führt zu den politischen Bestrebungen um 1870 mit der *Pétition* von de Gaulle, Gaidoz und Charencey (vgl. Kap. 2.3), zu den vergeblichen Versuchen von Repräsentanten der Bretagne, ihre Stimme auf den Pariser Vorortkonferenzen von 1918/19 zu Gehör zu bringen, und schließlich zur Bildung eines politischen Autonomismus (des *Emsav*) in der Zeit zwischen den Weltkriegen, der für einzelne zur Gewaltanwendung und zur Kollaboration mit Hitler-Deutschland führen wird. Gleichzeitig erfolgt die Erneuerung der bretonischen Literatur um die von Roparz Hemon (1900–1978, Pseudonym für Louis Némo) geleitete Zeitschrift *Gwalarn* [Nordwest]. In dieser

Zeit beginnt auch der Streit um die Referenzsprache und die Graphiesysteme, der, ähnlich wie im okzitanischen Sprachgebiet, viele Kräfte unnötig binden wird. Zeitweilig stehen vier Systeme in Konkurrenz zueinander. Mittlerweile hat die Einführung des bretonischen *CAPES* 1985 die Situation beruhigt (ar Merser 1989; Blanchard 2008, 68).

Das Bretonische hat von den bescheidenen rechtlichen Fortschritten der letzten Jahrzehnte profitiert. Nicht zuletzt ist es gelungen, schon kurz nach 1945 die Last des Kollaborationsvorwurfes teilweise abzulegen und zu relativ erfolgreichen Formen der Einflussnahme auf die Pariser Politik zu kommen. Diese verbessern zunächst vor allem die wirtschaftliche Lage und geben der Bretagne einen Erneuerungsschub, der sie in die Lage versetzt, ihre sprachliche und kulturelle Eigenständigkeit stärker zu betonen. Das wird nach 1968 besonders deutlich; schon vor der Regionalreform, noch unter der Präsidentschaft von Giscard d'Estaing, kommt es 1977 zur Unterzeichnung einer *Charte culturelle de la Bretagne*, deren Bedeutung zunächst begrenzt bleibt, die aber einen erheblichen symbolischen Wert bekommt. Die bretonische Differenz wird – über alle Parteigrenzen hinweg – von einem großen Teil der Bevölkerung und dem politischen Personal akzeptiert und eingefordert (vgl. auch insgesamt Balcou/Le Gallo 1997).

Heutige Situation: die Situation des Bretonischen ist der der anderen autochthonen dominierten Sprachen vergleichbar. Einem starken Rückgang der Sprecherzahl in relativ kurzer Zeit – von knapp 80% der Bewohner um 1950 auf 13% 2007 – steht eine zwar begrenzte, aber durchaus funktionierende Institutionalisierung gegenüber. Die aus vier Departements gebildete *Région Bretagne* versteht sich als Repräsentanz aller Bretonen, eine Neugliederung mit dem Anschluss des Departements *Loire-Atlantique* mit der Hauptstadt Nantes wird seit langem – bisher vergeblich – gefordert. Andererseits bewirken die etwas isolierte geographische Lage und die Überschaubarkeit des Gebietes (ca. 27.000 km²), dass beschlossene Maßnahmen auch effizient umgesetzt werden können. Relativ früh hat die Region auf die Sprachen – das Bretonische und das Gallo – gesetzt und entsprechende Strukturen, wie das *Office de la langue bretonne*, geschaffen. Die bretonischen privaten Immersionsschulen, *Diwan*, gehören zu den frühesten und erfolgreichsten in Frankreich. Eine Integration in das staatliche Schulwesen, die nach dem Scheitern der Ratifizierung der *Charta* 1999 angedacht war, wird durch ein Urteil des *Conseil Constitutionnel* unmöglich gemacht, der die mindestens paritätische Zweisprachigkeit als nicht vereinbar mit der französischen Verfassung ansieht. Möglicherweise hat dieser Spruch das unabhängige Schulwesen vor einer Vereinnahmung durch die staatliche Verwaltung bewahrt, es aber umgekehrt zu relativer Marginalität verdammt. Rundfunk und Fernsehen senden auf Bretonisch, wenn auch in begrenztem Ausmaß, und eine Reihe unabhängiger Medien existieren ebenfalls. Die Grundstimmung der Bevölkerung ist dem Bretonischen (und im Ostteil dem Gallo) freundlich gesonnen, allerdings ist auch hier der Weg von einer abstrakten Zustimmung zur Änderung des Verhaltens weit. So gilt auch die Existenz des Bretonischen auf längere Sicht als gefährdet.

4.5 Das Deutsche

Das Deutsche ist in verschiedenerlei Gestalt nach Frankreich gekommen: seit dem 17. Jahrhundert als Sprache französischer Gebiete, zunächst des Elsasses, dann auch eines Teils von Lothringen (*Lorraine thioise*), daneben auch als Sprache von Zuwanderern zu verschiedenen Zeiten. Im Folgenden wird das Deutsche nur als dominierte Sprache an den Peripherien behandelt.

4.5.1 Das Elsass

Sprachgebiet und Sprecherzahl: fast die gesamte heutige Region *Alsace*, die aus den Departements *Bas-Rhin* und *Haut-Rhin*, besteht, ist traditionell deutscher Sprache, es gibt nur einige kleine Gebiete, die traditionell zum romanischen Sprachgebiet gehören. Die traditionelle Sprachgrenze ist der Kamm der Vogesen. Das wichtigste französischsprachige Gebiet liegt um Belfort, das 1871 vom Elsass getrennt und zu einem eigenen kleinen Departement erhoben wurde. Auch im Elsass hat die sprachliche Substitution mit Macht eingesetzt, wenn auch mit einer gewissen Verzögerung gegenüber den anderen Peripherien. So werden als neueste Zahlen angegeben, dass um 2000 noch etwa 16% der Sprecher das Deutsche beherrschen und 39% die elsässischen Varietäten (die Bevölkerung liegt bei ca. 1,8 Millionen). Die Geschwindigkeit des Sprachwechsels wird sichtbar, wenn man sich vor Augen hält, dass noch für das Jahr 1979 für die Kompetenz des Deutschen ca. 79% angegeben werden und für die der Varietäten fast 75% (vgl. Huck 2013, 399). Darauf wird noch einzugehen sein.

Sprachstruktur: das Deutsche ist eine germanische Sprache. Im Norden des Elsasses werden mitteldeutsche (fränkische) Varietäten gesprochen, weiter im Süden oberdeutsche (alemannische); an beiden Ufern des Rheins dieselben. Die verschiedenen Varietäten gehören verschiedenen Dialektkomplexen im deutschen Sprachraum an. Daher ist die in Frankreich oft verwendete Bezeichnung *alsacien* (elsässisch) aus sprachwissenschaftlicher Sicht nicht sehr sinnvoll; sie hat sich aber politisch weitgehend durchgesetzt.

Externe Sprachgeschichte: im Folgenden wird nur auf das Elsass eingegangen, auf andere deutschsprachige Gebiete nur soweit unerlässlich. Das Elsass liegt an der wichtigen Nord-Süd-Verbindung, die das Rheintal von alters her darstellt. Vor allem die elsässischen Städte spielen eine wichtige Rolle als wirtschaftliche und kulturelle Zentren. Das gilt besonders für die Zeit des Humanismus und der Renaissance, als Straßburg und andere Städte wie Schlettstadt (*Sélestat*) oder Hagenau (*Haguenau*) eine wichtige Rolle spielen. Vor allem in den Städten setzt sich die Reformation durch, die einen deutlichen Innovationsschub verursacht. Schon ab 1458 werden in Straßburg die ersten Bücher gedruckt, die Hohe Schule, die spätere Universität, öffnet 1538 ihre Tore. Die elsässischen Schriftsteller und Gelehrten spielen eine große Rolle. Die Eroberung durch französische Truppen beginnt während des Dreißigjährigen Krieges. Um 1640 besetzt Frankreich die ersten Stützpunkte, nach Kriegsende versucht Ludwig XIV., durch weitere *Reunionen* zusätzliche Gebiete zu erwerben, und 1681 wird die Stadt Straßburg erobert. Die folgenden Friedensverträge konsolidieren das Vordringen Frankreichs an den Rhein. Zwar versucht die französische Verwaltung schon bald, das Französische als offizielle Sprache durchzusetzen, aber das gelingt allenfalls zum Teil. Angehörige der Oberschicht oder Aufstiegswillige lernen wohl da und dort die Sprache des Königs, diese kann sich aber gegen die Volkssprache nur teilweise durchsetzen. Eine aufgrund der Reformation schon früh einsetzende breitere Alphabetisierung, die Existenz von Bildungsinstitutionen und ein hinhaltender Widerstand der Bevölkerung machen die offizielle Verwendung beider Sprachen, des Französischen und des Deutschen, weiterhin notwendig. Die Universität Straßburg bleibt weitgehend deutsch; als Goethe dort 1770/71 studiert, hat er nicht den Eindruck sprachlicher Fremdheit. Erst um 1780 tritt der erste französischsprachige Schriftsteller im Elsass auf, Ramond de Carbonnières (1755–1827), allerdings ohne größeren Erfolg. Die meisten Autoren bleiben beim Deutschen oder – bisweilen – beim Latein (Vogler 1993, 151–152). Als die Revolution ausbricht, sprechen selbst in Straßburg nur wenige Einheimische Französisch, die Verwendung des Deutschen zur Sicherung der Revolution ist unerlässlich. Ihre Nationalisierung bringt auch sprachlichen Assimilationsdruck mit sich, Barère erwähnt das Elsass in seiner Rede von 1794 (vgl. Kap. 2.3.). Damit entfremdet sich die revolutionäre Herrschaft einen Teil der Bevölkerung, über 20.000 Menschen flüchten vor der *terreur* über den Rhein, und die Fortschritte bleiben bescheiden. So ist es kein Zufall, dass 1810 die erste *Ecole Normale* Frankreichs, d.h. die erste moderne Lehrerbildungsanstalt, in Straßburg eröffnet wird, weil eben dort der Bedarf an französischsprechenden Lehrern am größten ist. Auf dem Wiener Kongress 1814/15 fordern viele deutsche und österreichische „Nationalisten" die Rückführung des Elsasses und eines Teils von Lothringen in das Reich; allerdings fragen sie dabei nicht nach dem Willen der elsässischen Bevölkerung, die, nach allem, was man weiß, eine Rückkehr in die veralteten Strukturen des Deutschen Bundes nicht gerade herbeisehnt. Aus ganz anderen Gründen werden die Schöpfer der *Heiligen Allianz*, die alle Überreste der revolutionären Periode tilgen wollen, dem Volkswillen keine Bedeutung beilegen.

In der Zeit nach der Revolution steigt vor allem die Alphabetisierung in den beiden elsässischen Departements auf ein Niveau, das sonst in Frankreich nirgends erreicht wird: schon 1832 sollen 89,3% im *Bas-Rhin* und 76,5% im *Haut-Rhin* lesen und schreiben können, meistens auf Deutsch (Vogler 1993, 218). Das sind Zahlen, von denen das übrige Frankreich nur träumen kann und die sich dazuhin ständig verbessern. Gleichzeitig nehmen die Französischkenntnisse der Bevölkerung allmählich zu, hier allerdings vor allem im schriftlichen Bereich. Ein Schätzung geht davon aus, dass 1870 etwa 10% der Bevölkerung gut Französisch sprechen, um die 40% verstehen es und sprechen ein wenig (vor allem diejenigen, die den Militärdienst abgeleistet haben, vgl. Waag 2012, 129). Wenn solche Zahlen auch kaum verifizierbar sind, machen sie Größenordnungen deutlich. Gleichzeitig lässt sich eine massive Auswanderung feststellen, vor allem in die USA, später auch nach Algerien; die elsässischen Departements stehen dabei an der Spitze von Frankreich (Waag 2012, 126).

Diese Auswanderung wird sich nach dem Anschluss von Elsass-Lothringen an das neue deutsche Kaiserreich 1871 als Folge des Deutsch-Französischen Krieges noch verstärken: mehr als 50.000 Elsässer, ca. 6,5% der Bevölkerung, optieren für Frankreich und wandern – gewöhnlich nach Frankreich oder in seine Kolonien – aus (Vogler 2003, 227). Nun ist Deutsch die offizielle Sprache, Französisch genießt nur in den wenigen traditionell französischsprachigen Gebieten einen Sonderstatus; 1878 erklären 88% Deutsch zu ihrer Muttersprache, 1910 sind es bereits 94,5% (Huck 2013, 399). Zunächst fühlen sich die Elsässer als Deutsche wider Willen, sie werden von den Reichsbehörden oft schlecht behandelt, aber allmählich findet ein Prozess der Eingewöhnung statt, der 1911 zur Schaffung des *Reichslandes* führt, das einen erheblichen politischen Spielraum gewährt. Allerdings nur für kurze Zeit: der Ausbrauch des Ersten Weltkrieges schränkt die Rechte der Elsässer wieder ein, und die Rückkehr nach Frankreich 1918 geht mit einer rigiden Sprachenpolitik einher, die versucht, das Deutsche möglichst weitgehend auszuschalten. Dennoch erklären 1926 nur knapp 20% der Befragten das Französische als eine der von ihnen üblicherweise verwendeten Sprachen, 80% geben das Elsässische an. Die Versuche der französischen Politik, die wiedergewonnenen Departements sprachenpolitisch mit dem übrigen Frankreich gleichzuschalten, gelingen nur in Ansätzen, sorgen aber für das Entstehen eines starken elsässischen Autonomismus, der auch die Sprachenfrage zum Objekt hat, und aus dem sich ein Großteil der elsässischen Abgeordneten in der Pariser Nationalversammlung rekrutiert. Der Aufstieg des Hitlerismus in Deutschland beschneidet den Autonomiebestrebungen allmählich die Flügel. 1940–1945 werden das Elsass und Lothringen wiederum von Hitler-Deutschland annektiert, eine brutale Germanisierungs- und Unterdrückungspolitik sorgt dafür, dass nach 1945 keine neue Autonomiebewegung entsteht, und der erneuten Franzisierungspolitik kein offener Widerstand entgegengesetzt wird. Die Elsässer sind – zu Unrecht – für längere Zeit mit dem Stigma der „nationalen Unzuverlässigkeit" behaftet. Sie sollen und wollen möglichst nicht auffallen. Das erklärt, wenigstens teilweise, warum der *cercle René Schickele* (heute *René-Schickele-Gesellschaft*), der sich am nachhaltigsten für die Bewahrung der Zweisprachigkeit im Elsass einsetzt, erst Anfang 1968, also fast ein Vierteljahrhundert nach Kriegsende, gegründet wird. Das Thema der kollektiven psychologischen Situation behandeln einige ausgezeichnete Studien wie etwa Hoffet (^{2}1973), allerdings haben sie heute nur noch ein historisches Interesse. Auf der anderen Seite: bis in die siebziger Jahre hinein konnte man leicht auf meist ältere Menschen stoßen, die einen baten, auf Deutsch zu sprechen, ihr Französisch sei nicht so sicher … Die Zahlen sprechen eine klare Sprache: nach der Befreiung 1945 umfasst die zweisprachige Auflage der *Dernières Nouvelles d'Alsace* (rein deutschsprachige Presse war damals, und bis in die achtziger Jahre, verboten), der größten Tageszeitung, ungefähr 90% der Gesamtauflage, die rein französischsprachige Auflage ca. 10%. Im Juni 2012 wurde die zweisprachige Ausgabe eingestellt, es besteht offensichtlich kein Bedarf mehr.

Damit hat in einem Zeitraum von nur etwa 60 Jahren ein kollektiver Sprachwechsel stattgefunden, der zwar durch die angegebenen Kenntnisse des Dialekts und des Deutschen etwas abgemildert wird, aber dennoch als drastisch angesehen werden muss, wenn auch die Varietäten des Deutschen heute die zahlenmäßig größte der „Regionalsprachen" in den französischen Statistiken darstellen. Bedauerlich ist dieser ungebremste Rückgang angesichts der endlich ausgeglichenen Situation zwischen Frankreich und Deutschland und des grundsätzlichen Bedarfs an (nicht nur) sprachlichen Vermittlern.

Allerdings hat noch ein weiterer Prozess eingesetzt, der sich etwa an der *liste Cerquiglini* ablesen lässt. Dort steht *dialecte allemand d'Alsace et de Moselle*; damit wird die sprachliche Einheit noch dezent angedeutet (wenn auch sprachwissenschaftlich nicht sehr korrekt), in späteren Fassungen heißt es *dialectes germaniques* und dann nur noch *alsacien* und *francique mosellan* (vgl. etwa Cerquiglini 2003). Damit zeichnet sich eine Entwicklung ab, die schon seit langem zu beobachten ist, nämlich die Herauslösung des Elsässischen und Moselfränkischen aus dem Verband der deutschen Dachsprache und die Entwicklung von eigenen Ausbausprachen (vgl. Klein 2013a). Angesichts des Rückgangs der Sprecherzahl muss sich die Frage stellen, ob ein solches Vorgehen sinnvoll ist. Damit verbindet sich die andere Frage nach dem kommunikativen Wert dieser beiden Sprachen in einem sich trotz allem langsam vereinenden Europa. Natürlich kann sich eine solche Politik auf die Dauer nur mit der mindestens stillschweigenden Hinnahme durch die Bevölkerung fortführen; diese verhält sich jedoch angesichts der vorangegangenen Traumatisierungen sehr vorsichtig. Man kann auch Unterschiede bei den verschiedenen politischen Instanzen erkennen: während die Zentralregierungen noch heute eher die fragmentierende Politik bevorzugen, versucht die Region *Alsace*, das Deutsche auch im Hinblick auf den Bezug zur deutschen Referenzsprache zu stützen, die Zugehörigkeit der elsässischen Varietäten zum deutschen Kontinuum zu betonen und die praktische Bedeutung des Deutschen im Oberrheingebiet zu unterstreichen. Allerdings sind ihre Mittel begrenzt und sie muss sich immer wieder gegen die Angriffe französischer Nationalisten verteidigen.

Heutige Situation: zwar ist die sprachliche Kompetenz, sowohl im Elsässischen als auch, mit großem Abstand, im Deutschen noch immer vergleichsweise hoch. Allerdings sehen ältere elsässische Autoren die Substitution als weitgehend vollzogen an (vgl. Graff 2013); die Realität dürfte irgendwo dazwischen liegen. Da sich der Substitutionsprozess jedoch nahezu ungebremst fortsetzt, ist nicht zu erwarten, dass es in überschaubarer Zeit zu einer Region mit kollektiver Zweisprachigkeit kommt. Ähnlich wie in den anderen Regionen geht die abnehmende Kompetenz Hand in Hand mit einer zunehmenden Institutionalisierung. Allerdings spielen die nach 1945 entstandenen Vorurteile immer noch eine gewisse Rolle in der Politik. Dabei wurde immerhin schon 1972 eine freiwillige Einführung ins Deutsche auf der Grundlage des Dialekts (so die Bezeichnung) auf Initiative des damaligen Schulinspektors Georges Holderith (1912–1978) eingerichtet, die wenigstens eine bewahrende Bedeutung hatte und gut angenommen wurde. Mittlerweile gibt es auch im Elsass Immersionsschulen, und der Deutschunterricht in den staatlichen Schulen ist relativ gut entwickelt, aber weit von den an sich gebotenen Möglichkeiten entfernt. Über den Rückgang der Medien wurde berichtet, noch immer genießen die Elsässer allerdings den Vorteil der geographischen Situation: deutsche und Schweizer Medien sind nahezu überall zu empfangen, und auch Bücher und Presse haben noch eine gewisse Verbreitung (vgl. insgesamt Greib/Niedermeyer/Schaffner 2013).

4.5.2 Lothringen

In vieler Hinsicht ist die Situation der im Elsass vergleichbar, deshalb wird im Folgenden vor allem auf Unterschiede eingegangen.

Sprachgebiet und Sprecherzahl (vgl. Fehlen 2013): die moselfränkischen Varietäten werden in vier Staaten gesprochen und haben überall einen unterschiedlichen Status. In Deutschland sind es einfach regionale Varietäten, die von der Referenzsprache überdacht werden, das Gebiet in Belgien gehört zur deutschen Gemeinschaft, in Luxemburg ist das Letzeburgische seit 1984 offizielle Sprache (neben Französisch und Deutsch), in Frankreich (wo man auch *francique lorrain* sagt) zählt es heute zu den *variétés allemandes* oder *germaniques*, und hat keinen expliziten Status. Das Sprachgebiet in Frankreich umfasst ca. 60% des Departements *Moselle*, ungefähr von Thionville bis an die elsässische Grenze, allerdings reichen Ausläufer auch ins nördliche Elsass.

Auch hier gibt es keine genauen Sprecherzahlen. Beherrschte noch in der Zwischenkriegszeit ein Drittel bis ein Viertel der Sprecher das Französische nicht, so ist diese Zeit heute längst vorbei. Praktisch alle Sprecher haben mittlerweile die französischen Bildungsinstitutionen durchlaufen und sprechen es daher als erste Sprache. Eine Zählung von 1954 ergibt fast 365.000 Sprecher des Moselfränkischen, aktuelle Schätzungen schwanken zwischen 300.000 und 60.000 Sprechern, Tendenz fallend.

Sprachstruktur: das Moselfränkische gehört zu den mitteldeutschen Varietäten, allerdings zeigen einige Züge im Norden Einflüsse des Niederdeutschen. Das erklärt auch, weshalb die gängigsten Eigenbezeichnungen *Lothringer Platt*, *Platt* oder *Plattdeitsch* sind.

Lange Zeit stand die Zugehörigkeit zum deutschen Sprachraum nicht in Frage. Das zeitweise Verschwinden der dominierten Sprache von den Lehrplänen und ihre Verdrängung aus dem öffentlichen Leben nach dem Zweiten Weltkrieg haben diese Gewissheit jedoch erschüttert. Manche Kreise sehen im Deutschen und im Moselfränkischen zwei unterschiedliche germanische Sprachen, die daher auch unterschiedliche Referenzformen haben sollten. Heute wird bisweilen das Letzeburgische als diese andere Referenzform angesehen, zuvor gab es vereinzelt schon andere Kandidaten. Die Erfolge der Versuche sind bislang begrenzt, die Frage nach den Folgen für die kommunikative

Bedeutung dieser Vorgehensweisen wird allerdings kaum gestellt. Die Demarkation wird dabei über die Kommunikation gestellt.

Externe Sprachgeschichte: der Name *Lothringen* deutet schon darauf hin, dass dieses Gebiet zu jenem ephemeren Zwischenreich gehörte, das im 9. Jahrhundert aufgrund der Streitigkeiten der Enkel Karls des Großen für kurze Zeit entstand, aber noch lange Zeit seine Spuren in der europäischen Geschichte hinterließ. Es liegt immer an oder auf der germanisch-romanischen Sprachgrenze und war in den Auseinandersetzungen zwischen den großen Mächten umstritten. Seine Grenzen veränderten sich vielfach. Die Herzöge von Lothringen teilen ihr Territorium in eines mit deutscher und eines mit französischer Verwaltungssprache. Es gehört zum Burgunderreich Karls des Kühnen (1432–1476) und geht nach dessen Niederlage in der Schlacht von Nancy an die Habsburger, später an deren spanischen Zweig. Seit 1552 sind die Städte Metz, Toul und Verdun unter französischer Herrschaft, damit beginnt ein Prozess der Eingliederung, der im Jahre 1766 zu seinem Ende kommt, als der ehemalige polnische König, Stanisław Leszczyński (1677–1766), der 1735 mit Lothringen für den Verlust der polnischen Krone abgefunden wird, stirbt und das, was nun als Herzogtum Lothringen bezeichnet wird, an Frankreich fällt. Schon Leszczyński hatte das Französische durchzusetzen versucht, doch mit mäßigem Erfolg.

An der sprachlichen Situation ändert sich zunächst wenig. Zwar wird das Französische offizielle Sprache, doch wird in den deutschsprachigen Landesteilen das Deutsche weiter verwendet. Erst die Französische Revolution wird auch hier die Situation zu verändern suchen, doch sind die Erfolge bis 1870, auch aufgrund der wirtschaftlichen Struktur, bescheiden. Nach 1871 setzt eine entschlossenere Germanisierungspolitik ein, da rund die Hälfte des annektierten Lothringen französischer Sprache ist, ist mehr Aufwand nötig als im Elsass. 1918 beginnt umgekehrt eine entschlossene Politik der Durchsetzung des Französischen, die auf Widerstand stößt wie im Elsass: er hat allerdings weniger Nachdruck. Die Politik des Hitler-Regimes 1940–1945 sorgt dafür, dass das Französische nach 1945 mit vergleichsweise raschem Erfolg und ohne Rücksicht auf die Betroffenen durchgesetzt werden kann. Die oben genannten Zahlen sprechen für sich. Zwar gibt es ab dem späten 19. Jahrhundert eine bescheidene literarische Blüte, die sich vor allem in Sammlungen der Folklore zeigt, jedoch erreicht sie nicht das Ausmaß der entsprechenden Bewegung im Elsass.

Heutige Situation: die Situation ist der des Elsasses in mancher Hinsicht vergleichbar, nur dass die geringere Sprecherzahl und das Fehlen größerer Städte auf der einen Seite den Sprachwechsel verlangsamen dürfte, auf der anderen aber auch das Selbstbehauptungspotential verringert. Die Möglichkeiten für Unterricht sind mittlerweile ähnlich wie in den anderen Peripherien, auch hier gibt es private Initiativen, die vielfach mit denen im Elsass verbunden sind. Die Lage ist wenig erbaulich im Hinblick auf Medien, umgekehrt sind viele deutsche (und luxemburgische) Erzeugnisse leicht zugänglich. Die familiäre Weitergabe der Sprache existiert seit einigen Jahrzehnten fast nicht mehr. Nur die Zusammenarbeit über die Grenzen hinweg gibt dem Moselfränkischen noch gewisse Zukunftsperspektiven.

4.6 Das Korsische

Sprachgebiet und Sprecherzahl: die wichtigste Verbreitungszone des Korsischen ist die Insel Korsika, zu der sich allerdings noch eine zahlreiche Diaspora, vor allem in der Provence, aber auch in den großen Städten, besonders Paris, gesellt. Umgekehrt ist es nach 1962 zu einer massiven Zuwanderung von Algerienfranzosen auf die Insel gekommen, die sich in sehr unterschiedlicher Weise eingelebt haben. Daher ist ein Kalkül über die Sprecherzahl schwierig: aktuell leben etwas über 300.000 Menschen auf der Insel, von denen nach einer Untersuchung aus dem Jahre 1995 laut Eigeneinschätzung etwa 81% die Sprache verstehen und 64% sie sprechen (Sibille 2000, 33). Die Zahl der Korsischsprecher auf dem Festland muss offen bleiben, und dürfte auch mit Umfragen nur schwer zu erfahren sein, aufgrund der vielen Verzerrungsfaktoren, die dabei auftreten können.

Sprachstruktur: das Korsische wurde lange Zeit als Varietät des Italienischen angesehen; im Norden tritt vor allem die Nähe zu den toskanischen Varietäten hervor, im Süden zeigen sich auch Gemeinsamkeiten mit süditalienischen Varietäten und dem Sardischen. Die Herausbildung zu einer eigenen Ausbausprache ist noch neu. Das erklärt auch, warum es bislang keine einheitliche Referenzgrammatik gibt, sondern die meisten Spezialisten des Korsischen, in Anlehnung an Jean-Baptiste Marcellesi, von einer *polyzentrischen Sprache* ausgehen, einer Sprache also, die mehrere Zentren und mehrere Referenzformen habe (vgl. etwa Marcellesi/Thiers 1986). Es ist allerdings zu fragen, inwiefern eine solche Konzeption die Sprachverbreitung oder den Spracherhalt fördert. Eine gute Einführung in die Sprache ist Fusina (1999); allerdings schreiten die Debatten um Referenzformen unter den korsischen Spezialisten weiter.

Externe Geschichte: « Rien ne prédisposait cette île à se transformer en province française » (Lafont 1968, 148). Nach der Eroberung durch Rom im 3. Jahrhundert v.u.Z. und der darauf erfolgenden Romanisierung gehört die Insel im 5./6. Jahrhundert kurze Zeit zum Vandalenreich, danach zum Oströmischen Reich, um schließlich, wie schon angedeutet (vgl. Kap. 2.2.), zum Streitobjekt zwischen Pisa und Genua zu werden. Die militärische Eroberung durch Frankreich erfolgt 1768/69, allerdings bleibt das Italienische zunächst auch weiterhin die schriftlich verwendete Sprache und die lokalen, dem Toskanischen nahe stehenden Varietäten sind fast ausschließliches Kommunkationsmittel im mündlichen Gebrauch. Erst nach der Revolution kann sich das Französische neben dem Italienischen einen Platz verschaffen, und erst nach der Einführung der allgemeinen Schulpflicht wird die Sprache in größerem Umfang erlernt. Das führt auf der anderen Seite zu einer ersten kulturellen Renaissance im späten 19. Jahrhundert. Zwar tauchen schon gegen Ende des 18. Jahrhunderts erste korsische Fragmente (meist satirischkomische) in literarischen Texten auf (Giacomo-Marcellesi 2013, 467), doch erst ein Jahrhundert später werden korsische Varietäten zu einer vom Italienischen verschiedenen Schriftsprache verschmolzen, vor allem in der 1896 von dem Schriftsteller Santu Casanova (1850–1936) gegründeten Zeitschrift *A Tramuntana*. Diese korsische Bewegung politisiert sich zum Teil, nicht zuletzt nach dem für die Insel schlimmen Er-sten Weltkrieg. Bald tut sich eine Kluft zwischen Frankreich gegenüber loyalen und nach Italien schauenden Gruppen auf; diese letzten werden vom italienischen Faschismus unterstützt, der in Korsika eine *terra irredenta* sieht. Allerdings stellt damals noch kaum jemand die *italianità* der Insel in Frage. Die Besetzung durch Italien 1942–1943 wird das Thema wirklich virulent machen; einige Vertreter des Korsischen werden – nicht immer zu Recht – der Kollaboration bezichtigt. Die Autonomie-Bewegung muss sich nach 1945 von diesen Anschuldigungen frei machen, indem sie den Korsen eine von Italien unabhängige kollektive Identität verleiht und das Korsische als eigene Sprache propagiert. Das dauert eine gewisse Zeit, deshalb ist das Korsische auch nicht in der Liste der von der *loi Deixonne* 1951 berücksichtigten Sprachen. Erst 1974 gelingt es, die Eigenständigkeit des Korsischen auch den französischen Behörden vermittelbar zu machen, das Korsische wird durch Dekret den im Gesetz genannten Sprachen angeglichen.

Dem war ein Prozess der bewusstseinsmäßigen Trennung vom Italienischen vorausgegangen, der allerdings an die Stelle der italienischen Referenzsprache keine wirkliche Alternative setzen konnte, daher entsteht das Konzept der *langue polynomique*, das, mit anderen Worten, zunächst auf eine Lösung des Problems einer einheitlichen sprachlichen Norm verzichtet. Hand in Hand mit dieser Entwicklung geht eine Bewegung, die als *u Riacquistu* [etwa: Wiederaneignung] bezeichnet wird. Sie beginnt mit der Ansiedlung zahlreicher Algerienfranzosen nach der algerischen Unabhängigkeit 1962, die die prekäre Wirtschaftslage der Insel weiter aus dem Gleichgewicht bringen und damit Reaktionen der autochthonen Bevölkerung hervorrufen. Unter dem Einfluss von 1968 radikalisiert sich die Bewegung und erreicht eine in Frankreich einmalige Gewaltbereitschaft. Nach der Wahl von François Mitterrand 1981 kommt es zu Regionalisierung, die aufgrund des starken Drucks in Korsika viel weiter geht als im restlichen Frankreich. 1991 wird es zur *Collectivité Territoriale* erhoben, allerdings weiß der *Conseil Constitutionnel* die – symbolisch wichtige – Anerkennung eines *peuple corse* als Komponente des französischen Volkes zu verhindern; damit verliert die Maßnahme einen Teil ihrer ursprünglichen Bedeutung.

Immerhin gestattet das Statut eine sonst nicht übliche Förderung des Korsisch-Unterrichts. Eine wichtige Vorbedingung dafür war 1981 die (Wieder-) Eröffnung der Universität von Corti, die einst Pasquale Paoli (vgl. Kap. 2.2.) ins Leben gerufen hatte. Sie erlaubt, dass in den letzten Jahren rund 40% der Schüler Unterricht in Korsisch erhalten, eine im restlichen Frankreich unvorstellbare Zahl für eine so genannte Regionalsprache (vgl. Farrenkopf 2011, 110–117). Nach wie vor ist indes ein erheblicher Teil der Jugend zu einer mindestens temporären Migration gezwungen, wenn er einen guten Arbeitsplatz möchte. Darunter leidet die Langzeitwirkung der Sprachenpolitik. Und die anerkannte Polyzentrik der Sprache hat Einflüsse auf die kulturelle Infrastruktur: sie schmälert die Produktion, ebenso wie die Rezeption kultureller Leistungen. Natürlich wären diese Limitierungen in einer weniger komplizierten kommunikativen Situation leicht zu überwinden, angesichts der nach wie vor vorherrschenden Vormachtstellung des Französischen sind sie nicht zu vernachlässigen.

Heutige Situation: das Korsische genießt eine relativ starke öffentliche Präsenz auf der Insel, Konzessionen, um die die anderen autochthonen Sprachen bislang vergeblich kämpfen, sind hier selbstverständlich. Auf der politischen Ebene sind Fortschritte gelungen, die im restlichen Frankreich nach wie vor kaum vorstellbar sind. Das gilt auch für die mediale Präsenz, ebenso wie für den Unterricht. Die kulturelle Produktion, vor allem die Musik, erreicht ein relativ großes Publikum. Das führt dazu, dass die Vertreter des Korsischen etwas optimistischer in die Zukunft blicken als die anderer dominierter Gruppen. Allerdings setzt die relativ geringe Größe der Gruppe und die nach wie vor nur teilweise funktionierende generationelle Weitergabe der Sprache diesem Optimismus Grenzen.

4.7 Das Flämische (Niederländische)

Sprachgebiet und Sprecherzahl: die französische Nordgrenze zum heutigen Belgien war in der Vergangenheit besonders umstritten und daher beweglich. Auch die Sprachgrenze hat sich seit dem Mittelalter zu Gunsten des Französischen etwas nach Norden bewegt. Traditionell werden die beiden *arrondissements* Dunkerque und Hazebrouck als flämischsprachig angesehen (man nennt sie gewöhnlich *Westhoek*); heute spricht nur noch ein kleiner Teil der Bevölkerung die autochthone Sprache. Lange Zeit wurde das flämische Element durch Zuwanderer aus dem Norden verstärkt, die sich auf der Suche nach Arbeit vor allem in und um Lille niederließen.

Während Coornaert (1970), der wohl beste Kenner der Situation, für 1940 noch etwa 140.000 Sprecher annimmt, oszillieren die heutigen Schätzungen zwischen 20.000 (Ryckeboer 2013, 484) und 30.000 bis maximal 100.000 (Sibille 2000, 31). Da die Schätzungen von Ryckeboer die detailreichsten sind, dürften sie der Realität am nächsten kommen.

Sprachstruktur: das Flämische gehört zu dem großen Kontinuum des Niederdeutschen, das sich einst vom Ärmelkanal bis nach Pommern erstreckte und schon früh geschrieben wurde (es war z.B. die Sprache der Hanse). Mit der allmählichen Selbständigkeit der (nördlichen) Niederlande wird in mehreren Phasen seit etwa 1575 eine eigene Referenzsprache erarbeitet. Dieser Prozess endet erst spät, nach der politischen Selbständigkeit Belgiens und mit der Vereinheitlichung der Normbemühungen in den Niederlanden und Belgien. Allerdings verwenden die Habsburgischen Niederlande ab dem 18. Jahrhundert vor allem das Französische als offizielle Sprache, die Flämischsprachigen in Frankreich sind damit zunächst von den Normativierungsbestrebungen im Norden abgeschnitten; erst als Belgien sich allmählich in der zweiten Hälfte des 19. Jahrhunderts zu einem zweisprachigen Staat entwickelt, löst sich diese Sperre wieder. Praktisch bedeutet das, dass die kollektiven Bewusstseinsprozesse des 19. Jahrhunderts weitgehend ohne unmittelbare Beteiligung der Flamen in Frankreich stattfinden. Davon zeugt die Selbstbezeichnung als *Flamen* und die entsprechende Bezeichnung der Sprache. Davon zeugt aber auch eine zunehmende sprachliche und bewusstseinsmäßige Kluft zwischen dem sich im 19. Jahrhundert entwickelnden *Algemeen Beschaafd Nederlands* und dem Flämischen des Westhoek.

Externe Sprachgeschichte: die Gebiete an der französischen Nordgrenze sind mit die ersten, in denen das Latein durch die Volkssprachen teilweise ersetzt wird. In dem hier zu betrachtenden Gebiet ist das neben dem Französischen auch das Niederländische. Diese Praxis ändert sich auch unter französischer Herrschaft nicht wesentlich, beide Sprachen koexistieren. Beide Sprachen werden auch gelehrt, vor allem Le Roy Ladurie (²2005, 61; vgl. auch Ryckeboer 2013, 479) weist auf eine frühe und recht effiziente Alphabetisierung, schon unter Ludwig XIV., hin. Dabei zeigt sich natürlich eine Tendenz der Oberschicht, sich (auch) das Französische anzueignen. Erst die Revolution will das Französische allgemein durchsetzen, aber es bedarf der allgemeinen Schulpflicht von 1882, um diesem Ziel näherzukommen. Inzwischen hat sich auch in Französisch-Flandern (die Bezeichnung taucht jetzt bisweilen auf) eine kleine Renaissance-Bewegung gebildet, die sich seit 1853 im *Comité Flamand de France* vereinigt und gegen den Ausschluss der Sprache aus dem Unterricht protestiert. Allmählich kommt es auch zu Kontakten zwischen Süd und Nord, allerdings bleiben die (oft wohl überschätzten) sprachlichen Unterschiede ein Problem. Die Durchsetzung der allgemeinen Schulpflicht und der Ausschluss des Flämischen aus den Schulen verschärft die Situation. Nicht zuletzt deshalb und aufgrund des Unwillens der Behörden zu Kompromissen wendet sich ein Teil der flämischen Bewegung dem Hitlerismus zu (in Übereinstimmung mit belgischen und niederländischen Faschisten) und diskreditiert das Ansehen der Bewegung durch seine Kollaboration. Das Flämische wird nicht in die *loi Deixonne* einbezogen, und noch 2002 verweist der zuständige Erziehungsminister darauf, dass das Niederländische in das Schulsystem integriert sei (Ryckeboer 2013, 485). Erst 2006 wird es als *langue régionale* anerkannt (ibid.). Inzwischen nimmt die sprachliche Substitution ihren Lauf ...

Aktuelle Situation: die geringe Ausdehnung des Gebiets, die immer schon bescheidene Anzahl der Sprecher und der Schock des Zweiten Weltkrieges tragen dazu bei, dass das Flämische in Frankreich in einer besonders schwierigen Position ist. Die Differenzen zwischen der Referenzsprache und der Varietät in Frankreich kommen hinzu. Die Universitäten der Académie Lille, die aufgrund ihrer geographischen Lage besonders dazu geeignet wären, sich der örtlichen Sprache anzunehmen, scheinen sich vor allem für die niederländische Referenzsprache zu interessieren. Zwar gibt es mittlerweile einen Sprachkurs für das Flämische in Frankreich (vgl. Marteel 1992), doch bedürfte es größerer Anstrengungen, um die Zukunftsaussichten zu verbessern. Im Augenblick scheint der Fortbestand auch auf kürzere Sicht sehr gefährdet.

4.8 Das Frankoprovenzalische

Sprachbezeichnung: das Frankoprovenzalische unterscheidet sich in einigen gewichtigen Details von den anderen autochthonen Sprachen Frankreichs. Zum einen ist die Sprachbezeichnung keine Selbstbezeichnung, sondern sie wird der Gruppe von dem italienischen Sprachwissenschaftler Graziadio Isaia Ascoli (1829–1907, vgl. Ascoli 1878) zugeteilt, der aufgrund rein interner Kriterien, also durch Abstandsmessung, zwischen dem Französischen und dem Okzitanischen einen dritten Sprachraum identifiziert, dem er als zwischen den beiden bekannten Sprachen stehend, die erwähnte Bezeichnung gibt. Natürlich stellt sich die Frage, ob die von Ascoli festgestellten Abstände „ausreichen", um die Existenz einer eigenen Sprache zu proklamieren (vgl. dazu Kremnitz 2008a), allerdings hat die romanische Sprachwissenschaft mittlerweile Ascolis Feststellungen ratifiziert, die meisten heutigen Sprachlisten führen die Sprache auf. Umgekehrt haben die Sprecher ihre Kommunikationsform nur selten als eine vom Französischen verschiedene Sprache angesehen, was ihr, im Vergleich zu den anderen angestammten Sprachen, einen schwachen Stand gibt. Mittlerweile sind andere Bezeichnungen (etwa *arpitan*) aufgetaucht, haben sich aber in der Gesellschaft nicht durchsetzen können. Das Bewusstsein der Sprecher greift entweder auf kleinräumigere Bezeichnungen (etwa *savoyard*) zurück, die Varietäten des Französischen bezeichnen sollen, oder gleich auf die umfassende Bezeichnung „Französisch".

Sprachgebiet und Sprecherzahl: traditionell wird Frankoprovenzalisch in drei Staaten gesprochen, nämlich in der „französischsprachigen" Schweiz (außer im Kanton Jura), in Italien (im Aostatal und in den nördlichen oberen Tälern des Osthangs der Alpen – die südlichen Täler gehören zum okzitanischen Sprachraum – und in den Gemeinden Faeto und Celle di San Vito in Apulien, wohin waldensische Flüchtlinge aus Savoyen geflüchtet waren) und vor allem in Frankreich in einem Gebiet, das etwas südlich von Besançon beginnt, die Städte Lons-le-Saunier und Mâcon umschließt und im Süden bis Saint-Etienne und Grenoble reicht; d. h. es reicht vom Süden der *Franche Comté* in das *Lyonnais* und umfasst die beiden savoyischen Departements. Im Norden grenzt es an das traditionelle Sprachgebiet des Französischen, im Osten an oberdeutsches Sprachgebiet, südlich davon an das Piemontesische und im Süden an das Okzitanische. Natürlich sind die Grenzen innerhalb der Romania nicht als Linien vorzustellen sondern als Übergangszonen, was dazu geführt hat, dass es auch etwas größere bzw. kleinere geographische Zuordnungen gibt. Vor allem in der *Franche Comté* sind die Grenzen unscharf.

Schätzungen über die Sprecherzahl sind sehr schwierig, vor allem in Frankreich. Man weiß, dass im Aostatal noch ein erheblicher Teil der autochthonen Bevölkerung die Sprache mehr oder weniger beherrscht, mit abnehmender Tendenz, die Größenordnung dürfte dort etwa bei 50.000 liegen. Hier werden auch einige Maßnahmen zum Spracherhalt durchgeführt, vor allem durch das Forschungszentrum *René Willien*. In der Schweiz wurde das Frankoprovenzalische fast vollständig zugunsten einer am Pariser Französischen ausgerichteten Varietät aufgegeben. Auch in Frankreich gibt es seit langem keine einsprachigen Sprecher mehr, und die heutigen Verwender rekrutieren sich vor allem aus der älteren, ländlichen, männlichen Bevölkerung. Schätzungen gehen heute für die Region *Rhône-Alpes* ebenfalls von etwa 50.000 Sprechern aus, die die Sprache, allerdings in den meisten Fällen nur gelegentlich, verwenden; die generationelle Weitergabe ist seit längerem fast völlig zum Erliegen gekommen (Bert/Martin 2013, 494).

Sprachstruktur: das Frankoprovenzalische ist eine galloromanische Sprache, die sich sowohl vom Französischen als auch vom Okzitanischen vor allem phonetisch unterscheidet. In Frankreich sind Ansätze zu einem Sprachausbau erst seit kurzem zu erkennen (vgl. vor allem Stich 2003), bislang mit bescheidenem Erfolg.

Externe Sprachgeschichte: man nimmt heute an, dass am Beginn des Frankoprovenzalischen die besondere Latinität von Lugdunum/Lyon steht, das 43 v.u.Z. nach der Eroberung durch Caesar gegründet und rasch zur Hauptstadt Galliens wird. Später sind die Beziehungen zum Norden intensiver als zum Süden, das wird oft als ein Grund für die größere Nähe zum Französischen gesehen. Der lange Zeit sehr hervorgehobene Einfluss der germanischen Burgunder dürfte in Wirklichkeit für die Sprachentwicklung weniger bedeutsam gewesen sein. Als Lyon, das ursprünglich zum Reich gehörte, 1307 definitiv unter die Herrschaft der französischen Könige kommt, hat die Sprache der Könige dort in der schriftlichen Verwendung schon Fuß gefasst, in den übrigen Gebieten folgt sie relativ rasch. Das gilt auch für Savoyen, das erst 1860 zu Frankreich kommt; die savoyische Kanzlei hatte das Französische indes schon seit dem 14. Jahrhundert als Urkundensprache verwendet. Zwar hält sich das Frankoprovenzalische im mündlichen Gebrauch noch lange, in ländlichen Gebieten bis ins 20. Jahrhundert, aber weder die literarische noch die administrative Verwendung sind nennenswert. Daher ist es einsichtig, dass die Verwendung eine residuelle ist, und sobald die allgemeine Schulpflicht greift, zunächst das Französische erlernt und danach allmählich die autochthone Sprache aufgegeben wird. Viele Sprecher geben der Sprache auch heute nur eine geringe kommunikative Bedeutung.

Heutige Lage: Bernard Cerquiglini hat das Frankprovenzalische 1999 in seine Liste aufgenommen, das hat ihm eine gewisse Aufmerksamkeit verschafft. Die Region *Rhône-Alpes* unterstützt es seit einigen Jahren (wie das Okzitanische) und drängt auf seinen Unterricht, der aber bislang nur auf private und lokale Initiativen erfolgt und wenige Lernende erfasst. Ein gewichtiger Faktor dabei ist die, auch im Vergleich zu anderen Gebieten Frankreichs, geringe Identifizierung der Sprecher mit ihrer Sprache. Zwar gibt es einige Verteidiger der Sprache, aber ihr gesellschaftliches Echo bleibt gering. Am ehesten findet man im Aostatal ein gewisses kollektives Bewusstsein, es reicht aber nicht über bewahrende Tendenzen hinaus. Allenfalls das bei vielen potentiellen Sprechern anzutreffende Bewusstsein des drohenden Verschwindens der Sprache, und damit vor allem demarkative Reflexe könnten zu einem größeren Engagement führen.

4.9 Die ligurischen Sprachinseln

Erst seit kurzem weiß man, dass es im heutigen Frankreich zwei kleine Sprachinseln gibt, in denen Ligurisch, eine italienische Varietät, gesprochen wird (oder eher wurde). Es handelt sich zum einen um eine Grenzzone zu Italien im Departement Alpes Maritimes, die bisweilen nach dem Fluss Roya, an dem sie liegt, *Royaskisch* genannt wird, zum anderen um die Stadt Bonifacio auf Korsika. Beide Sprechergruppen dürften entweder schon verschwunden sein oder kurz vor dem Verschwinden stehen. Zur selben Varietät gehört auch das Monegassische, das allerdings außerhalb von Frankreich verwendet wird und dort auch eine gewisse symbolische Bedeutung besitzt (vgl. Dalbera 2003; 2013).

4.10 Die *langues d'oïl*

Die Zugehörigkeit der so genannten *langues d'oïl* zu den autochthonen Sprachen ist auch unter Sprachwissenschaftlern und Soziolinguisten umstritten. Linguistisch gesehen handelt es sich in erster Linie um regionale Varietäten des Französischen, die sich ebenso wie dieses aus dem gesprochenen Latein und den verschiedenen Adstraten, die hinzugekommen sind, entwickelt haben. Allerdings sind sie, letztlich aus politischen Gründen, nicht zur Referenzsprache geworden und auf dem Niveau geographischer Varietäten (also von Dialekten) geblieben. Zwar haben sie lange Zeit die jeweils gesprochene Form des Französischen repräsentiert, einen systematischen Ausbau, vor allem eine Verschriftlichung, haben sie nicht erlebt. Genau wie in vielen Varietäten des Deutschen gibt es dialektale Literatur in ihnen, sie tauchen auch im Gesang auf, aber, genau wie im Deutschen, geht der Trend seit langem auf eine langsame Angleichung an die Referenzsprache. Dabei gibt es natürlich Unterschiede: manche Varietäten verfügen, gewöhnlich aus historischen Gründen, über ein gewisses internes Prestige und damit im Allgemeinen auch über einen höheren Verwendungsgrad und ein bestimmte Elemente sprachlichen Ausbaues. In diesen Fällen gehen meist auch die Sprecherzahlen langsamer zurück. Sprachwissenschaftlich gesehen sind diese *langues d'oïl* sozusagen die unglücklicheren Konkurrenten des Normfranzösischen und wurden lange Zeit auch nur als solche angesehen. Sie wollte Jules Gilliéron einst in seinem *Atlas linguistique de la France* (Gilliéron/Edmont 1902–1920) vor allem darstellen (und das ist ihm in einem hohen Grade gelungen). Allerdings hat die französische normative Sprachkonzeption ihre Probleme mit einer solchen komplexen Spracharchitektur und neigt dazu (vgl. Kap. 3.2.), alles, was nicht der Referenzsprache entspricht, als *patois* abzuqualifizieren. Das führt dazu, dass die Repräsentanten dieser Varietäten andere Strategien der Verteidigung wählen müssen.

Es ist daher nicht verwunderlich, dass im Zusammenhang mit der versprochenen Änderung der Sprachenpolitik im Vorfeld der Präsidentenwahl 1981 zum ersten Male sich Vereinigungen zu Wort melden, die auch für die lokalen und regionalen Varietäten der *langue d'oïl* eine entgegenkommendere Politik fordern; zuvor hatte man von solchen Vorstellungen seit den siebziger Jahren, wenn auch nur sehr vereinzelt, gehört. Henri Giordan erwähnt in seinem *Rapport* von 1982 diese damals noch vereinzelten Stimmen und erwähnt, dass es sich dabei vor allem um die Bewusstwerdung sprachlicher Identitäten handelt (Giordan 1982, 56–57), mit anderen Worten um Demarkation. In einer in der Folge der Diskussion um seinen Bericht publizierten Studie tauchen zum ersten Male dann auch Kapitel über das Gallo und das Pikardische, mit bibliographischen Angaben zu anderen Minderheiten, auf (vgl. Giordan 1984). Zwischen den verschiedenen Gruppen zeigen sich große Unterschiede: in einigen sind Praxis und kollektives Bewusstsein recht hoch entwickelt, in anderen greifen die Bemühungen weniger. Vor allem dort, wo aus historischen Gründen das kollektive Bewusstsein schon länger lebhaft ist, nimmt es auch Bezug auf die Sprache. Das gilt etwa für das Gallo in der östlichen Bretagne (*Haute Bretagne*), für das Pikardische oder Wallonische (wenn sich auch der größte Teil seines traditionellen Sprachgebiets in Belgien befindet), bis zu einem gewissen Grade auch für das Normannische.

Um das Phänomen besser zu beschreiben, wurde der Begriff der *langues collatérales* vorgeschlagen, der den oben skizzierten historischen Abläufen Rechnung tragen und den Anspruch dieser Varietäten auf die Bezeichnung *Sprache* verdeutlichen soll (vgl. etwa Eloy 2004). Allerdings wird man zugeben müssen, dass dabei individuelle und ideologische Einschätzungen eine Rolle spielen, wie in fast jedem Falle der Zuweisung oder Verweigerung der Bezeichnung *Sprache* an eine Varietät. Eine mitunter anzutreffende Strategie, jeder Varietät, für die einmal die Bezeichnung *Sprache* in Anspruch genommen wird, diese auch zuzuerkennen, löst das Problem in keiner Weise, sondern verwischt nur die Kriterien. Neben diesen *langues d'oïl*, die auch als *primäre Dialekte* (des Französischen) bezeichnet werden stehen als so genannte *sekundäre Dialekte* die *français régionaux*, die als Resultante des Kontaktes von Referenzsprache und lokalen Sprachformen entstanden sind, nachdem die Referenzsprache eine bestimmte Präsenz erzielt hat. Diese sekundären Varietäten sind daher meist relativ jung und verändern sich mit dem Wandel der Kommunikationsbedingungen (vgl. auch Collectif 1998).

Die *Europäische Charta der Regional- oder Minderheitensprachen* schließt die Varietäten der Staatssprachen explizit aus ihrem Geltungsbereich aus, allerdings halten sich die einzelnen Staaten mit unterschiedlicher Genauigkeit an diese Vorgabe. Bernard Cerquiglini hat in seiner Liste sozusagen eine mittlere Position eingenommen, indem er zwar eine Anzahl von *langues d'oïl* anführt, aber nur unter einem einzigen Spiegelstrich, wohingegen er sonst jeder Sprache im Mutterland eine eigene Zeile zugesteht. Ein weiterer Hinweis für die Unsicherheit auf diesem Gebiet sind kleine Schwankungen in den verschiedenen Fassungen der Liste. In der ursprünglichen Fassung tauchen die folgenden Bezeichnungen auf: *franc-comtois, wallon, picard, normand, gallo, poitevin-saintongeais, bourguignon-morvandiau* und *lorrain* (Cerquiglini 1999). In dem Sammelwerk Cerquiglini 2003 (Simoni-Aurembou 2003) wird das *champenois* hinzugefügt und nur noch das *bourguignon* erwähnt, das *morvandiau* nicht mehr. In einer Liste der *Délégation générale à la langue française et aux langues de France* von 2008 wird das *poitevin-saintongeais* in zwei getrennte Einheiten aufgespalten (Sibille 2013, 52). In Kremnitz (2013), werden folgende *langues d'oïl* mit eigenen Einträgen innerhalb eines Sammelartikels erwähnt: *bourguignon-morvandiau, champenois, gallo, lorrain roman, normand, picard, poitevin-saintongeais, wallon* (Eloy/Jagueneau, 2013). Sibille (2013) weist mit Recht darauf hin, dass in all diesen Aufzählungen nur ein Teil der Varietäten des Französischen aufgeführt wird, nämlich diejenigen, die sich durch die größten Abstände von der Referenzsprache auszeichnen; Varietäten wie *angevin, tourangeau, berrichon, bourbonnais* oder gar die Varietäten der *Ile-de-France* tauchen in keiner der erwähnten Listen auf. Nun machen einige Spezialisten, wie Marie-Rose Simoni-Aurembou, einen Unterschied zwischen *variétés d'oïl* und *variations du français*, diese letzten seien nicht als eigene Sprachen anzusehen (Simoni-Aurembou 2003, 138; Sibille 2013, 50). Man muss allerdings die Frage stellen, ob diese Unterscheidung wirklich operativ und damit sinnvoll ist. Außerdem suggeriert sie Unterschiede in den Entstehungsbedingungen, die nicht ohne weiteres einsichtig sind, denn auch diese *variations* sind, sprachwissenschaftlich gesehen, *primäre Dialekte*. Der postulierte Unterschied zwischen den beiden Varietätengruppen dürfte weniger auf sprachwissenschaftlichen Fakten beruhen als auf Unterschieden im Bewusstsein, zumindest bei Teilen der Bevölkerung.

Im Folgenden soll für einige dieser Varietäten, von Nord nach Süd, eine kurze Charakteristik gegeben werden (vgl. dazu allgemein Simoni-Arembou 2003; Eloy/Jagueneau 2013).

Le wallon: das Wallonische wird vor allem in Belgien gesprochen und unterscheidet sich deutlich vom Referenzfranzösischen. Für Wallonischsprecher kam die Aneignung des Referenzfranzösischen in einer noch nicht sehr weit zurückliegenden Vergangenheit der einer fremden Sprache gleich; heute ist aufgrund der medialen Omnipräsenz der/einer Referenzsprache diese Hürde wesentlich geringer, das Wallonische ist deutlich auf dem Rückzug. In Frankreich gibt es aufgrund seines geringen Sprachgebiets wenige kulturelle Initiativen.

Le picard: das Pikardische wird im belgischen Hennegau und in der Picardie gesprochen, im Departement *Nord* nimmt es meist die Bezeichnung *chtimi* an. Bis ins 13. Jahrhundert wird es vielfach auch als Literatur- und Verwaltungssprache verwendet, danach verschwindet es mehr und mehr aus dem schriftlichen Bereich, hält sich aber als gesprochene Varietät. Erst in der Aufklärung kommt es, wie in anderen Gegenden, zur Produktion populärer, meist anspruchsloser Literatur, die sich bis heute halten kann. Allerdings nimmt der gesprochene Gebrauch ab, bzw. die verwendeten Varietäten nähern sich der

Referenzsprache an. Die generationelle Weitergabe ist schwach, Unterricht fast nicht vorhanden.

Le normand: auch hier steht eine literarische Vergangenheit einer fast nur noch gesprochenen Gegenwart gegenüber. Es wird in der historischen Normandie gesprochen. Ein zusätzliches Problem entsteht dadurch, dass die nördlichen und südlichen Varietäten des Normannischen sich recht deutlich unterscheiden, sodass Sibille (2013, 51) vorschlägt, von zwei unterschiedlichen Varietäten zu sprechen. Linguistisch ist bemerkenswert, dass das Normannische eine Reihe lexikalischer Entlehnungen aus dem Altnordischen vorgenommen hat, von denen ein Teil in die französische Referenzsprache eingegangen ist. Das Normannische in Frankreich findet eine Fortsetzung auf den Kanalinseln Guernsey und Jersey und ihren Dependancen, die der britischen Krone unterstehen; dort werden neben dem allgegenwärtigen Englisch (in Resten) noch anglo-normannische Varietäten gesprochen; sie haben auch eine gewisse symbolische Bedeutung bei offiziellen Anlässen (vgl. u.a. Lösch 2000).

Le gallo: diese Varietät wird im Osten der Bretagne gesprochen; sie ist relativ stark vom Keltischen (also konkret vom Bretonischen) beeinflusst. Erst spät, zu Beginn des 20. Jahrhunderts, taucht sie vereinzelt in literarischen Texten auf. Allerdings scheint sie sich im mündlichen Gebrauch bis zum massiven Vordringen des Französischen infolge der Verbreitung von Rundfunk und Fernsehen relativ gut gehalten zu haben, die Sprecherzahlen liegen nach unterschiedlichen Schätzungen zwischen 40.000 und 200.000 Personen. Seit den siebziger Jahren lässt sich ein recht aktives Vereinsleben beobachten, das die Region Bretagne seit Anfang des Jahrtausends veranlasst, neben dem Bretonischen auch das Gallo zu unterstützen. Es wird an der Universität Rennes unterrichtet und bis zu einem gewissen Grade gepflegt.

Le champenois: Chrétien de Troyes stammte aus der Champagne und seine literarische Sprache trägt Züge seiner heimatlichen Region. Einige literarische Texte aus späterer Zeit sind erhalten, allerdings scheinen die derzeitigen kulturellen Aktivitäten bescheiden zu sein. Es ist auch nicht ganz klar, in welchem Maße die Varietät sich halten kann.

Le lorrain: diese im romanischen Teil Lothringens gesprochene Sprache scheint heute fast völlig verschwunden, wenn es auch ein gewisses nostalgisches Interesse geben dürfte.

Le franc-comtois: die *Franche Comté* bildet eine Übergangszone zwischen dem Frankoprovenzalischen im Süden und den Varietäten des Französischen im Norden. Daher resultiert eine stärkere sprachliche Differenz. Außerdem kam das Gebiet erst vergleichsweise spät, nämlich 1678, zu Frankreich. Das erklärt einen sporadischen literarischen Gebrauch, vor allem bis zur Zeit der Revolution. Die lokale Varietät hält sich etwa bis zum Zweiten Weltkrieg, bricht dann aber rasch weg. Seit geraumer Zeit gibt es Bemühungen um eine gewisse Konservierung. Man darf sich davon wohl nicht allzu viel erhoffen.

Le bourguignon (morvandiau): zwar gibt es um Dijon bis ins 18. Jahrhundert eine recht lebhafte literarische Kreation, allerdings bricht sie mit der Revolution weitgehend ab. Wie in den meisten anderen Gebieten hält sich der mündliche Gebrauch bis zum Aufkommen des Rundfunks und verschwindet dann relativ rasch zugunsten eines Regionalfranzösisch. In jüngerer Vergangenheit kommt es wieder zu einer gewissen künstlerischen Verwendung der Varietät, nicht zuletzt in der Musik. Die Weitergabe vollzieht sich nur auf inoffiziellem Wege.

Le poitevin-saintongeais: diese Varietät stellt den Übergang vom Okzitanischen zum Französischen dar, die frühesten Dokumente zeigen an, dass am Beginn der Entwicklung des Galloromanischen der Bereich des ältesten Okzitanisch bis an die Loire reichte. Diese Übergangsstellung gibt der Varietät eine relativ starke Konturierung und einigen Abstand vom Französischen, der sich in Resten noch heute beobachten lässt. Verwendet wird sie zwischen Loire und Gironde, in einem vergleichsweise großen, aber wenig besiedelten Gebiet. Bis nach der Revolution wird die Varietät mitunter in der Literatur verwendet, danach kann das Gebiet bis zu einem gewissen Grade von der okzitanischen Renaissance profitieren: es gibt wissenschaftliche Untersuchungen, Nachschlagewerke, einige Organisationen, die Publikationen fördern, und seit einiger Zeit unterstützt auch die Region *Poitou-Charentes* ihre regionalen Sprachen in einem bescheidenen Ausmaß. Zwar ist auch hier die Sprecherzahl zurückgegangen, es scheint jedoch, dass sich ein gewisses Interesse bewahrt hat. Ob es die Varietät als gesprochene Praxis bewahren kann, muss offen bleiben.

Für die übrigen Varietäten scheinen keine nennenswerten Aktivitäten vorzuliegen. Es sind weitgehend jene, die bisweilen als *variations du français* (s.o.) bezeichnet werden.

Insgesamt kann die vorstehende Darstellung nicht verbergen, dass unter den wenig begünstigten dominierten autochthonen Sprachen in Frankreich diese, gleichgültig, unter welcher Bezeichnung man sie führen will, den schwächsten Platz einnehmen. Das hängt nicht zuletzt damit zusammen, dass der sprachliche Abstand zum Französischen meist vergleichsweise gering ist, vor allem aber damit, dass sie gewöhnlich nur über geringe schriftsprachliche Traditionen verfügen, bzw. diese schon sehr früh aufgegeben wurden. Außerdem hat keine politische Instanz sie als Symbole gewählt und so eine gewisse Präsenz im Bewusstsein der Sprecher geschaffen. Die jeglicher Variation gegenüber wenig flexible traditionelle Spracheinstellung in Frankreich sorgt auf der einen Seite für ihr relativ rasches Verschwinden, auf der anderen dafür, dass, wer sich dagegen wehrt, schnell zu vergleichsweise mächtigen Waffen greifen muss.

4.11 Abschließende Bemerkungen

Die Richtung der Bewegung wird bei der Lektüre der vorausgehenden Darstellungen deutlich: sie zielt immer auf einen Ersatz der dominierten Sprachen durch die Staatssprache. Dabei sind die Ausgangspunkte, das Tempo und die heute erreichten Stationen sehr unterschiedlich. Die Substitution beginnt vergleichsweise früh bei einer romanischen Sprache wie dem Okzitanischen, das sich schon lange unter französischer Dominanz befindet, allerdings macht sie lange Zeit nur langsame Fortschritte. Die Renaissance-Bewegungen seit dem 19. Jahrhundert stärken die Position der dominierten Sprache ein wenig, aber die große geographische Ausdehnung bringt es mit sich, dass die lokalen und regionalen Gegebenheiten sehr unterschiedlich sind. Außerdem ist das Bewusstsein der Sprecher uneinheitlich. Zwar hat die massenhafte Substitution erst im 20. Jahrhundert eingesetzt, sie hat sich jedoch vor allem nach dem Zweiten Weltkrieg mit großer Geschwindigkeit vollzogen. War es, ich spreche aus eigener Erfahrung, bis 1970/80 auch in größeren Städten relativ einfach, okzitanische Gesprächspartner zu finden, man musste nur den ersten Schritt tun, so ist das heute fast unmöglich. Damals war die Kompetenz vorhanden, musste aber manchmal etwas mühsam aktiviert werden, heute wäre die Bereitschaft zur Kommunikation größer, aber meist fehlt es an den Fähigkeiten. Wenn öffentliche Veranstaltungen auf Okzitanisch stattfinden, ist eine Übersetzung heute unerlässlich, nur in Rückzugsgebieten wie dem Rouergue oder in manchen Teilen der Pyrenäen kann man noch auf ein zahlreicheres Publikum hoffen. Nur die Gebiete der *langues d'oïl* sind im Allgemeinen (es gibt Ausnahmen) noch früher unter den Einfluss der Krone gekommen, daher ist das Reservoir der Sprecher der jeweiligen Varietäten noch geringer. In vielen dieser Gebiete reduziert sich die Sprachkompetenz meist auf ausgewählte Gruppen, am ehesten haben sich Formen des *français régional* gehalten. Alle anderen Gebiete sind erst später unter französischen Einfluss gekommen, daher hat die Diglossie-Situation später eingesetzt. Wo das kollektive Bewusstsein, aus welchen Gründen auch immer, stark war, konnten sich die dominierten Sprachen länger halten, das gilt etwa für die Bretagne und das Elsass, im Nordbaskenland kamen die geringe Ausdehnung und die wirtschaftliche Rückständigkeit hinzu. Allerdings hat die Bretagne dann eine vergleichsweise rasche Substitutionsbewegung, vor allem nach dem Zweiten Weltkrieg, vollzogen, im Elsass kam das kollektive Bewusstsein und die weitgehende Verinnerlichung des Vorwurfes der Unzuverlässigkeit hinzu, um die Bewegung sehr zu beschleunigen. Zwar ist das Elsass noch immer das Gebiet mit dem größten Prozentsatz an Sprechern der dominierten Sprache, wenn auch mehrheitlich nur noch in ihrer lokalen oder regionalen Form – man kann sagen, dass es gegenüber den meisten anderen Sprachen mindestens eine Generation Rückstand hat – aber die Tendenz zur Aufgabe der autochthonen Sprache ist noch immer stark. Fast am Ende ist der Prozess in den Sprachräumen des Frankoprovenzalischen (in Frankreich) und des Flämischen im Westhoek. Daran zeigt sich, dass die Zahl der zu berücksichtigenden Faktoren groß ist und dass sie ein sehr unterschiedliches Gewicht haben können: eine ähnliche Ausgangslage verbürgt nicht eine ähnliche aktuelle Situation, wie die sehr verschiedene Lage von Baskisch, Katalanisch und Flämisch zeigt.

Allerdings haben sich fast überall Renaissance-Bewegungen gebildet, die mit größerer oder kleinerer Energie die Fortexistenz der dominierten Sprachen und Kulturen sichern wollen. Oft können sie nur eine symbolische Präsenz erreichen, eine verstärkte kommunikative Praxis lässt sich nur in Einzelfällen bemerken. Und schließlich hängen diese Bewegungen noch immer stark vom Einsatz einzelner Persönlichkeiten ab. Müssen diese ihre Aktivitäten beenden, so sind sie vielfach kaum ersetzbar. Zwar lässt sich mittlerweile eine gewisse Institutionalisierung erkennen, der Einsatz einzelner Personen steht jedoch immer noch im Vordergrund und macht die Renaissance-Bewegungen damit leicht verletztlich.

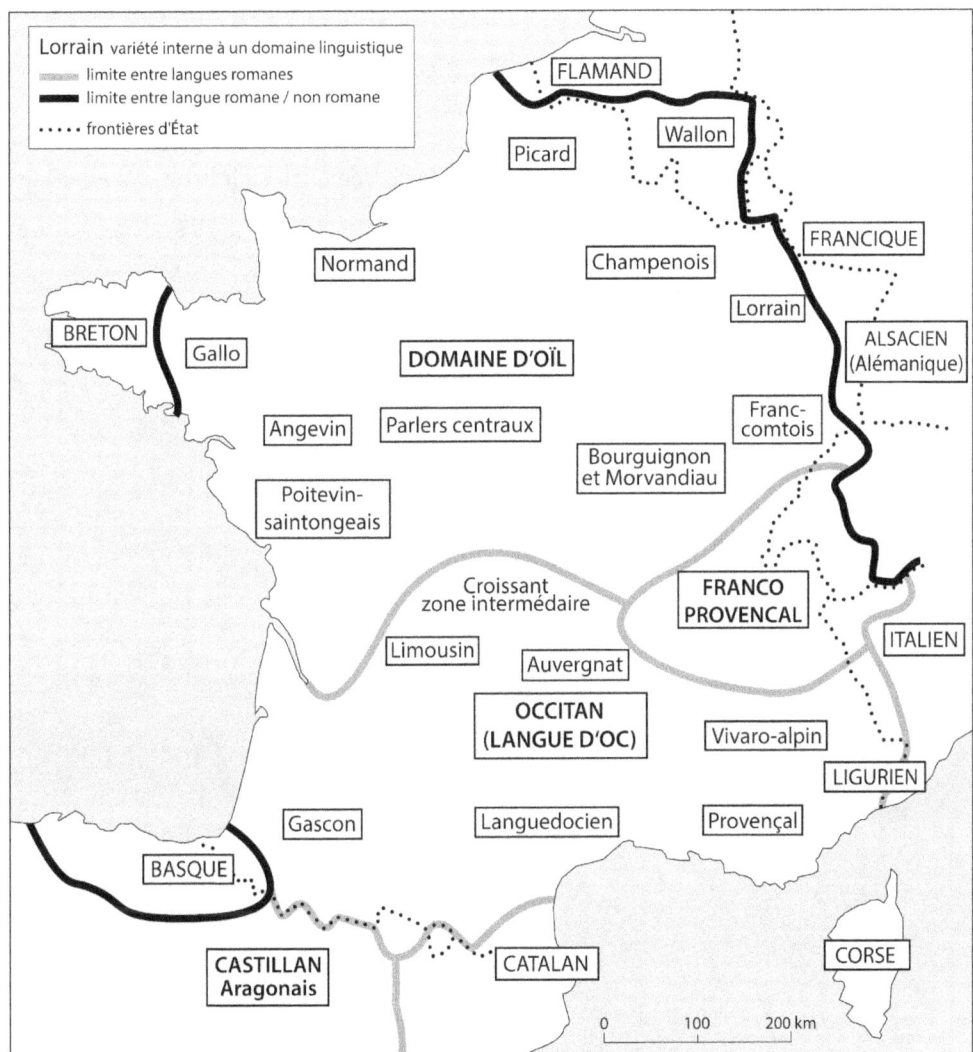

Abb. 1: Die autochthonen Sprachen im französischen Mutterland
(Quelle: www.dglf.culture.gouv.fr/)

4.12 Aufgaben

1. Informieren Sie sich über das historische Sprachgebiet des Okzitanischen und seine Veränderungen anhand von Ronjat (1930–1941); Wüest (1969); Bec (^{6}1995).
2. Versuchen Sie zu erfahren, wie viele Plätze für Lehrer im Sekundarschulwesen für die einzelnen Sprachen jedes Jahr aufgrund des CAPES besetzt werden können.
3. Informieren Sie sich über die auf Katalanisch geschriebene Literatur in Nordkatalonien im 20. Jahrhundert.
4. Lesen Sie das Buch von Frédéric Hoffet, *Psychanalyse de l'Alsace*, und versuchen Sie, daraus Erklärungsansätze für die heutige sprachliche Sitaution zu bekommen.
5. Vergleichen Sie die Situation des Wallonischen in Frankreich und in Belgien.
6. Welche Institutionen auf gesamtstaatlicher Ebene bemühen sich heute um eine Förderung der *langues régionales*?

5 „Nicht-territorialisierte" Sprachen in Frankreich

Unter dieser etwas barbarischen, aus dem Französischen entlehnten Bezeichnung werden bisweilen die Sprachen zusammengefasst, deren traditionelles Sprachgebiet sich nicht auf einen bestimmten Teil Frankreichs reduzieren lässt, sondern die (virtuell) im ganzen Staat gesprochen werden. Zuerst hat wohl Henri Giordan eine ähnliche Bezeichnung verwendet und damit auf die Existenz dieser Gruppen hingewiesen, als er von *minorités culturelles sans implantation territoriale* (1982, 52) sprach. Dabei fällt auf, dass die Bezeichnung ihren Schwerpunkt auf die Kulturen und weniger die Sprachen legt, aufgrund der teilweise weit fortgeschrittenen Sprachsubstitution eine wichtige Formulierung, denn sie erkennt implizit auch den Assimilierten Minderheitenrechte zu. Bei Cerquiglini (2003) heißt es dann knapper und sprachenzentrierter *langues non territorialisées*.

Es handelt sich um Sprachen, die in Frankreich aufgrund von Migration gesprochen werden (oder wurden). Diese Migration kann in ihren Anfängen weit zurückreichen, wie bei den jüdischen Bevölkerungsgruppen, sie kann auch relativ spät erfolgt sein, aber dafür massiv, wie die Einwanderung der Nordafrikaner arabischer oder berberischer Sprache oder der Armenier, die alle erst im 20. Jahrhundert in größerer Zahl eintreffen. Zeitlich dazwischen stehen die seit dem 15. Jahrhundert in Frankreich lebenden Roma und Sinti. In ihrer Mehrzahl sind die Angehörigen dieser Gruppen französische Staatsbürger, allerdings gibt es im Einzelnen beträchtliche Unterschiede. Alle diese Gruppen sind nicht auf ein bestimmtes Ansiedlungsgebiet beschränkt, obwohl es natürlich meist Schwerpunkte ihrer Verbreitung gibt. Ein wichtiges Kriterium für die Frage der Bewahrung der ursprünglichen Sprachen liegt darin, ob die Gruppen noch nennenswerten Zuzug aus ihren Herkunftsländern erhalten (das gilt insbesondere für die maghrebinischen Einwanderer) oder nicht. Nur die Verwender der französischen Gebärdensprache rekrutieren sich in ihrer großen Mehrheit nicht aus Zuwanderern. Da auch sie nicht nur in bestimmten geographischen Zonen auftreten sondern virtuell in ganz Frankreich, werden sie unter dieser Rubrik mit aufgeführt.

All diesen Sprachen (außer der Gebärdensprache) ist gemein, dass sich ihr traditionelles Sprachgebiet außerhalb von Frankreich befindet, sie sich daher in Beziehung und vielfach in Abhängigkeit von diesem Kerngebiet befinden. Allerdings sind die Situationen aufgrund des unterschiedlichen Status und Ausbaus der Sprachen oft schwer zu bestimmen. Zwar kann man für das Arabische relativ leicht die Referenzsprache benennen, schon für das Tamazight ist die Frage schwer zu beantworten, aber im Hinblick auf die Sprachen der Roma sind die Ausbaubemühungen noch so bescheiden und neu, dass Verbindungen nicht leicht hergestellt werden können. Auch in Bezug auf die Sprachen der Juden lässt sich nur schwer eine Antwort finden, denn weder das Jiddische noch das Sephardische genießen offizielle Anerkennung in Israel und sind selbst dort bestenfalls (dominierte) Minderheitssprachen. Diese komplizierten Situationen darf man nicht ganz vergessen, wenn man die Existenz der Gruppen in Frankreich verstehen möchte. Deshalb werden auch die Darstellungen im Folgenden weniger einheitlich sein als im vorigen Kapitel.

Alle hier erwähnten Sprachen tauchen in der *liste Cerquiglini* auf, das Judenspanische (in Frankreich meist *judéo-espagnol*) und die Gebärdensprache allerdings erst in der Fassung von 2002 (sie tauchen auch in dem Sammelwerk Cerquiglini 2003 nicht auf). Sie werden hier in der ungefähren Reihenfolge des Auftretens ihrer Sprecher auf dem französischen Boden vorgestellt. Allerdings muss gleich festgestellt werden, dass diese Gruppe sehr heterogen ist; es ist kaum möglich, einen gemeinsamen Nenner für sie zu finden.

5.1 Die Sprachen der jüdischen Bevölkerungsgruppen

Es ist bekannt, dass die Juden sich zwischen 1200 und 1000 v.u.Z. etwa im Gebiet des heutigen Israel (Kanaan, Palästina) als spezifische semitische Gruppe konstituiert hatten, ihr hauptsächliches Abgrenzungsmerkmal gegen die umliegenden Reiche war die Religion. Diese bildet die Grundlage für die verschiedenen Reiche, die immer wieder von stärkeren Nachbarn erobert und deren Bewohner teilweise verschleppt werden. Daher kommt es immer wieder zu Migrationsbewegungen und zur Bildung verschiedener Diasporai. Die letzte dieser Eroberungen erfolgt im Jahr 70 durch den späteren Kaiser Titus; er lässt u. a. den Tempel in Jerusalem zerstören. Die folgende römische Politik provoziert eine umfangreiche Wanderbewegung der Juden vor allem rund um das Mittelmeer, im weiteren Verlauf in die ganze damals bekannte Erde (es gibt etwa alte jüdische Gemeinden in China).

Die jüdischen Bevölkerungsgruppen in Frankreich sind sehr unterschiedlicher Herkunft und zu verschiedenen Zeiten ins Land gekommen. Vereinzelte Ansiedler finden sich in den Städten am Mittelmeer offensichtlich schon gegen Ende des 1. Jahrhunderts, möglicherweise als Folge der Tempelzerstörung durch Titus. Ihre Präsenz leidet unter den Stürmen nach dem Zusammenbruch des Weströmischen Reiches, allerdings findet man sie im Karolingischen Reich und auch danach, vor allem in Städten. Die französischen Könige werden sie allerdings sehr unterschiedlich behandeln und in Krisensituationen immer wieder verfolgen, zuletzt und nahezu vollständig 1394. Auf der anderen Seite werden Juden, wo sie geduldet werden, oft mit Aufgaben beladen, die die Christen nicht übernehmen wollen (etwa dem Geldhandel). Sobald es zu (meist wirtschaftlichen) Krisen kommt, erleiden sie Verfolgung und weichen, soweit möglich, in andere Gebiete aus. Gewöhnlich können die Juden nur durch (religiöse) Assimilation dieser Außenseiterrolle entkommen – das gelingt etwa im Herrschaftsbereich der Katholischen Könige auf der Iberischen Halbinsel im 15. Jahrhundert nur begrenzt – die Assimilierten treten dann in den Darstellungen kaum noch auf; sie gehen in der Menge der Christen unter.

Das Schicksal der Juden im okzitanischen Süden verläuft lange Zeit anders, hier sind sie bis zum Ende des Albigenser-Kreuzzuges und der Annexion der Grafschaft Toulouse an das Königreich 1271 in eine relativ tolerante Gesellschaft integriert, können städtische Ämter übernehmen und ihre Kultur pflegen. Man darf nicht vergessen, dass die *Kabbala*, die jüdische Mystik des 12./13. Jahrhunderts ihren Anfang in den okzitanischen Städten genommen hat, bevor sie auf der Iberischen Halbinsel weiter entwickelt wird (vgl. Nelli 1968, s.v. *judaïsme* und *Kabbale*). Zwar werden die Juden nach 1271 nicht physisch verfolgt wie die Katharer, aber ihr Status wird dem der Juden im restlichen Königreich allmählich angeglichen. Nach 1394 fliehen zunächst viele in die noch unabhängige Provence, vereinzelt auch in das Delfinat (*Dauphiné*), ein Jahrhundert später stehen ihnen nur noch die päpstlichen Gebiete um Avignon und den *Comtat Venaissin* als Ausweichgebiete zur Verfügung. Ein anderes sehr altes Ansiedlungsgebiet von Juden ist die Rheinachse, wo sie ebenfalls seit der Karolingerzeit nachzuweisen sind, hier bildet sich, ungefähr seit dem Jahr 1000, das Jiddische heraus, eine der beiden großen säkularen Sprachen der Juden in Europa; dieses Gebiet gehört bis zur Annexion des Elsasses zwischen 1640 und 1681 durch Frankreich insgesamt zum Heiligen Römischen Reich. Erst danach kommen die elsässischen Juden unter französische Herrschaft.

Allerdings sind die Vertreibungen niemals vollständig, und auf der anderen Seite kommen Juden oder Marranen (Krypto-Juden, die zum Übertritt zum Christentum gezwungen worden waren) aus der Iberischen Halbinsel, vor allem nachdem der König von Portugal 1496 die Vertreibungspolitik der Katholischen Könige in Kastilien und Aragón übernimmt. Bis zur Revolution bleibt ihr Status unsicher; 1791 erhalten alle Juden die Anerkennung als gleichberechtigte Bürger, weshalb sich die überwiegende Mehrheit von ihnen in Frankreich der Revolution anschließt (vgl. etwa Loewe 2006, s.v. *judaïsme français*). Im Jahre 1870 verleiht die Regierung der nationalen Verteidigung durch ihren Justizminister Adolphe Crémieux (1796–1880) allen algerischen Juden, ungefähr 30.000 Personen, das französische Bürgerrecht (auch um das französische Element gegenüber anderen Einwanderern zu stärken). Außerdem wird Frankreich für längere Zeit zu einem Wanderungsziel für zahlreiche Juden aus anderen Gebieten, in denen sie unterdrückt werden. Dabei kommen sowohl Aschkenasen (mit jiddischer Sprache und Kultur) als auch, in kleinerer Zahl, Sepharden (mit judenspanischer Sprache und Kultur) ins Land. Auch Gruppen anderer Herkunft, nach der Unabhängigkeit der Maghrebstaaten vor allem aus Nordafrika, kommen allmählich hinzu. Die verschiedenen Gruppen bringen unterschiedliche Sprachen mit.

Die Attraktivität, die Frankreich im 19. Jahrhundert für Juden hat, sorgt auf der anderen Seite für die Entstehung eines neuen, nicht mehr primär religiösen sondern nun rassischen Antisemitismus, der in Frankreich in der *Affaire Dreyfus* 1894–1906 ihren Höhepunkt findet. Der Prozess gegen den Hauptmann im Generalstab Alfred Dreyfus (1859–1935) wird im Übrigen Theodor Herzl den Anstoß zu seinem Werk *Der Judenstaat* (1896) geben, das fordert, dass sich die Juden als Nation im modernen Sinne konstituieren und ein eigenes Staatsgebiet suchen müssen. Vor allem die von dem provenzalischen Dichter und Publizisten Charles Maurras (1868–1952) geleitete *Action Française* macht den politischen Antisemitismus bis zur Befreiung 1945 zu einem ihrer Hauptthemen und sorgt dafür, dass er nicht aus der politischen Debatte verschwindet und das öffentliche Leben in Frankreich vergiftet. Zwar gibt es nach 1945 eine Unterbrechung, seither kommt es immer wieder zur Bildung antisemitischer Gruppen, die bisweilen militant werden.

Es ist sehr schwierig, die Zahl der jüdischen Einwohner Frankreichs zu schätzen, denn es gibt letztlich drei Kriterien, die angewendet werden können. Auf der einen Seite gibt es gläubige Juden, die sich aufgrund ihrer Religionszugehörigkeit relativ leicht erheben lassen; daneben gibt es zionistische Juden, also solche, die sich primär als Angehörige einer Nation sehen, von denen aber, vor allem in den Anfängen des Zionismus, viele religiös indifferent sind, und schließlich die Assimilierten, die sich ihrer jüdischen Identität nur gelegentlich bewusst werden. Die Zugehörigkeit zu diesen drei Gruppen überschneidet sich nur teilweise. Natürlich haben sie unterschiedliche sprachliche Vorstellungen. Die veröffentlichten Schätzungen über die Zahl der Juden in Frankreich schwanken heute zwischen etwa 400.000 (Fischer Weltalmanach 2013 157) und 700.000 (Loewe 2006, 544); die Schwankungen erklären sich teilweise aus der unterschiedlichen Berücksichtigung der drei erwähnten Subgruppen. Andererseits gibt es eine lebhafte Migration, die immer wieder durch konkrete politische Anlässe belebt wird. Noch immer dürfte der größte Teil der jüdischen Bevölkerung aschkenasischer Herkunft sein, durch die Zuwanderung aus Nordafrika und dem Nahen und Mittleren Osten hat indes die Zahl von Juden sephardischer Herkunft stark zugenommen, eine große dritten Gruppe stammt aus Nordafrika, entstammt dort allerdings nicht den Sepharden, sondern gehört zu dort viel länger ansässigen Gemeinden. In allen diesen Gruppen ist die sprachliche Assimilation groß. Andererseits darf man nicht aus dem Auge lassen, dass für alle Juden traditionell das Hebräische des Alten Testaments die Referenzsprache ist, die sie zwar nicht immer wirklich beherrschen, die aber die sprachliche Idealvorstellung bis ins 20. Jahrhundert herein darstellt.

5.1.1 Jiddisch

Wie bereits gesagt, dürfte das Jiddische ab dem Jahr 1000 längs der Rheinachse entstanden sein als die Sprache der dort ansässigen Juden (vgl. zum Folgenden Baumgarten 1990; Niborski 2003; Aslanov 2011; Astro 2013). Neben einer deutsch-germanischen Grundstruktur enthält es von Beginn an hebräische und aramäische Elemente, im Lexikon wie in der Syntax. Heute unterscheidet man zwei große Zweige, das Westjiddische und das Ostjiddische. Während das erste die (relative) Kontinuität in der Entstehungszone und in angrenzenden Gebieten, bis Böhmen und Norditalien darstellt, ist das Ostjiddische in seinen Varietäten das Produkt einer großen Ostwanderung von jiddischsprachiger Bevölkerung aufgrund der zunehmenden Verfolgungen in Westeuropa. Im späten

Mittelalter und in der Renaissance sind vor allem die Herrscher des damaligen polnisch-litauischen Großreiches bereit, diese Zuwanderer aufzunehmen, die sich in großer Zahl dort niederlassen. Das hat dazu geführt, dass das Ostjiddische starke lexikalische Einflüsse aus den slawischen Sprachen, teilweise auch aus dem Rumänischen, aufweist. Als nun die Lage dieser Bevölkerung, seit das Ansiedlungsgebiet aufgrund der polnischen Teilungen zum russischen Zarenreich gehört, immer prekärer wird, gibt es neuerlich eine massive Westwanderung, besonders in den deutsch- und französischsprachigen Raum. Im 18. Jahrhundert entwickelt sich, vor allem im deutschsprachigen Raum und unter Einfluss der Philosophen Moses Mendelssohn (1728–1786) die jüdische Aufklärung, die *Haskalah*, die sprachlich insofern bedeutsam ist, als sie die sprachliche Assimilation empfiehlt, und somit *auch* die Sprachen aller Gastländer als Sprachen der Juden ansieht. Sie wird von der Orthodoxie bekämpft, dem *Chassidismus*, der die Juden in ihren Traditionen, ihren überkommenen Sprachen und ihren Gebieten halten will.

Das Jiddische wird schon früh geschrieben, gewöhnlich mit hebräischen Lettern (es gibt auch schon im Mittelalter Texte in anderen Sprachen, die mit hebräischen Zeichen geschrieben werden). Die Texte sind vor allem für die gedacht, die das Hebräische nicht lesen können, d.h. für die relativ kleine Zahl nicht alphabetisierter Männer und vor allem für die Frauen. Die Bedeutung des geschriebenen Jiddisch nimmt in dem Maße zu, in dem die Beherrschung des Hebräischen zurückgeht, bzw. in dem dieses aufgrund mangelnden Ausbaues nicht mehr in der Lage ist, alle notwendigen Kommunikationszusammenhänge der modernen Welt zu erfassen. Vor allem der *Bund*, die mächtige laizistische Organisation der jüdischen Arbeiterschaft in ganz Zentral- und Osteuropa, fördert den Ausbau des Jiddischen, das 1908 auf einem großen Kongress in Czernowitz zu einer der nationalen Sprachen der Juden erklärt wird; immerhin zählt die Sprache zu dieser Zeit geschätzte 10 Millionen Sprecher. Der Kongress verleiht auch der Schaffung einer nichtreligiösen Literatur in der Sprache wichtige Impulse. Allerdings wird sie schließlich den Wettlauf gegen die Erneuerung des Hebräischen verlieren, die fast zur gleichen Zeit einsetzt. Als *Iwrit* wird es bei der Gründung Israels 1948 zu dessen offizieller Sprache.

In Frankreich finden sich zum einen traditionell die Sprecher des Westjiddischen, vor allem im Elsass und in Lothringen. Da im Augenblick des Aufkommens der *Haskalah* diese Gebiete bereits unter französischer Herrschaft sind, greift sie weniger als in Deutschland, und die Sprecher bleiben stärker der traditionellen Sprache verhaftet. Erst im 19. Jahrhundert vollziehen sich stärkere Assimilationsbewegungen an das Französische, später gelegentlich auch an das Deutsche. Die große Mehrzahl der Jiddischsprecher in Frankreich verwenden seit dem späteren 19. Jahrhundert das Ostjiddische, da es sich um Einwanderer bzw. Flüchtlinge aus dem Westteil des Zarenreiches (dem so genannten Ansiedlungsrayon), vor allem aus Polen, Galizien und Litauen handelt. Der Zuwanderungsstrom hält auch nach dem Ersten Weltkrieg an, denn viele der neuen bzw. größer gewordenen Staaten von Zentral- und Osteuropa praktizieren innerhalb ihrer Grenzen einen mehr oder weniger offenen Antisemitismus. Neuerlich wachsen die Flüchtlingszahlen nach der so genannten Machtergreifung Hitlers 1933 in Deutschland und 1938 in Österreich. Allerdings ist zu unterscheiden zwischen einer relativ großen Zahl sprachlich und religiös assimilierter Juden, die oft erst von den deutschen Faschisten auf ihre jüdische Identität zurückgeworfen werden, und anderen Gruppen, die erst kurz zuvor aus dem Osten zugewandert sind und sich sehr wohl hauptsächlich des Jiddischen bedienen.

Die Vervielfachung der Zuwanderungsströme macht Paris nach und nach zu einem wichtigen, auch intellektuellen Zentrum des Jiddischen, denn hier konzentrieren sich viele Zuwanderer und schaffen auch zahlreiche kulturelle Organisationen. Eine große Zahl von Periodika entsteht. Frankreichs Niederlage 1940 und das daraus entstehende Vichy-Regime setzen dem ein Ende, indem es einen erheblichen Teil vor allem der Zuwanderer, die nicht über einen französischen Pass verfügen, an Hitler-Deutschland ausliefert; die Zahl der jüdischen Opfer soll sich auf ca. 75.000 belaufen (Loewe 2006, 543). Obwohl in den Jahren nach 1945 der Staat Israel entsteht, ist seine Anziehungskraft für aus Frankreich kommende Juden vergleichsweise gering. Für das Jiddische als Sprache bedrohlicher ist die starke Tendenz zur Assimilation an das Französische. Niborski schätzt die Zahl der aktiven Sprecher um das Jahr 2000 auf nur einige Tausend, allerdings hätten etwa 50.000 Menschen eine gewisse passive Kompetenz (Niborski 2003, 252); sie leben meist in Paris und einigen anderen größeren Städten. Wie rasch die Veränderungen möglicherweise sind, zeigt der Vergleich mit einer nur fünfzehn Jahre früher veröffentlichten Zahl, die von 60.000 bis 80.000 gewohnheitsmäßigen Sprechern und 150.000 Muttersprachlern ausgeht (Ertel 1988, 332). Allerdings: es handelt sich immer nur um Schätzungen. Immerhin scheinen viele Juden das Jiddische als ein Element der kollektiven Identität zu sehen und geben ihm damit eine gewisse symbolische Bedeutung. Neue Sprecher durch Einwanderung kommen heute nur selten hinzu, denn die Migrationsströme aus Osteuropa in den letzten Jahrzehnten sind nur zu einem geringen Teil nach Frankreich gerichtet. Manche Gruppen orthodoxer Juden bewahren das Jiddische als Alltagssprache; ihre Zahl ist insgesamt gering, die Spaltung zwischen säkularem und orthodoxem Judentum sichert ihnen indes gewisse Zuwächse. Es gibt vereinzelt Möglichkeiten zur Erlernung der Sprache, allerdings fast immer nur für Erwachsene, seit 2002 gibt es in Paris eine *Maison de la culture yiddish*, die auch die Bibliothek Medem, die größte jiddischsprachige Bibliothek in Europa beherbergt.

5.1.2   Judenspanisch (Sephardisch, *judéo-espagnol*, *ladino*, *djudyó*, *djudezmo*)

Das Judenspanische (die Bezeichnung kommt von außen, als Eigenbezeichnungen werden heute vor allem *djudyó* und *djudezmo* verwendet) „entsteht" sozusagen mit der Vertreibung der Juden aus Kastilien und Aragón im Jahre 1492. In beiden Königreichen hatten sie bis dahin eine angesehene Stellung, nicht zuletzt aufgrund des toleranten Verhaltens der islamischen Herrscher im Süden der Halbinsel. Mit dem Ende des letzten islamischen Reiches, der Übergabe der Schlüssel von Granada am 2. Januar 1492 an die

Katholischen Könige, endet diese Toleranz: schon wenige Monate danach müssen alle, die sich nicht taufen lassen, das Land verlassen, unter Zurücklassung des größten Teils ihrer Habe, die Zurückbleibenden unterliegen einem Generalverdacht, der die Inquisition zu immer neuen Verfolgungen veranlasst. Auf Hebräisch ist *Sefarad* die Bezeichnung für die Iberische Halbinsel, daher bekommen die flüchtenden Juden, es dürften insgesamt um 200.000 gewesen sein, diese Bezeichnung. Sie nehmen ihre Alltagssprache in die Länder mit, die sie aufnehmen. Meistens sind es Gebiete des Osmanischen Reiches, vor allem in Nordafrika (in Marokko bildet sich eine besondere Varietät des Sephardischen heraus, die *Haquetía*, vgl. Aslanov 2011, 199–212), daneben auch in den großen Städten der heutigen Türkei und Griechenlands, hier vor allem in Saloniki. Sie bleiben bis zu den großen Umwälzungen und Verfolgungen des 20. Jahrhunderts. Einige kommen auch nach Westeuropa, so wird etwa Antwerpen eines ihrer Zentren. Die Einwanderer nach Frankreich sind nicht sehr zahlreich, zunächst kommen sie vor allem aus Portugal, als es die kastilische Politik übernimmt, und lassen sich im Südwesten Frankreichs nieder. Als das Osmanische Reich im späten 19. Jahrhundert immer schwächer wird, ziehen sie in zunehmender Zahl auch nach Frankreich. Die Unabhängigkeit der nordafrikanischen Staaten führt zu einer weiteren Migrationsbewegung, die zwei Ziele kennt, nämlich Frankreich und Israel. Andere Gruppen wandern in die Neue Welt (USA, Mexiko, Argentinien) aus; die Mehrzahl lebt heute dort und in Israel.

Bemerkenswert ist, dass die Sepharden über Jahrhunderte ihre spanische Umgangssprache bewahren (religiöse Sprache bleibt natürlich das Hebräische). Sie bleibt sehr konservativ und kann heute eine gewisse Vorstellung vom Kastilischen vor dem *Siglo de Oro* geben, andererseits nimmt sie natürlich zahlreiche lexikalische Einheiten aus den Nachbarsprachen auf: im Osten sind es vor allem osmanische (türkische) und griechische, im Maghreb gewöhnlich arabische Entlehnungen. Geschrieben wird das Sephardische meist mit hebräischen Zeichen. Dort, wo es mit lateinischen Zeichen transkribiert wird, ist es für einen Sprecher des Spanischen relativ leicht verständlich.

Nachdem die Sepharden vielfach über vier Jahrhunderte nahezu unbehelligt in ihren Aufnahmeländern gelebt haben, wenn auch vielfach von der übrigen Bevölkerung abgesondert, was ihren sprachlichen Konservatismus mit erklärt, werden sie seit der Zeit des zunehmenden Nationalismus immer wieder ausgegliedert und so zu neuen Wanderungen gezwungen. Trauriger Höhepunkt ist die Verfolgung durch den Hitlerismus, die eine große Zahl von ihnen in der Shoah umbringt, sowohl auf dem Balkan und vor allem in Griechenland, als auch in Zufluchtsländern wie Frankreich. Kurz vor dem Ausbruch des Zweiten Weltkrieges wird ihre Zahl in Frankreich auf ca. 60.000 geschätzt, 1950 nur noch auf 20.000 (Bornes Varol/Mavrogiannis 2013, 562). Allerdings scheint der Ersatz des Judenspanischen durch das Französische schon kurz nach der Einwanderung massiv eingesetzt zu haben; dazu trägt die Reputation Frankreichs aufgrund der revolutionären Gleichstellung bei, aber auch die konsequente Politik der *Alliance israélite universelle* (seit 1864), die eine größere Anzahl von Schulen, vor allem im Osmanischen Reich eröffnet, in denen das Französische gelehrt wird und die ihre Schüler auf die Auswanderung vorbereiten sollen; schließlich spielt auch die Erkenntnis der Betroffenen eine Rolle, dass der kommunikative Wert ihrer angestammten Sprache in den neuen Umgebungen bescheiden ist (am ehesten lässt er sich noch in Lateinamerika erkennen). Zwar dient die Sprache bisweilen noch als Verkehrssprache zwischen Familien, deren Mitglieder in verschiedenen Teilen der Erde Zuflucht gefunden haben, aber das ist wohl nur eine vorübergehende Erscheinung.

Erst nach 1968 kommt es zu einer gewissen Renaissance, die sich vor allem mit dem Namen von Haïm Vidal Séphiha (*1923) verbindet, der eine Vereinigung der Sepharden in Frankreich schafft (*Vidas Largas*), in etlichen Publikationen die Gruppe und ihre Sprache vorstellt (H. V. Séphiha 1977, 1986; A. Séphiha 1988), zahlreiche Rundfunksendungen organisiert und die Sprache sogar am *Institut national des langues et civilisations orientales* (INALCO) installieren kann und damit die wissenschaftliche Forschung sichert. Allerdings kann diese öffentliche Wahrnehmung nicht darüber hinwegtäuschen, dass die Sprache als Kommunikationsmittel nur noch eine begrenzte Rolle spielt: die Zahl der Sprecher wird auf wenige hundert eingeschätzt, von denen die meisten betagt sind (Bornes Varol/Mavrogiannis 2013, 564). Die Gruppe erhält kaum Verstärkung durch Zuwanderung.

5.1.3   Andere Sprachen der Juden in Frankreich

Allerdings verwenden die jüdischen Bewohner Frankreichs nicht nur das Jiddische und das Judenspanische. Seit jeher kommt dem *Hebräischen* als religiöser Sprache eine herausragende Rolle mit hohem Binnenprestige zu. Zwar war der Grad der Hebräischkenntnisse im Laufe der Zeit sehr unterschiedlich. Für gelehrte Juden war seine Kenntnis indes immer erstrebenswert, für Rabbiner unabdingbar. Das bedeutet auch, dass es seit dem Beginn der jüdischen Diaspora vor allem eine Sprache der Männer war, für die Jüdinnen spielten die profanen Sprachen wie Jiddisch und Sephardisch eine weitaus größere Rolle. Da es jedoch lange Zeit und bis zum Aufkommen des Zionismus gegen Ende des 19. Jahrhunderts nur für die religiöse Kommunikation verwendet wurde, kam es zu keinem nennenswerten Ausbau der Sprache, die damit folglich auch nicht für die Alltagskommunikation tauglich war. Erst im Zusammenhang mit dem zunehmenden Erfolg des Zionismus, also des jüdischen Nationalismus, stellt sich auch die Frage nach der Sprache der zukünftigen Nation. Während die Linke um den *Bund* den Ausbau des Jiddischen vorsieht (es ist vor allem die Sprache des Proletariats), setzt der Zionismus dann auf das Hebräische. Ihm entsteht in der Person von Elieser Perlman, der sich dann Elieser Ben Yehuda nennt (1858–1922) ein entschlossener Wegbereiter, der die Grundlagen für das heutige Iwrit setzt (vgl. u. a. Weinstein 2003, v. a. 97–110; Aslanov 2011). Erst seine Entschlossenheit und seine anti-jiddische Haltung sorgen für die Durchsetzung des Hebräischen bei der Staatsgründung, obwohl es damals noch (fast) niemandes Sprache ist und von (fast) allen gleichmäßig gelernt werden muss. Im Übrigen verläuft der moderne Ausbau des Hebräischen nicht ohne massive Schwankungen, die heute überwunden scheinen. Vor allem für zionistische Juden in Frankreich ist es heute eine der jüdischen Sprachen mit einer gewissen – wohl auch steigenden – Präsenz.

Die zahlreichen Juden, die in Nordafrika schon vor der Ankunft der Sepharden lebten, sprachen vielfach eine als *judéo-arabe* bezeichnete Sprache (man liest auch *le parler arabe des juifs*), also eine vom Hebräischen beeinflusste Varietät des Arabischen, für die, wenn sie geschrieben wurde, gewöhnlich hebräische Zeichen verwendet wurden. Diese Mischsprache, man wird sie wohl auch einfach als Varietät des nordafrikanischen Arabisch ansehen können, war in ganz Nordafrika weit verbreitet, die Verleihung des Bürgerrechts an die algerischen Juden 1870 bringt sie allerdings in eine schwierige Lage, denn nun wird für sie das Französische zur Zielsprache; diese Neuorientierung wirkt sich bis zu einem gewissen Grade auch auf die Nachbarländer aus. Allerdings wird dieses jüdische Arabisch auch in den Medien verwendet, vor allem in Tunesien gibt es im frühen 20. Jahrhundert zahlreiche Periodika in dieser Sprache. Als jedoch die nordafrikanischen Juden ihre jeweilige Heimat nach der Unabhängigkeit in großer Zahl verlassen, wenden sich die nach Frankreich ziehendem rasch dem Französischen zu. Die Ausgrenzung aus den arabischen Staaten schafft ein zusätzliches Motiv für die Substitution. Zwar wird die Zahl ihrer Sprecher Ende der achtziger Jahre in Frankreich noch auf 150.000 geschätzt (A. Séphiha 1988, 305), die Schätzung scheint indes sehr optimistisch zu sein. Die generationelle Weitergabe der Sprache ist gering, ebenso die Praxis und die kommunikative Bedeutung, daher gibt es wohl keine Einsprachigen mehr, und die Zahl der Zweisprachigen nimmt rapide ab (vgl. auch Aslanov 2011, 212–224). Diese Varietät des Arabischen darf man nicht mit der *Haquetía*, vgl. 5.1.2., verwechseln.

Zwei andere Sprachen der jüdischen Bevölkerung in Frankreich werden da und dort erwähnt, nämlich zunächst das Jüdisch-Provenzalische (*shuadit* oder *shaudit*, von hebräisch *jehudit*), das einen letzten illustren Sprecher in dem Schriftsteller und Philosophen Armand Lunel (1892–1977) hatte. Dabei stellt sich allerdings die Frage, ob man es wirklich als eigene Sprache ansehen kann oder nicht viel eher als eine Varietät des umgebenden Okzitanisch, die, wie zu erwarten, mit Lexikon aus dem Hebräischen angereichert war. Es gibt gar nicht wenige schriftliche Dokumente, die wie üblich in hebräischen Zeichen geschrieben sind (für eine andere Position vgl. Viguier 1988; Astro 2013, 551; für eine vergleichende Darstellung H. V. Séphiha 1988, umfangreiches Material bei Szajkowski 2010). Die andere Sprache ist das *judéo-français* oder *sarphatique*, für das allerdings dieselben Überlegungen gelten müssen. Es gibt zwar auch hier ein geschriebenes Korpus in hebräischen Lettern, ebenso stammen ungefähr 140 Lexeme des Französischen aus dieser Quelle, aber es ist eben (fast) nur ein Französisch in anderem Gewand (dieser Meinung ist hier auch Astro 2013, 551, der wenige Zeilen früher für das *shuadit* eine entgegengesetzte Position vertritt). Auf jeden Fall sind heute beide Varietäten wohl verschwunden.

Natürlich haben Gruppen jüdischer Einwanderer aus anderen Staaten auch andere Sprachen gesprochen, die mithin mindestens für eine Übergangszeit auch zu Sprachen der Juden in Frankreich wurden; dazu gehören etwa das Polnische und das Russische vieler Einwanderer des späten 19. und 20. Jahrhunderts. Eine längerdauernde Rolle haben diese Sprachen – abgesehen von Einzelfällen – indes nicht gespielt.

Die wichtigste Sprache der jüdischen Bevölkerung in Frankreich soll wenigstens erwähnt werden: seit langem ist es das Französische. Die Assimilationstendenzen, denen alle genannten Sprachen unterworfen waren, richteten und richten sich auf die Staatssprache. Vor allem die indifferenten Juden, die sich seit der Revolution vor allem oder ausschließlich als Franzosen fühlen, haben auch das differenzierende Merkmal Sprache abgelegt. Oft genügt eine Generation: die Eltern des Schriftstellers Georges Pérec (1936–1982) waren Einwanderer aus Polen, die zunächst neben Jiddisch und Polnisch kaum Französisch konnten, er selbst hat sich zwar, aufgrund des Todes seiner Eltern in den Kriegsgreueln, Zeit seines Lebens mit der Sprache befasst, sie indes nie ernsthaft beherrscht. Vor allem in der Literatur und im Journalismus zeigt sich, dass das Französische seit langem die weitaus wichtigste Rolle spielt.

5.2 Die Sprachen der Roma

In Frankreich werden unter der diskriminierenden, von außen kommenden Bezeichnung *tziganes* (genau wie die deutsche Bezeichnung *Zigeuner*) und ähnlichen (*bohémiens*, *romanichels*, *gitans* etc.) sehr unterschiedliche Gruppen mit teilweise unterschiedlicher Herkunft und weit auseinandergehenden sprachlichen Praxen bezeichnet. Es gilt, zunächst die Unterschiede herauszuarbeiten. Die übergreifende Selbstbezeichnung der Gruppe ist Roma, in Frankreich meist *r[r]om*. Da allerdings das kollektive Bewusstsein oft auf kleinere Einheiten ausgerichtet ist, trifft man nicht wenige konkurrierende Bezeichnungen. Auch innerhalb der Gesamtgruppe gibt es massive wechselseitige Distanzierungen. Sie rühren teilweise daher, dass die Roma nirgends in Europa wirklich angenommen und in die aufnehmenden Gesellschaften eingegliedert wurden; das führte zu umfangreichen sekundären Wanderungsbewegungen. Die *liste Cerquiglini*, die nur Sprachen erfasst, schlägt zwar das *r[r]omani* (man liest auf Deutsch auch Romanés) für die Liste der *langues de France* vor, geht aber auf die übrigen Unterschiede nicht ein.

Die französische Gesetzgebung verwendet als übergreifende Bezeichnung *gens du voyage* und amalgamiert damit wiederum unterschiedliche Gruppen: neben den Nachfahren der Bevölkerungen, die im ersten Jahrtausend ursprünglich aus (Nord-) Indien nach Westen zogen, auch solche, die (möglicherweise) anderer Herkunft sind, sich aber der umherziehenden Lebensweise der Roma anschlossen/anschließen mussten und sich teilweise an ihre Kultur und Sprache anpassten. Das Romani lässt sich als indoeuropäische Sprache identifizieren, das mit den nordindischen Sprachen genetisch verwandt ist.

Die ersten Belege für das Erscheinen von Gruppen von Roma in Europa gehen auf das 15. Jahrhundert zurück. Wahrscheinlich haben sie um 1100 begonnen, Griechenland, wo sie sich wohl längere Zeit aufhielten, zu verlassen und über den Balkan nach Zentraleuropa zu kommen und in einem anderen Zug über Nordafrika auf die Iberische Halbinsel. Fast zeitgleich wird ihr Erscheinen 1407 in Hildesheim, 1414 in Basel und wenig später 1419 in Mâcon und 1427 in Paris berichtet (Courthiade 2013, 568), 1425 gibt es auch im Königreich Aragón eine erste Urkunde, die einer Gruppe freies Geleit gewährt (Doppelbauer 2012, 59). Sie werden damals *bohémiens* oder *Egyptiens* (davon die heutigen kastilischen und englischen Bezeichnungen) genannt (unter dem letzten Begriff ist die *petite Egypte*, nämlich Griechenland, gemeint und nicht Ägypten). Die zunächst durchaus freundliche Aufnahme ändert sich rasch, bald werden die Zuwanderer überall in Westeuropa ausgegrenzt und verfolgt; nicht zuletzt deshalb müssen sie vielfach ihre nicht sesshafte Lebensweise beibehalten bzw. sie werden vor die Alternative gestellt, entweder diese aufzugeben und sich einem Herrn zu unterwerfen oder des Landes verwiesen zu werden. Der Reichstag von 1496 etwa erklärt sie im Heiligen Römischen Reich für vogelfrei. Es scheint, dass diese ersten Zuwanderer entweder ausgerottet wurden oder mit der übrigen Bevölkerung verschmolzen sind. Es gibt jedenfalls keine wirklichen Spuren mehr von ihnen. In der Folge werden die verschiedenen Gruppen unter diesen widersprüchlichen Zielsetzungen leiden: auf der einen Seite sollen sie sich assimilieren, auf der anderen verschwinden bzw. bei allen kritischen Situationen als Sündenbock dienen. Da sie kaum in die oberen Schichten der jeweiligen Gesellschaften aufgestiegen sind, sind sie für Opferrollen prädestiniert und können sich nur durch Flucht und Ausweichen der Verfolgung entziehen. Da sie sich zum christlichen Glauben bekennen, kann man sie aus religiösen Gründen nicht wirklich verfolgen, Vorwürfe wie Zauberei werden aber noch lange eine Rolle spielen und sind auch in die europäische Literatur eingegangen.

Aus Osten, also vornehmlich aus dem deutschsprachigen Raum und aus Oberitalien, sind immer wieder neue Gruppen nach Frankreich eingesickert, auch von der Iberischen Halbinsel wird mehrfach von Zügen berichtet. Relativ massiv scheint die Einwanderung im Zusammenhang mit dem Deutsch-Französischen Krieg von 1870/71 gewesen zu sein zu sein, danach wieder aus Südosteuropa ab etwa 1960. Dazwischen liegt die Verfolgung durch den Hitlerismus, der die Roma und Sinti (in Deutschland) ebenso vernichten wollte wie die Juden. Derzeit versuchen Gruppen aus den östlichen EU-Staaten, sich in Frankreich niederzulassen, sie werden allerdings, oft im Widerspruch zum europäischen Recht, immer wieder abgeschoben; die Unterschiede zwischen der konservativen Regierung unter dem Präsidenten Sarkozy und der linken Mehrheit unter Präsident Hollande sind beschämend gering. Erst in den allerletzten Jahren versucht die EU, die Wahrnehmung zu verändern. In einer Reihe von Staaten werden die Roma und Sinti mittlerweile offiziell als Minderheit anerkannt, auch das Romani wird teilweise von den Staaten, die die *Europäische Charta* ratifiziert haben, in den Kreis der zu schützenden Sprachen aufgenommen. Allerdings ist die Praxis vielfach noch weit von diesen Prinzipien entfernt.

Die relativ nahe genetische Verwandtschaft des Romani mit mehreren nordindischen Sprachen ist heute offenkundig, trotz der schon langen Trennung der Gruppen. Nach

Courthiade (2003, 232/233) lassen sich heute in Frankreich sprachlich drei Varietäten unterscheiden, nämlich das Romani im engeren Sinne, dessen Sprecher am zahlreichsten seien, das *sinto (péri-rromani)* und schließlich das *kalé (para-rromani)*, bei dem es sich vor allem um katalanische und kastilische Varietäten handelt, die teilweise durch Romani-Vokabular angereichert werden. Er geht von einer Zahl von etwa 300.000 Sprechern aus. Allerdings betonen alle Quellen, dass (nahezu) alle Roma mehrsprachig sind. Nicht zuletzt ist die Sprache ein Identitätsmerkmal, das gilt für Gruppen ebenso wie für einzelne Personen. Zum einen sehen sie die Einsprachigkeit als Einengung an (Williams 1988, 403), zum anderen kann die Kenntnis verschiedener Sprachen auch zur Verstellung dienen, denn die meisten Roma haben das Bewusstsein von Verfolgung tief in sich aufgenommen (Courthiade 2013, 571). Sie fühlen sich leicht von allen Gatsche (nicht-Roma) verfolgt.

Die Marginalisierung der Roma in ganz Europa bringt es mit sich, dass die Sprache lange Zeit kaum schriftlich verwendet wurde, wohingegen die orale Tradition, Dichtung wie Musik, reich und bekannt ist. Daher sind die größten Textkorpora von Forschern gesammelte und transkribierte Texte. Erste Ansätze der Verschriftlichung finden sich in der UdSSR der zwanziger und dreißiger Jahre, allerdings kommen sie von außen und können nicht als sehr geglückt bezeichnet werden. Weitere Versuche der schriftlichen literarischen Kreation stammen in den letzten Jahrzehnten vor allem aus Südosteuropa, dabei werden verschiedene Sprachen verwendet, vielfach die jeweiligen Staatssprachen. Bestrebungen zur Normativierung stehen noch am Anfang, da sie die zahlreichen Varietäten berücksichtigen müssen und nicht an staatlichen Grenzen scheitern sollten. Daher wird das Romani auch nur an wenigen Orten unterrichtet (in Frankreich etwa am *Institut National des langues et civilisations orientales*, in Paris). Der Ausbau der Sprache ist also noch bescheiden (es gibt auch unterschiedliche Ansätze), aber das Bewusstsein der Sprecher ist hoch, deshalb funktioniert die generationelle Weitergabe einigermaßen. Voraussetzung für eine bessere Zukunft der Gruppen und der Sprache wäre ein größerer Respekt für ihre Besonderheiten.

5.3 Maghrebinisches Arabisch

Die oberste Referenznorm des Arabischen ist nach wie vor das Koranarabische, auch als klassisches Arabisch (*arabe littéral*) bezeichnet (vgl. Caubet 2003, 2013). Das stellt das Arabische in mancher Hinsicht vor ähnliche Probleme wie das biblische Hebräisch: es mangelt teilweise an Ausbau für moderne Kommunikationsbedürfnisse. Allerdings haben sich arabische Varietäten kontinuierlich weiterentwickelt, um diesen Bedürfnissen zu genügen, das hat zu unterschiedlichen schriftsprachlichen Traditionen (mit arabischen Zeichen) geführt. Außerdem haben sich aufgrund der Ausdehnung des Sprachgebiets die verschiedenen Sprachformen zum Teil weit auseinander entwickelt; die Interkomprehension ist nicht gesichert. Zu den wichtigen gehören die nordafrikanischen aus Algerien, Tunesien, Marokko, die aufgrund der französischen Kolonialherrschaft seit dem 19. Jahrhundert ein gemeinsames französisches Superstrat haben. Diese Varietäten werden heute unter der Bezeichnung *arabe maghrébin* zusammengefasst (in der ersten Fassung der *liste Cerquigini* stand weniger präzise *arabe dialectal*). Die Bezeichnung impliziert, dass es so etwas wie eine maghrebinische *koinè* gibt; die arabischen Bezeichnungen dafür sind *darija* (in Marokko) und ähnliche. Alle diese umgangssprachlichen Sprachformen haben in ihren Heimatländern einen im besten Falle unsicheren Status, denn die Staaten richten sich offiziell nach der Sprache des Koran aus (obwohl die lokalen Varietäten teilweise, etwa bei dem großen algerischen Autor Kateb Yacine, 1929–1989, literarische Verwendung gefunden haben). Das versetzt die Sprecher, die nur ihre Varietäten beherrschen und oft auch nicht (auf Arabisch) alphabetisiert sind, in eine unklare Situation. Neben den Sprechern des Arabischen gibt es in Nordafrika eine große Zahl von Sprechern der verschiedenen Formen des Berberischen (Tamazight), die vielfach mehrsprachig sind. Darauf wird noch einzugehen sein (vgl. 5.4.)

Der Prozess der Kolonisierung kommt, vor allem in Algerien, wo er seit 1830 am intensivsten ist, einer Zerstörung der bestehenden gesellschaftlichen, kulturellen und politischen Strukturen gleich. Erst allmählich kommt es, nach einer massiven Einwanderung von Franzosen (darunter nach 1871 viele Elsässer) und anderen (Süd-) Europäern schon im 19. Jahrhundert, auch zur umgekehrten Bewegung, nämlich der Migration nach Frankreich. Das Phänomen bekommt Bedeutung, seit Nordafrikaner in immer größerer Zahl als Arbeitsmigranten einwandern und sich auf Dauer in Frankreich niederlassen. Diese Bewegung beginnt mit und nach dem Ersten Weltkrieg, als Frankreich dringend Arbeitskräfte benötigt, sie aber nur eine Zeitlang aufnehmen will, geht dann wieder zurück, um nach dem Zweiten Weltkrieg erneut anzuwachsen. Nach 1945 versuchen viele Nordafrikaner, ihre Familien nachzuholen und sich auf Dauer in Frankreich anzusiedeln; sie werden nun genau beobachtet und beim geringsten Anlass von staatlichen Stellen verfolgt. Nach der Unabhängigkeit Algeriens 1962 kommen die so genannten *Harki*, die auf Seiten der Franzosen gekämpft haben und nun algerische Verfolgung fürchten müssen, als geschlossene Gruppe nach Frankreich, wo sie allerdings kaum integriert werden und lange Zeit in Lagern leben müssen.

Die ersten Einwanderer sprechen gewöhnlich nur ihre Heimatsprache(n), da die Franzosen entgegen der verkündeten zivilisatorischen Mission kaum Schulen für die Einheimischen errichten. Diese Zuwanderer erwerben nur allmählich und unsystematisch Kenntnisse des Französischen. Andererseits ist seine Attraktivität groß, da Arabisch und die Varietäten des Tamazight als dominierte Sprachen nur ein niedriges Prestige haben. So kommt es oft in der zweiten, spätestens in der dritten Generation zum möglichst perfekten Erwerb der Staatssprache, die zudem den einzigen Ausweg aus der sozial unterprivilegierten Stellung der Migranten eröffnet. Die französische Assimilationspolitik trägt ihren Teil dazu bei. Heute ist aufgrund der großen Zahl der Migranten das Spektrum weit offen zwischen völlig Assimilierten, die nur Französisch sprechen (wollen) und solchen, die (fast) nur ihre Herkunftssprache(n) sprechen. Am stärksten beschädigt sind wohl die Menschen, die in keiner Sprache eine hinreichende Kompetenz besitzen, um in einer modernen Gesellschaft konkurrenzfähig zu sein. Andererseits ist es noch immer auch für gut ausgebildete Nachkommen von nordafrikanischen Einwanderern schwierig, Erfolge in der französischen Gesellschaft zu erringen – die sichtbaren Ausnahmen sollten den Blick für den Normalfall nicht verstellen.

Für 2009 geben die Statistiken eine Zahl von 1.622.000 Einwanderern aus diesen Gebieten an (vgl. Kap. 1.), von denen ein großer Teil das maghrebinische Arabisch (auch) spricht; diese Statistiken erfassen aber nur die Einwanderer der ersten Generation. Daher muss man die Zahl der Sprecher deutlich nach oben korrigieren, Caubet spricht von mindestens 3 Millionen Sprechern, möglicherweise bis zu 4 Millionen (Caubet 2013, 583). Aufgrund des Kontakts gleichen diese Sprecher ihre kommunikativen Gewohnheiten aneinander an, so dass manche Beobachter eine spezifisch französische Varietät des Arabischen (Caubet, ibid.) in Entstehung sehen. Für diese Gruppe gelten die folgenden Charakteristika: die Zahl der Einsprachigen nimmt allmählich ab, die Kompetenz in Französisch steigt kontinuierlich. Nur unter den Frauen, vor allem der ersten Generation, sind nicht wenige, die nur über spärliche Französischkenntnisse verfügen. Zum Ausbau der Kompetenz in Französisch trägt bei, dass ein erheblicher Teil der Zuwanderer der ersten, zweiten und dritten Generation das französische Schulsystem durchlaufen hat bzw. durchläuft und viele auch eine Hochschulbildung erwerben. Umgekehrt ist die generationelle Weitergabe des Arabischen (noch) sehr hoch, das hängt nicht zuletzt mit religiösen Gründen zusammen. Allerdings spielt die teilweise Ausgrenzung der nordafrikanischen Zuwanderer aus der französischen Gesellschaft hier auch eine Rolle; sie führt oft zu einer identitären Abgrenzung (wie sie etwa während der Unruhen in den Pariser Vororten im Herbst 2005 virulent geworden sind). Auf der anderen Seite bleiben die Sprecher der zweiten und dritten Generation vielfach Analphabeten in ihrer Herkunftssprache und werden nur auf Französisch durch die Schule alphabetisiert.

Dennoch hat die französische Verwaltung – zumindest während einer gewissen Periode – versucht, das maghrebinische Arabisch zu fördern.

Es gibt in Nordafrika keine schriftsprachlichen Traditionen dieser Varietäten: anerkannte Schriftsprache war vor der Kolonialzeit nur das klassische Arabisch, das von einer relativ kleinen gelehrten Schicht sicher beherrscht wurde (zwar wurden alle Kinder in der Koranschule unterrichtet, aber das ging meist nicht über ein elementares Niveau hinaus). Die maghrebinischen Varietäten wurden allenfalls für praktische Zwecke verwendet und ohne graphisches System notiert. Diese Regellosigkeit bringt es mit sich, dass eventuelle Texte nicht nur mit arabischen Zeichen geschrieben werden, sondern auch mit hebräischen und lateinischen. Natürlich hatte die französische Kolonialherrschaft ein Interesse an der Förderung dieser Entwicklungen, denn sie bedeuten ein Auseinanderdriften der maghrebinischen Varietäten von der übrigen arabischen Welt. Bereits seit Beginn des 20. Jahrhunderts wird das *arabe dialectal* oder *parlé* in manchen Sekundarschulen unterrichtet (als Fremdsprache), nicht wenige Lehrbücher in lateinischen oder arabischen Zeichen zeugen davon (Caubet 2013, 587). Mit der algerischen

Unabhängigkeit endet dieser Unterricht zwar, das Fach *arabe dialectal* bleibt jedoch als Wahlfach für zahlreiche Prüfungen (etwa das *baccalauréat*) erhalten und bekommt so eine gewisse offizielle Konsekration. Viele Kandidaten entdecken dabei, dass man diese „Familiensprache" auch schreiben kann. Der Erfolg ist entsprechend: im Jahr 1999 unterziehen sich knapp 10.000 Kandidaten dieser Prüfung im *baccalauréat*.

Danach ersetzt die *Inspection générale d'arabe* im Erziehungsministerium diese Prüfung durch eine andere, die ausschließlich als *arabe* bezeichnet wird und die Kenntnis der arabischen Schrift voraussetzt. Als Konsequenz fällt die Zahl der Prüfungskandidaten auf etwas mehr als ein Drittel der vorherigen Zahlen (alles nach Caubet 2013, 586–590). Dieses Detail wird hier relativ ausführlich berichtet, weil es zeigt, wie durch einzelne Beschlüsse das sprachliche Profil einer Gruppe – und das Prestige einer Sprache/Varietät – beeinflusst werden können. Natürlich führt die Entscheidung, das maghrebinische Arabisch ohne Kenntnis der arabischen Schrift anzuerkennen, zu einer impliziten Abwertung der klassischen Sprache, auf längere Sicht vielleicht sogar zu einer Fragmentierung der Sprechergruppe, auf der anderen Seite wird durch den umgekehrten Beschluss zwar vielleicht der Wert der klassischen Sprache erhalten, gleichzeitig werden aber für die Betroffenen viele Möglichkeiten abgeschnitten, aus einer bestandenen Prüfung und einer identitären Erkenntnis weiteres Interesse zu erzeugen. Letztlich können solche politisch zu interpretierenden Entscheidungen auch erheblichen Einfluss auf den sozialen Frieden bekommen.

In den Herkunftsländern, offensichtlich vor allem in Marokko, gewinnt die *darija* an Praxis und Anerkennung (vgl. dazu auch Jablonka 2012); teilweise wird sie als identitäres Merkmal einer sich modernisierenden Gesellschaft – in partieller Opposition zum institutionalisierten Staat – angesehen. Außerdem sorgen die modernen Kommunikationsmedien für einen starken Zuwachs der Verwendung der lateinischen Zeichen für arabische Texte auf beiden Seiten des Mittelmeers. Das maghrebinische Arabisch hat zwar, wie Caubet schreibt, noch keine institutionelle Anerkennung, aber es zeigt eine solche Vitalität, dass man von einer „offiziösen" Position sprechen kann (Caubet 2013, 592).

Diese Entwicklungen strahlen auf Frankreich ab – es ist im Übrigen nicht ganz klar, wo sie begonnen haben, denn auch in Frankreich ist das maghrebinische Arabisch in den Medien sehr präsent. Die neueren erziehungspolitischen Maßnahmen in Frankreich haben die Ansätze zur Anerkennung dieser Kommunikationsform gebremst, damit sind auch die bescheidenen Schulversuche zum Stillstand gekommen, die wissenschaftliche Lehre und Beschäftigung beschränkt sich auf wenige Hochschulen. Die Zahl der Sprecher und die mediale Präsenz, ebenso wie die starke generationelle Weitergabe und die zwar abgeschwächte aber doch andauernde Ankunft von neuen Zuwanderern aus diesem Sprachraum lassen vermuten, dass das maghrebinische Arabisch in Frankreich noch für geraume Zeit einei nicht unbedeutende kommunikative Rolle spielen wird.

5.4 Berberisch (Tamazight)

Es ist nicht ganz klar, ob dieser Abschnitt im Singular oder im Plural zu überschreiben ist, denn die Frage, ob von verschiedenen Varietäten oder Sprachen die Rede ist, ist weder von der Wissenschaft noch von der Politik definitiv entschieden; die Einschätzungen schwanken auch in den Nachschlagewerken. Das Berberische (die Bezeichnung kommt von außen, aus dem Arabischen, und hängt mit dem ursprünglich griechischen Begriff der Barbaren zusammen; als Eigenbezeichnung findet man heute meist *Imazighen*) gehört zur hamitischen, heute gewöhnlich als afroasiatisch bezeichneten Sprachgruppe und wird in großen Teilen Nordafrikas gesprochen. Es steht überall in einer Diglossie-Situation mit dem Arabischen, das als Sprache des Korans eine dominante Position einnimmt. Viele Sprecher des Berberischen sind daher zweisprachig. Das Berberische wurde in der vorislamischen Vergangenheit mit Zeichen der Tifinagh-Schrift geschrieben, allerdings ging die Verwendung nach der Islamisierung stark zurück. Das ist einer der Gründe für die Aufsplitterung in verschiedene, teilweise gegenseitig nicht verständliche Varietäten. Die wichtigsten sind Tamazight, Taschelhit (auch *Chleuh*), und Rif (Tarifit) in Marokko, Kabylisch (Taqbaylit) und Schawiya (Taschawit) in Algerien, sowie Tamaschek, die Sprache der Tuareg in der Sahara (Haarmann 2001; Glück ^{4}2010); die Bezeichnung Tamazight wird heute oft als Oberbegriff für die Sprache verwendet (Chaker 2003, 220). Seit dem Ende des Ghadafi-Regimes 2011 werden auch die libyschen Berber wieder sichtbarer. Erst in neuerer Zeit finden, lange Zeit vor allem in der Emigration in Frankreich, seit neuestem auch in den betroffenen Staaten, ernsthafte Normativierungsprozesse statt. Zuvor hat es, insbesondere in Algerien, mehrere Krisen gegeben, so vor allem seit 1980 in der Kabylei, wo die Imazighen-Bevölkerung ihre Rechte eingefordert hat. Seit kurzem haben sowohl Marokko als auch Algerien das Tamazight zu einer nationalen Sprache erklärt (im Niger und in Mali ist das schon länger der Fall), ohne dass diese Statuserhöhung zunächst große praktische Folgen hätte; allerdings scheinen die Bemühungen in Marokko, wo das Problem mindestens die Hälfte der Bevölkerung betrifft, weiter zu gehen als in Algerien. Die Kopräsenz der Sprecher verschiedener Gruppen in der Auswanderung macht diese Aufsplitterungsprozesse in Ansätzen wieder rückgängig.

Bereits kurz nach 1871 kommen erste vereinzelte Imazighen, meist Kabylen, nach Frankreich. Sie weichen auf der einen Seite einer alten Arabisierungspolitik aus, sind auf der anderen Seite auch Objekt von Versuchen der französischen Politik, auf diese Weise einen Keil zwischen die verschiedenen Bevölkerungsgruppen zu treiben. Über lange Zeit stellen die Imazighen einen deutlich überproportionalen Anteil an der Auswanderung nach Frankreich. Allerdings bleiben viele von ihnen lange Zeit ihrer Sprache und Kultur verhaftet und erwerben nur die notwendigsten Französischkenntnisse (Chaker 1988, 151). Für die Zeit um 2000 belaufen sich die Schätzungen auf knapp 1.500.000 Sprecher (Chaker 2003, 224; nachdem er 1988 noch von etwa einer halben Million Sprecher ausgeht, Chaker 1988, 150) in Frankreich, Tendenz steigend (Chaker 2013, 601). Allerdings trägt die französische Seite dem über lange Jahrzehnte hin kaum Rechnung, und das, obwohl Paris schon seit den dreißiger Jahren zum wichtigsten kulturellen Zentrum außerhalb des traditionellen Sprachgebiets wird: das Chanson, aber zunehmend auch das Buch, werden in Frankreich publiziert und treten von dort aus unter Umständen ihren Siegeszug an. Besonders während der Dauer der Unterdrückung in Algerien verlagert sich die kulturelle Produktion nach Frankreich. Allerdings ist die generationelle Weitergabe, vor allem seit den Veränderungen seit Beginn der achtziger Jahre deutlich schwächer als beim maghrebinischen Arabisch, außerdem beschränkt sich die Sprachverwendung mitunter auf relativ wenige Anlässe. Andererseits werden sich nicht wenige Zuwanderer bzw. ihre Nachfahren erst in Frankreich (ähnliches spielt sich in anderen Zuwanderungsländern ab) ihrer sprachlichen und kulturellen Zugehörigkeit bewusst und fordern sie dann militant ein; das gilt nicht zuletzt für Frauen, für die das restriktive Frauenbild der dominanten arabischen Kultur wenig attraktiv ist. Allerdings gibt es unter ihnen auch viele mit geringen Französisch-Kenntnissen.

An einigen französischen Universitäten ist das Berberische seit Beginn der siebziger Jahre vertreten. Seitdem 1995 die bis dahin mündlichen fakultativen Prüfungen beim Abitur in den berberischen Varietäten schriftlich werden, sind die Zahlen rapide angestiegen: 2001 stellen sich über 1800 der Prüfung (Chaker 2003, 225), seit diesem Jahr stabilisieren sich die Zahlen in einer Größenordnung von ca. 2000 (Chaker 2013, 605). Seit dem Ende des staatlichen Monopols auf Rundfunk und Fernsehen 1981 senden verschiedene Radiosender und seit kurzem ein Fernsehsender teilweise Sendungen in den verschiedenen berberischen Varietäten. Ebenso wird noch immer ein erheblicher Teil der (bescheidenen) Buchproduktion in Frankreich verlegt. Es gibt zahlreiche Organisationen, von denen viele auch Sprachunterricht anbieten. Dieses relativ massive Engagement auf nichtöffentlicher Seite lässt für die nahe Zukunft eine Stabilisierung der Sprecherzahl (auf niedrigerem Niveau als oben angegeben) erwarten, auf längere Sicht sind Prognosen kaum möglich.

5.5 (West-) Armenisch

Das Armenische ist eine indoeuropäische Sprache, die seit mehr als 2000 Jahren – die ersten historischen Hinweise gehen noch etwa 500 Jahre weiter zurück (über Details gibt es Meinungsverschiedenheiten) – im Raum zwischen dem Van-See in Ostanatolien und dem Kleinen Kaukasus gesprochen, und etwa seit dem 5. Jahrhundert auch mit einem eigenen Alphabet, das heute aus 38 Zeichen besteht, geschrieben wird (vgl. Eggenstein-Harutunian 2000). Mit dem Beginn des 4. Jahrhunderts übernimmt Armenien die christliche Religion. Die armenische Geschichte ist sehr bewegt und kann hier nicht im Einzelnen referiert werden. Momente der Selbständigkeit wechseln mit Perioden der Abhängigkeit von den verschiedenen Großmächten in der Umgebung. Seit der Ausbreitung des Osmanischen Reiches, also etwa seit dem 15. Jahrhundert, gehört Armenien in dessen Einflusszone, erst später erreicht das Zarenreich den Kaukasus und wird zur konkurrierenden Macht. Eine interne armenische Emigration spielt in Istanbul eine auch politisch bedeutende Rolle, erst mit Aufkommen des jungtürkischen Nationalismus in der zweiten Hälfte des 19. Jahrhunderts kommt es zu zunehmenden Spannungen. Sie enden bekanntlich mit dem versuchten Genozid der Armenier durch die Osmanische Regierung im Ersten Weltkrieg ab 1915. Vor allem in der gebildeten Schicht sind die Opfer zahlreich. Seither wird das Armenische zunächst in der Armenischen Republik (die ursprünglich eine Sowjetrepublik war und 1992 ihre Unabhängigkeit erklärte), daneben von einer großen, fast auf der ganzen Erde verstreuten Diaspora gesprochen.

Im 19. Jahrhundert kommt es zu einer sprachlichen Auseinandersetzung zwischen der innovierenden Emigration in Istanbul und der konservativen Mehrheit im Lande. Daraus resultiert heute die Teilung zwischen dem Westarmenischen der Diaspora und dem konservativeren Ostarmenischen in der Republik und den angrenzenden Zonen (Donabédian 2013, 610). Allerdings sind trotz einiger phonetischer und grammatischer Veränderungen im Westarmenischen (meist Vereinfachungen) die Unterschiede nicht sehr groß: „Schwierigkeiten in der Verständigung gibt es dennoch nicht, es sei denn, man ist seiner Muttersprache Armenisch nicht mächtig" (Eggenstein-Harutunian 2000, 15, vgl. zu einer historischen Übersicht, die auch die Unterschiede zwischen beiden Normen berücksichtigt, Dum-Tragut 2013).

Der Genozid von 1915 steht am Anfang der massiveren Einwanderung von Armeniern nach Frankreich, wenn auch seit dem Mittelalter Kontakte bestehen und sich vereinzelt Armenier in Frankreich niedergelassen haben. Um 1925 seien es gegen 30.000 gewesen (Andresian/Hovanessian 1988, 66), 1937/38 nach offiziellen Schätzungen 68.000, armenische Quellen gehen allerdings von der doppelten Zahl aus (Donabédian 2013, 611). Im Allgemeinen setzt sich auch in der französischen Diaspora das Westarmenische durch; dadurch kann Bernard Cerquiglini es 1999 unter dieser Bezeichnung in seine Liste aufnehmen, um der Regel zu genügen, keine Sprachen aufzuzählen, die an anderer Stelle einen offiziellen Status haben. Die Zahl der Nachkommen dieser Armenier wird 1988 auf 300.000 (Andresian/Hovanessian 1988, 61) geschätzt, von ihnen spricht allerdings nur noch ein Teil die Sprache (Donabédian 2013, 614). Wahrscheinlich verwenden nur noch einige tausend Sprecher die Sprache im Alltag, wohingegen die passive Kompetenz deutlich weiter gestreut sein dürfte.

Die Armenier gelten in Frankreich als das Beispiel einer geglückten Integration, da die Zuwanderer, vor allem in der ersten Zeit, nicht auffallen wollen und da der Staat diese relativ kleine Gruppe zu integrieren versucht: « dès la deuxième génération, ils constituent le type même de la minorité invisible dans l'espace public » (Donabédian 2013, 611). Das impliziert die weitgehende sprachliche Assimilation; die Sprache verschwindet aus dem öffentlichen Raum. Auf längere Sicht endet damit die generationelle Weitergabe weitgehend. Vielen gelingt rasch der soziale Aufstieg, als Beispiele kann man den ehemaligen Ministerpräsidenten Balladur oder den Sänger Charles Aznavour erwähnen. Zwar gibt es nach wie vor ein relativ dichtes Netz von Organisationen, viele von ihnen im Umfeld der armenischen Kirche, die versuchen, die Traditionen zu bewahren. Dazu gehören auch mehrere schulische Einrichtungen, die unter anderem Sprachunterricht erteilen. Derzeit sollen sie von ca. 1300 Schülern besucht werden (Donabédian 2013, 612).

Die praktischen Erleichterungen, die die politischen Veränderungen mit sich gebracht haben, ermöglichen einen größeren Austausch zwischen Armenien und der (nicht nur) französischen Diaspora, sie sorgen auch für Neuankömmlinge in begrenzter Zahl. Außerdem hat die politische Unabhängigkeit zu einer Statuserhöhung der Sprache geführt. Allerdings wird man annehmen müssen, dass sie auf längere Sicht vor allem eine symbolische Bedeutung behält.

5.6 Die französische Gebärdensprache (*LSF*)

In mehrfacher Hinsicht nimmt die französische Gebärdensprache (*langue de signes française*, *LSF*) – wie alle Gebärdensprachen – einen besonderen Platz im Feld der Sprachen ein: sie beruht als einzige nicht auf Lauten sondern auf Gebärden und Mimik, gehorcht also anderen Konstruktionsprinzipien als Lautsprachen (wenn auch das Zeicheninventar und die Kombination der Gesten mit denen von Lautsprachen parallel gesetzt werden können). Sie ist als autochthon zu betrachten, denn offensichtlich entwickeln sich Gebärdensprachen an Ort und Stelle aufgrund eines konkreten Bedarfs; andererseits werden sie über die Generationen weitergegeben und können somit Traditionen bilden. Diese Sprachen existieren in größerer Zahl und bilden auch geographische und andere Varietäten; allerdings scheinen die Gebärdensprachen untereinander ähnlicher zu sein als Lautsprachen; zumindest suggerieren manche Beobachtungen diesen Eindruck. Neuere Forschungen zu den Ursprüngen der menschlichen Kommunikation legen die Vermutung nahe, dass anfangs Gesten und Laute kombiniert wurden, bis die Lautsprachen sich verselbständigten (vgl. etwa Tomasello 2009); das würde die Vermutung nahelegen, dass Laut- und Gebärdensprachen einen gemeinsamen Ursprung haben. Den Gebärdensprachen fehlt indes eine eigene Möglichkeit zur Speicherung von Wissen, wie sie für Lautsprachen in der Schrift existiert (vgl. Glück ^{4}2010, s.v. Gebärdensprache). Das macht sie für die Verwendung als *ausschließliche* Kommunikationsmittel weniger geeignet. Die Anzahl der Gehörlosen wird heute in den reichsten Gesellschaften auf ca. 0,1 % der Bevölkerung geschätzt (Glück ^{4}2010, s.v. Gehörlosigkeit). Die Fortschritte der Medizin bewirken, dass die Zahl der auf Gebärdensprache Angewiesenen tendenziell abnimmt (was von ihren Verteidigern durchaus zwiespältig interpretiert wird); zu den Gehörlosen kommen als (potentielle) Verwender Personen, die in regelmäßigem Kontakt mit ihnen stehen.

Zwar werden Gebärdensprachen schon in der Antike beobachtet, aber die europäischen Gesellschaften haben taube oder taubstumme Menschen lange Zeit als nicht zur Bildung fähig angesehen und daher diskriminiert. Erst in der Aufklärung werden die

Gehörlosen allmählich als bildungsfähig anerkannt. Um diese Möglichkeit in die Wirklichkeit umzusetzen, werden von Anfang an zwei Wege eingeschlagen: die Verwendung der Gebärdensprachen steht im Gegensatz zu den Versuchen, die Gehörlosen durch vom-Munde-Ablesen, Vibrationsempfindungen u.ä. zu Sprechern zu machen. Die Vertreter dieser zweiten Richtung gehen davon aus, dass nur wer in einer hörenden Gesellschaft selbst sprechen und bis zu einem gewissen Grade „hören" kann, wirklich integriert sei. Außerdem sehen sie das Gebärden aus den oben erwähnten Gründen als eine mindere Form der Kommunikation an. Dem steht entgegen, dass Gehörlose oft spontan gebärden und dass sich viele mit dieser Form der Kommunikation identifizieren (sie kommunizieren „anders" und nicht „weniger gut").

Ein weiteres Problem besteht darin, dass die meisten Gehörlosen in einer hörenden Umgebung aufwachsen, die im Allgemeinen die Gebärdensprache nicht beherrscht: für viele ist die Gebärdensprache daher nicht die Erstsprache, was allerdings nicht notwendig Einfluss auf ihre (spätere) Kompetenz hat. Schätzungen gehen heute von ca. 80.000 – 100.000 gehörlosen Sprechern der *LSF* aus und einer etwa gleichgroßen Zahl von hörenden Sprechern. Allerdings liegt nach denselben Quellen die Zahl der Gehörlosen in Frankreich bei ca. 300.000. Wenn diese Zahlen stimmen, bedeutet das, dass viele entweder nicht gebärden können, oder nur gebärdende Familiensprachen verwenden (über die man naturgemäß sehr wenig weiß), oder erst relativ spät und auf Umwegen zur Gebärdensprache kommen (Garcia/Encrevé 2013, 621). Das hat auch historische Gründe.

In Frankreich wird der Abbé Charles-Michel de l'Épée (1712–1789) zum Pionier der Gebärdensprache, die zunächst auch Anerkennung erzielt. Die Revolution übernimmt die von ihm begründete Schule und institutionalisiert diesen Bildungsweg; die folgenden Regierungen setzen diese Politik zunächst fort. Allerdings setzt seit ca. 1860 eine Gegenbewegung ein, durch die die Gehörlosen zum Sprechen gebracht werden sollen. Im September 1880 wird in Mailand ein internationaler Kongress zu dem Problem organisiert, der zur völligen Abwendung von der Gebärdensprache führt. Die französische Regierung folgt – ebenso wie die meisten anderen – der Meinung des Kongresses und sieht die Sprecherziehung als ausschließlichen Weg für die Gehörlosen vor; die Gründe dafür sind mannigfaltig, auch der Gedanke an das Monopol des Französischen spielt eine Rolle. Obwohl die Betroffenen diesen Maßnahmen hinhaltenden Widerstand entgegensetzen, bleiben sie bis 1991 in Kraft; dabei spielen die Fortschritte der Medizin eine gewisse Rolle.

Inzwischen setzt jedoch, zunächst seit den sechziger Jahren des 20. Jahrhunderts vor allem in den USA, die Forschung zum Phänomen der Gebärdensprachen ein, als deren Folge die weitgehende Gleichwertigkeit mit gesprochenen Sprachen konstatiert wird. Wenig später beginnen Gehörlose weltweit in zunehmendem Maße, ihre Rechte einzufordern; sie wollen als (sprachliche) Minderheit angesehen werden, ähnlich wie das zu jener Zeit andere Minderheiten tun. In vielen Staaten entstehen Organisationen der Betroffenen. Die daraus erwachsende gesellschaftliche (zunächst noch nicht staatliche) Institutionalisierung macht auch in Frankreich das Objekt, um das es geht, deutlicher erkennbar: die Bezeichnung *LSF* entsteht, eine gewisse Normativierung der Sprache setzt ein.

1991 wird die *LSF* als lebende Sprache anerkannt, die Eltern erhalten das Recht, zwischen einer französischen und einer zweisprachigen Erziehung zu wählen. 2005 wird die Gebärdensprache gesetzlich als vollgültige Sprache anerkannt, und 2008 wird ihr, zwar nur durch ein Rundschreiben des Erziehungsministeriums, dieselbe Offizialität wie dem Französischen zuerkannt. Dazu hat die Unterstützung der Gebärdensprachen durch die Vereinten Nationen und später die Europäische Union massiv beigetragen (mittlerweile haben die Gebärdensprachen in fast allen EU-Staaten die Kooffizialität mit den jeweiligen Staatssprachen erreicht).

Allerdings beklagen die Spezialisten wie die Betroffenen, dass die Umsetzung nur schleppend erfolgt. Zwar gibt es mittlerweile Hochschulkurse, die eine erstaunliche Attraktivität auch für Hörende haben, aber die Zahl der verfügbaren Dolmetscher wird als bei weitem nicht ausreichend angesehen, und die Zahl der wirklich zweisprachig (*LSF* – Französisch) beschulten Kinder läge bei nur wenigen Prozenten (Garcia/Encrevé 2013, 627). Auf der anderen Seite wird man feststellen, dass die Fortschritte in relativ kurzer Zeit erstaunlich sind, vergleicht man sie etwa mit denen anderer (sprachlicher) Minderheiten in Frankreich.

5.7 Aufgaben

1. Stellen Sie alle Unterschiede zusammen, die zwischen den autochthonen und den „nicht-territorialisierten" Sprachen bestehen.
2. Informieren Sie sich über die *Haskalah*.
3. Suchen Sie nach Texten des Judenspanischen und stellen Sie fest, wo die Sprache heute noch Sprecher hat.
4. Untersuchen Sie, welche Musikgruppen und -richtungen arabische und französische Elemente, nicht nur im Text, zu verbinden suchen.
5. Informieren Sie sich über den Status der Gebärdensprache in Ihrem Staat und vergleichen Sie ihn mit der Situation in Frankreich.

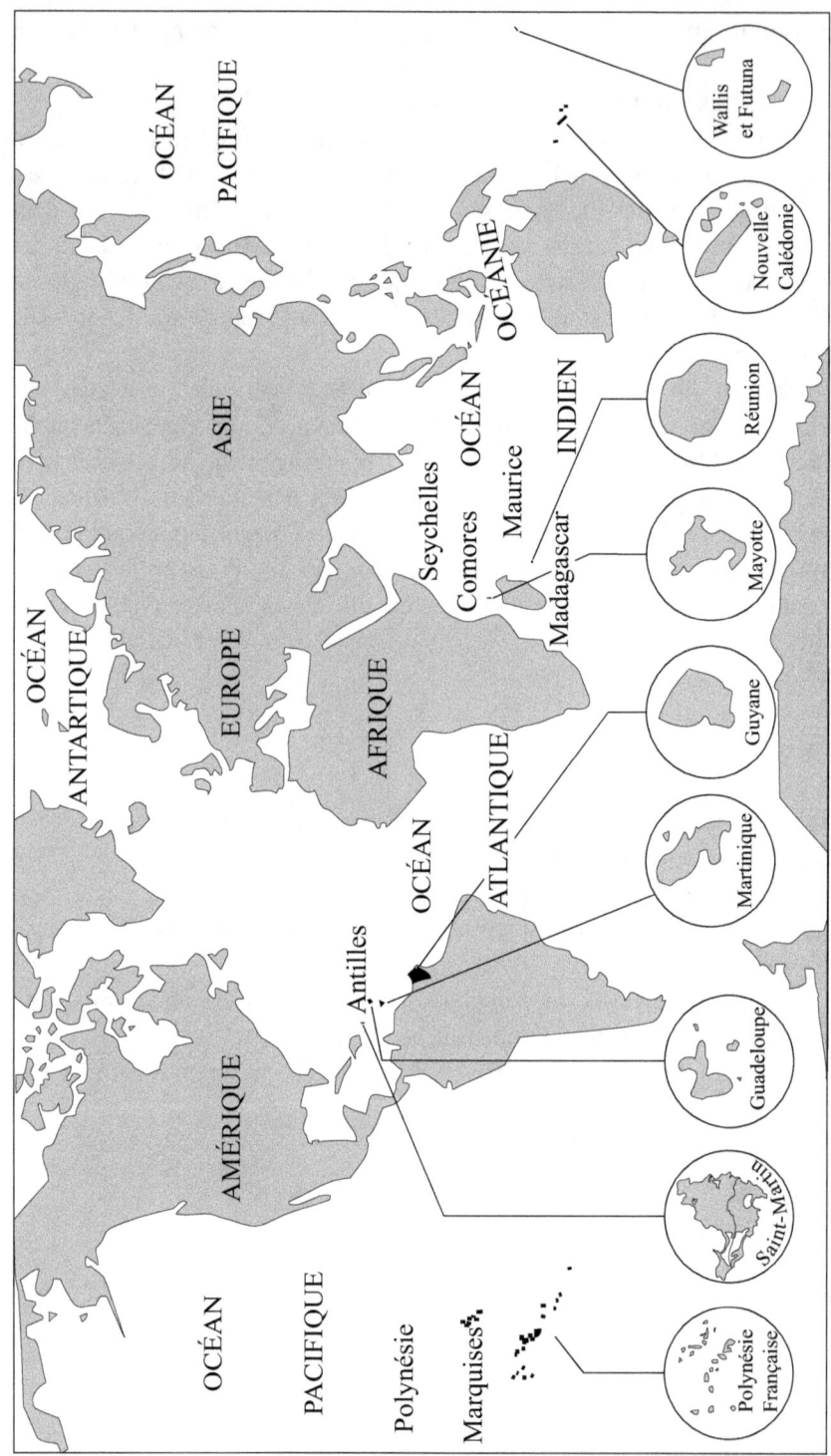

Abb. 2: Die Lage der Überseegebiete (Quelle: www.dglf.culture.gouv.fr/)

6 Ausblick auf die Sprachen der Überseegebiete

Die heutigen französischen Überseegebiete bilden die Reste des ehemaligen kolonialen Imperiums. Dazu gehören die „alten" Überseedepartements (seit 1946) Martinique, Guadeloupe, Guyane und Réunion, die gerade in Regionen umgewandelt werden, das „neue" Überseedepartement (seit 2011) Mayotte, die über etwas mehr politischen Spielraum verfügenden *Territoires d'Outre-Mer*, von denen die wichtigsten Polynesien und Neukaledonien sind. Diese Gebiete – von sehr ungleicher Größe und Bedeutung – verteilen sich auf Zentralamerika, den Indischen Ozean, den Stillen Ozean und den Nordatlantik. Sie sind zu unterschiedlichen Zeiten unter Frankreichs Herrschaft gekommen: die alten Überseedepartements gehören zum ersten, im 17. Jahrhundert eroberten Kolonialreich, die meisten anderen Gebiete kamen im 19. Jahrhundert, während der zweiten kolonialen Expansion Frankreichs, hinzu. Auch im Hinblick auf die Sprecherzahlen sind die Unterschiede groß: während die Kreolsprachen von Hunderttausenden von Sprechern verwendet werden, sind etliche Sprachen vor allem in Guayana, Neu-Kaledonien und Polynesien heute vom Verschwinden bedroht. Die große Zahl der in diesen Gebieten vorkommenden Idiome lässt auch die *liste Cerquiglini* stark anschwellen, obwohl sie nicht alle Sprachen aufnimmt. Immerhin zählt sie 58 von ihnen auf. Aufgrund dieser Zahl wird die Darstellung in der Folge mitunter die Situation in bestimmten Gebieten insgesamt darstellen und nicht immer jede Sprache einzeln aufzählen.

Während diese Sprachen mitunter in ihren ursprünglichen Verwendungsgebieten (noch) eine große Rolle spielen, kommen nur einige von ihnen auch im Mutterland vor, in den Fällen, in denen es eine genügend große Immigration gibt.

Die *collectivité d'Outre-Mer* Saint-Pierre et Miquelon, vor der Südküste von Neufundland, also Kanada, wird nicht besonders erwähnt, da auf ihr, nach allem, was wir wissen, nur das lokale Französisch verwendet wird.

6.1 Französisch basierte Kreolsprachen

Zahlenmäßig spielen sie die wichtigste Rolle, werden sie doch auf Martinique, Guadeloupe, in Guayana und auf Réunion gesprochen. Eine zahlreiche Auswanderung nach Frankreich hat sie auch dort verbreitet. Außerdem werden sie auf anderen Inseln der Kleinen Antillen, vor allem auf St. Lucia, Dominica und Grenada, verwendet, und schließlich ist Kreolisch kooffizielle Sprache in Haiti. Der Titel dieses Unterkapitels mag verwundern und bedarf einer kurzen Erläuterung: lange Zeit sprach man, auch in der Forschung, von *créole(s) français*, wobei vor allem in Frankreich der Status der Kreolsprachen als Sprachen in Frage gestellt wurde, und sie meist nur als eher vulgäre Varietäten des Französischen angesehen wurden; daher wurde vielfach der Begriff *patois* auf sie angewandt. Erst die Fortschritte der in der Mitte des 19. Jahrhunderts allmählich einsetzenden Sprachforschung machten – rund ein Jahrhundert später – deutlich, dass es sich um (im Allgemeinen dominierte) Sprachen handelt, die zwar lexikalisch stark von den jeweiligen dominanten Sprachen beeinflusst sind, sich in ihren grammatischen Strukturen indes deutlich von ihnen unterscheiden; vor allem in der Syntax gehen sie eigene Wege. Die Bedeutung der unterschiedlichen (meist) afrikanischen Substratsprachen ist bis heute umstritten. Es wurde auch deutlich, dass es sich um junge Sprachen handelt, die erst im Zuge des Prozesses der Kolonialisierung allmählich entstanden sind. Daher wurden etwa seit den siebziger Jahren des 20. Jahrhunderts Bezeichnungen wie *créole à base lexicale française* verwendet, welche die Bedeutung der dominanten Sprache relativieren sollten. Zugleich sollten sie die sehr weit gehenden Unterschiede im Hinblick auf die Entstehungstheorien der Sprachen teilweise verdecken. Im Deutschen würde das etwa *Kreolsprachen auf französischer lexikalischer Grundlage* ergeben; angesichts der Umständlichkeit dieser Bezeichnungen hat sich die nicht besonders elegante Bezeichnung „französisch basierte Kreolsprachen" verbreitet. Ich werde sie im Folgenden, wenn nötig, auch verwenden.

Die Erkenntnis, dass es sich bei den Kreolsprachen (das gilt ebenso für diejenigen, die auf einer englischen, niederländischen, spanischen oder portugiesischen Grundlage beruhen) um vergleichsweise junge Sprachen handelt, die erst in der Folge der kolonialen Expansion der europäischen Mächte entstanden, sorgte zum einen dafür, dass sie seit den sechziger Jahren mit im Zentrum des Erkenntnisinteresses der Sprachwissenschaft standen, zum anderen aber auch, dass ähnliche Prozesse, die sich zu anderen historischen Perioden bzw. an anderen Orten abgespielt hatten, vielfach zu wenig berücksichtigt wurden. Das heißt, eine (weitgehend eurozentrische) historische Sichtweise hat meist gegenüber einer stärker typologischen die Oberhand behalten. Die folgende Definition enthält die wichtigsten Aspekte:

> Akzeptabel erscheint mir jedoch lediglich eine *soziolinguistische* Definition: als Kreolisch bezeichnet man eine Sprache, die in einem geographisch und/oder kulturell isolierten Gebiet, in einer multilingualen Gesellschaft mit sozialem Gefälle – wie der Plantagengesellschaft in den Kolonien – durch unvollkommenes Erlernen, Fehlinterpretation und Vereinfachung der Sprache der sozial höheren Schicht durch die sozial niedrigere Schicht entstanden ist. (Bollée 1977, 15)

In der Regel geht der Bildung einer Kreolsprache eine Phase der Pidginisierung voraus, d.h. der Entwicklung einer neuen Sprache als bloße Hilfssprache, ohne dass diese zunächst über muttersprachliche Sprecher verfügt; erst wenn solche auftreten (also in der zweiten Generation), kann man von der Herausbildung einer Kreolsprache sprechen. Manche Forscher bezweifeln, dass die Entwicklung immer so verläuft; sie dürften verkennen, dass die Pidgin-Phase zeitlich sehr kurz sein kann.

Heute stellt kein ernstzunehmender Wissenschaftler mehr in Frage, dass es sich bei den Kreolsprachen aufgrund des sprachlichen Abstandes von den jeweiligen dominanten Sprachen um eigenständige Sprachen handelt, während hinsichtlich Ausbau und Bewusstsein der Sprecher große Differenzen zu verzeichnen sind. So hat etwa das Kreolische von Haiti als kooffizielle Sprache einen durchaus respektablen Grad des Ausbaus erreicht, ähnliches gilt für das Papiamento auf den ABC-Inseln, dagegen sind, nicht zuletzt aufgrund der einsprachigen Konzeption des französischen Staates, die Bemühungen (und damit die Erfolge) in den französischen Überseedepartements deutlich geringer, wenn sich auch in den letzten Jahrzehnten gewisse Fortschritte erkennen lassen.

Eine teilweise sehr polemisch geführte Auseinandersetzung entspann sich ab etwa 1970 um die Frage, ob die verschiedenen französisch basierten Kreols als Varietäten einer einzigen Sprache oder als verschiedene Sprachen anzusehen seien. Dabei standen sich oft Forscher aus den betreffenden Gebieten (*natifs*), also letztlich: Betroffene, und solche aus Europa bzw. den USA, gegenüber, als Hinweis darauf, dass es jenseits der wissenschaftlichen Diskussion auch um die Frage nach dem Verhältnis zum Kolonialismus und zur Entkolonialisierung geht (die gewählten Bezeichnungen für die Sprache/n geben oft Hinweise auf ihre Einstufung bzw. ideologische Vorannahmen). Heute lässt sich folgendes sagen: zwar verraten die (nicht sehr zahlreichen) alten Texte aus den Antillen ursprünglich eine große Nähe der Varietäten zueinander, die historischen Entwicklungen haben jedoch dazu geführt, dass sich manche von ihnen weiter voneinander entfernt haben. So kann man zwar von den auf den Kleinen Antillen gesprochenen Formen als (untereinander leicht verständlichen) Varietäten einer einzigen Sprache sprechen, von denen auf der einen Seite das haitianische Kreolisch etwas weiter entfernt ist, auf der anderen das Kreolische von Guayana. Das (fast nicht mehr gesprochene) Kreolisch von Louisiana ist dem Haitianischen relativ ähnlich. Die französischen Kreolsprachen des Indischen Ozeans – sie werden auf Réunion, Mauritius, den Seychellen und Rodrigues gesprochen – haben gegenüber allen atlantischen Kreols einen größeren strukturellen Abstand, stehen aber untereinander auch historisch – sie haben wohl einen gemeinsamen Ursprung – sehr nahe. Bezogen auf die im heutigen Frankreich gesprochenen Kreols kann man daher folgende Gruppen unterscheiden: die Varietäten der Kleinen Antillen, das mit ihnen in relativ engem Kontakt stehende Kreol von Guayana und das Kreol von Réunion. Natürlich kommen andere Kreols als Sprachen von Immigranten hinzu. Trotz gewisser Unterschiede lässt sich zwischen allen französischen Kreolsprachen leicht eine gegenseitige Verständlichkeit erreichen (ähnlich wie zwischen den verschiedenen skandinavischen Sprachen).

Im Folgenden wird zunächst die Situation auf Martinique ausführlicher dargestellt, danach – unter Vermeidung von Wiederholungen – die in den anderen Gebieten (zur Einführung vgl. immer noch Stein 1984; als neue Synthese Hazaël-Massieux 2011). Die *liste Cerquiglini* zählt vier Kreolsprachen mit vorwiegend aus dem Französischen entlehntem Wortschatz auf. Ein ausführlicheres Eingehen auf die kreolische Emigration in Frankreich und die dortigen, sehr spärlichen, Bemühungen um die Kreolsprachen, würde den Rahmen dieser Einführung sprengen; außerdem ist die Forschungslage in diesem Bereich desolat.

6.1.1 Das Kreolische auf Martinique

Martinique liegt im Zentrum der Kleinen Antillen, hat eine Größe von ca. 1100 km² und eine Bevölkerung von ca. 400.000 Einwohnern; zu diesen kommt allerdings noch eine große, zahlenmäßig kaum zu erfassende Emigration in Frankreich (100.000? 150.000? Oder mehr?). Viele dieser Emigranten verwenden, oft aus identitären Gründen, auch (und bisweilen ostentativ) das Kreolische. Hauptstadt ist Fort-de-France. Nachdem die Insel, Departement seit 1946, seit der Regionalreform von Gaston Defferre 1983 sowohl Region als auch Departement war und die beiden Parlamente, *Conseil Régional* und *Conseil Général*, sich oft gegenseitig paralysiert haben, soll mit Anfang 2014 eine *Assemblée unique* die Entscheidungsfähigkeit steigern. Einwanderer aus anderen Teilen der Antillen, die nicht selten sind, integrieren sich oft zunächst über das ihnen vertraute Kreolische.

Auf seiner vierten Westindien-Reise 1502 streifte und „entdeckte" Columbus die Insel, danach blieb sie weitgehend sich selbst überlassen, da sie – ohne Bodenschätze – nicht genügend Profit versprach. Wahrscheinlich ist sie seit ca. 4000 v.u.Z. besiedelt, etwa seit dem Jahr 1000 werden die schon länger ansässigen Arawak von den Kariben unterworfen; diese nennen die Insel angeblich *Madinina*, die Blumeninsel. 1635 wird sie von dem französischen Abenteurer Pierre Belain d'Esnambuc (1585–1636) besetzt und im Namen der *Compagnie des Iles d'Amérique* verwaltet; 1674 wird sie unmittelbar der Krone unterstellt. Belain d'Esnambuc gründet unter anderem die Stadt Saint-Pierre. Die überlebenden Ureinwohner werden rasch getötet oder auf die Nachbarinsel Dominica vertrieben. Die neuen Herren trachten danach, die Insel nach merkantilistischen Gesichtspunkten rentabel werden zu lassen. Nach relativ kurzer Zeit liegt das Schwergewicht auf dem Anbau und der Verarbeitung von Zuckerrohr. Diese Kultur benötigt viel Kapital und noch mehr Arbeitskräfte. Nachdem zunächst ohne viel Erfolg versucht wurde, das Problem mit *engagés* zu lösen, Menschen aus Frankreich, die sich für einige Jahre verdingten und dann selbst Land erhielten, wird der Bedarf an Arbeitskräften etwa seit Mitte des 17. Jahrhunderts immer mehr durch die Einfuhr von Sklaven aus Afrika gedeckt (die Verschleppung von Sklaven in die „Neue Welt" hatte bereits kurz nach der Eroberung der Neuen Welt um 1520 begonnen). Seit 1685 bildet der *Code Noir* den rechtlichen Rahmen für diese Politik, die die Sklaven zu Objekten degradiert und ihren Herren fast völlig freie Hand über sie lässt. Relativ rasch ist die aus Afrika stammende Bevölkerung zahlreicher als die europäischen Ursprungs, am Vorabend der Revolution sind ca. 90% der Bevölkerung afrikanischer Herkunft. Gewöhnlich werden auf einer Besitzung Angehörige unterschiedlicher afrikanischer Völker zusammen angesiedelt, um einer möglichen Solidarisierung der Unterdrückten zu begegnen. Das führt zu einem Kommunikationsproblem, das relativ rasch zum Entstehen des Kreols beiträgt. Schon im späten 17. Jahrhundert berichten Geistliche, gewöhnlich die einzigen, die über die Situation auf den Inseln schreiben, von einer Sprache, bei der ihnen nur das Lexikon teilweise vertraut ist. Dieses Kreol, das man sich in den Anfängen noch als relativ rasch veränderlich vorstellen muss, wird zunächst zur Sprache der Sklaven. Da ihre Besitzer (auf Martinique werden die reichen Grundbesitzer *békés* genannt) ihre Kinder jedoch gewöhnlich zumindest in den ersten Jahren von Sklavinnen erziehen lassen, sprechen auch sie es und verwenden es vielfach zur Kommunikation (nicht nur) mit den Sklaven. Das Verbot, diesen irgendwelche Erziehung, vor allem Alphabetisierung, angedeihen zu lassen, bewirkt, dass die Sprache fast nur mündlich verwendet wird. Die ersten Texte tauchen erst im späteren 18. Jahrhundert auf, oft als Transkriptionen von Aussagen vor Gericht, dann als religiöse Texte und zu Beginn nur selten als Poesien.

Als 1848 die Sklaven auf Martinique sich definitiv befreien (noch bevor das entsprechende Dekret aus Paris auf der Insel ankommt), ist das Kreolische allgemeine Umgangssprache, nur wer alphabetisiert ist, kann außerdem (mehr oder weniger) Französisch. Dessen Sprecher rekrutieren sich aus der alten Oberschicht, in zunehmendem Maße jedoch auch aus Nachfahren der einstigen Freigelassenen, für die der Erwerb von Bildung der einzige Weg ist, um aus dem sozialen Elend zu entkommen. Mit der Befreiung ändern sich die Funktion und das Prestige des Kreolischen. War es bis dahin das erste Verständigungsmittel aller, wird es nun zunehmend mit dem Stigma belastet, die Sprache der Sklavengesellschaft gewesen zu sein. Der Erwerb des Französischen durch den Einzelnen bedeutet *auch* eine Überwindung dieser Vergangenheit (und ihrer wirtschaftlichen Misere; die Sklavenbefreiung geht ohne wirtschaftliche Begleitmaßnahmen vor sich, nur die ehemaligen Sklavenhalter bekommen eine Entschädigung): es wird, stärker als zuvor, zur Zielsprache. Die einstmals Versklavten verinnerlichen den Kult des Französischen. Praktisch ändert sich zunächst wenig, die Unterrichtsstrukturen werden in der Kolonialzeit nur langsam ausgebaut. Immerhin entsteht neben der Führungsschicht der *békés* eine zweite Elite; sie konstituiert sich aus den farbigen Bürgern, die über Bildung und freie Berufe sich wachsenden Einfluss sichern. Vor allem in den Institutionen spielen sie eine zunehmende Rolle. Lehnen die *békés* das Kreolische nicht unbedingt ab, sondern weisen ihm nur eine untergeordnete Rolle zu, so ist die Gegnerschaft der zweiten Gruppe – aufgrund ihrer Herkunft verständlich – umso strikter. Sie werden von der uniformierenden Politik der Dritten Republik gestützt.

Wirtschaftlich ist das 19. Jahrhundert eine Zeit des langsamen Niederganges, denn die Verbreitung des Rübenzuckers in Europa beraubt die bisherigen Zuckerproduzenten ihres Monopols und macht den Zucker vom Luxus- zum Gebrauchsartikel. Die Sklavenbefreiung nimmt den Zuckerplantagen einen Großteil ihrer Arbeitskräfte (die meisten ehemaligen Sklaven verlassen die Pflanzungen, die für sie das Symbol ihrer früheren Situation sind, und ziehen es vor, an der Peripherie von Subsistenzwirtschaft, als Fischer und/oder Kleinbauern, zu leben). Zwar werden neue Arbeitskräfte rekrutiert – einige Tausend aus Afrika, nur wenige aus China, der Großteil stammt aus Südindien –, da die Weltmarktpreise für Zucker aufgrund der Ausweitung des Angebots tendenziell sinken und die Besitzer auf den Antillen Investitionen scheuen, sinkt die Rentabilität kontinuierlich. Andere wirtschaftliche Aktivitäten können diesen Rückgang nur in geringem Maße auffangen. Die Ankunft von (nicht sehr zahlreichen) Einwanderern aus der (damals osmanischen) Levante kann den Handel etwas beleben. Den neuen Zuwanderern aus Indien werden die untersten Plätze auf der sozialen Leiter zugewiesen; die meisten von ihnen eignen sich zur Integration rasch das Kreolische an, ihre Sprachen verschwinden bald. Nur die chinesischen Einwanderer steigen in größerer Zahl bald in die führenden Schichten auf, da sie sich auf den Handel werfen. Einige Farbige können aufgrund des französischen Erziehungssystems, das immer nach Begabungen sucht, in Frankreich, gewöhnlich in Paris, studieren. Unter ihnen befindet sich Aimé Césaire (1913–2008), der als Lehrer, Schriftsteller, Politiker und einer der Väter der Bewegung der *négritude* zur wichtigsten Persönlichkeit seiner Heimat werden sollte. Auf der anderen Seite bewirkt der Ausbruch des Vulkans *Montagne Pelée*, der sich in unmittelbarer Nähe der Stadt Saint-Pierre befindet, im Mai 1902 den Tod von ca. 29.000 Menschen; die Oberschicht, die sich vor allem in der Hauptstadt niedergelassen hat, ist unter den Opfern überrepräsentiert und verliert daher in der Folge numerisch an Gewicht. Außerdem wird die Hauptstadt nach Fort-de-France verlegt, Saint-Pierre kann nie wieder die alte Bedeutung erringen.

Erst die Niederlage Frankreichs von 1940 und ihre Folgen verändern die Situation allmählich. Während der Herrschaft des Admirals Robert, der sich wie die meisten Kolonialverwalter dem Pétain-Régime anschließt, wächst der Widerstand gegen den nun wieder offen verkündeten Rassismus. Ein Teil der Jugend flieht (meist) auf die Nachbarinsel Dominica, um sich den Truppen de Gaulles anzuschließen, und trägt zur Befreiung Frankreichs bei. Unter diesen befindet sich der spätere Theoretiker des Anti-Kolonialismus, Frantz Fanon (1925–1961). Auf heftigen Druck der Linken entschließt sich die neue Vierte Republik bereits 1946, den kolonialen Status der „alten Kolonien" Martinique, Guadeloupe, Guyane und Réunion aufzuheben und die neue Figur des Überseedepartements (*Département d'Outre-Mer*, *DOM*) zu schaffen. Hinter diesem Schritt ist vor allem der Einfluss Césaires zu spüren, der als Berichterstatter den Gesetzentwurf vor der Nationalversammlung (er ist damals Abgeordneter für die Kommunistische Partei) vertritt. Die Anhänger der Statusänderung erhofften danach eine Angleichung der politischen und vor allem sozialen Strukturen und damit eine spürbare Verbesserung der Lebensbedingungen der Bewohner; sie wollten *Français à part entière* werden, fühlten sich aber, nach einem damals gängigen Wortspiel rasch als *Français entièrement à part*. Vor allem die Umsetzung einer einheitlichen Sozialpolitik sollte Jahrzehnte dauern, auch die Bürgerrechte der *Martiniquais* waren gegenüber denen in Frankreich eingeschränkt. So konnten etwa politisch Missliebige bis Ende der siebziger Jahre ohne Gerichtsurteil verbannt werden, eine Maßnahme, die vor allem Führer der linken Parteien traf. Immerhin führten die neuen Strukturen zur effektiven Umsetzung der allgemeinen Schulpflicht, die nach dem Zweiten Weltkrieg nach und nach greift. Nach französischen Traditionen wird das Kreolische offiziell aus den Klassenzimmern verbannt, übrigens oft mit größerem Nachdruck als in Frankreich. Césaire zieht persönlich bereits nach wenigen Jahren die Konsequenzen, als er seit Ende der fünfziger Jahre an der Spitze des von ihm neugegründeten *Parti Progressiste Martiniquais* eine Autonomieregelung für die

Überseedepartemente fordert. Andererseits bekommen die zahlreichen Arbeitskämpfe nach 1945 vielfach eine politische Komponente, die die noch heute anhaltenden rassischen Diskriminierungen anprangern.

Die Umsetzung der Schulpflicht bedeutet, dass die Zahl der ausschließlich Kreolisch Sprechenden allmählich sinkt; heute sind sie praktisch verschwunden. Eine wichtige Rolle bei der Verbreitung des Französischen kommt dem Rundfunk und etwas später dem Fernsehen zu: nun wird die offizielle Sprache als gesprochene allgemein verbreitet. Die Französischkenntnisse der gesamten Bevölkerung verbessern sich deutlich (noch in den siebziger Jahren waren sie oft prekär, vgl. Kremnitz 1983) und gehen Hand in Hand mit einer Ausweitung des Gebrauchs der Staatssprache. Diese Verschiebung mündet heute in einen langsamen, für den aufmerksamen Beobachter aber spürbaren Substitutionsprozess. Auf der anderen Seite lässt die Zurückdrängung des Kreolischen eine Gegenbewegung entstehen (sicher nicht ohne Einfluss der Regionalbewegung in Frankreich nach 1968). Einige Intellektuelle fordern seit etwa 1970 die Anerkennung des Kreolischen als Sprache; die damals stärker werdende Unabhängigkeitsbewegung schreibt ihm eine wichtige symbolische Rolle zu. Parallel dazu kommt es zu den ersten ernsthaften Bestrebungen zum Ausbau und zur Normativierung der Sprache. Während diese zu Beginn von einer weitgehend einheitlichen Referenzsprache für *alle* französischen Kreolsprachen ausgehen, beschränken sie sich später auf die atlantischen Varietäten. Vor allem eine Gruppe von (meist) muttersprachlichen Sprechern aus Martinique und Guadeloupe hat sich im Rahmen der Vereinigung *GEREC* (*Groupe d'Etudes et de Recherches en Espace Créolophone*, seit 2001 mit dem Zusatz *et Francophone*) seit etwa 1975 um eine Lösung für dieses Problem Verdienste erworben. Der bis heute grundlegendste Beitrag dazu ist Bernabé 1983. Als François Mitterrand nach seiner Wahl zum Präsidenten 1982 den aus Guyane stammenden Arzt und Schriftsteller Bertène Juminer (1927–2003) zum *Recteur* (also zum obersten Beamten des Erziehungssystems) der *Académie Antilles-Guyane* ernennt, kommt Hoffnung im Hinblick auf eine Neubewertung des Kreolischen im öffentlichen Leben (und vor allem im Unterricht) auf, die allerdings schnell wieder erlischt (vgl. zu dem Vorausgehenden u. a. Kremnitz 1983).

Andere Veränderungen tragen zu einer Erneuerung der Kommunikationsbedingungen bei. Der Anbau von Zuckerrohr geht zurück, bis er schließlich nur noch für die Rumgewinnung von Bedeutung ist. Andere tropische Produkte wie Ananas und Bananen können die Ausfälle nur teilweise auffangen, besonders nachdem im Rahmen der EU-Politik die afrikanischen Produkte gestützt werden. Eine Konsequenz ist eine zunehmende, teilweise vom Staat organisierte Emigration von Arbeitskräften nach Frankreich (die teilweise durch die Einwanderung von Franzosen kompensiert wird, was in den achtziger Jahren zu heftigen politischen Spannungen führt), eine andere die zunehmende Bedeutung des Tourismus. Beide Entwicklungen schwächen auf lange Sicht die Rolle des Kreolischen, die zweite verstärkt die Präsenz des Englischen im öffentlichen Raum. Nach der Zeit der Entkolonialisierung zeigt sich, dass die Resultate der Unabhängigkeit nicht immer brillant sind. Vor allem, als seit den siebziger und verstärkt unter Mitterrand seit den achtziger Jahren die Sozialpolitik an die Frankreichs angeglichen wird, verliert die Option Unabhängigkeit an Anziehungskraft. So ist heute das Paradox zu beobachten, dass die Parteien, die die Unabhängigkeit fordern, zwar starke Gruppen in den beiden bisherigen Parlamenten bilden, sie aber alle Abstimmungen über den Status der Insel haushoch verlieren. Aimé Césaire kommentierte dazu bitter: „Die französischen Antillen haben für einen vollen Bauch ihre Seele verkauft" (Gewecke, ²1988, 85).

Als (bescheidener) Fortschritt ist die Schaffung eines *CAPES Créole* seit 2001 zu verzeichnen (sie steht im Zusammenhang mit innenpolitischen Auseinandersetzungen um die 1999 gescheiterte Ratifizierung der *Europäischen Charta der Regional- oder Minderheitensprachen* durch Frankreich, vgl. Kap. 2.3.), das implizit eine Anerkennung der Sprache als Regionalsprache enthält. Allerdings zeigt sich das überall zu beobachtende Phänomen: der Ausbau der Unterrichtsstrukturen liegt weit hinter der gesetzlichen Lage (und dem sozialen Bedarf) zurück (die beiden aktuellsten Studien sind Reutner 2005 und Seiler 2012; zur Haltung der Parteien vgl. Hartl 2013).

Heute lässt sich die Situation etwa folgendermaßen umreißen: wirtschaftlich lebt die Insel in hohem Maße vom Tourismus und von Dienstleistungen (andere Wirtschaftszweige spielen nur bescheidene Rollen), hinzu kommen substantielle Transferleistungen in Form von Sozialhilfe, Familienzuschüssen usw. aus Frankreich. Das lässt die politische und intellektuelle Dependenz (wieder) deutlicher werden. Insgesamt ist die materielle Situation besser als auf Guadeloupe oder in Guyane. Die Präsenz der Staatssprache ist unangefochten, das Kreolische nach wie vor in einer zweitrangigen Position. Die Intellektuellen, die sich für die autochthone Sprache einsetzen, sprechen ohne Ausnahme von einem (langsamen) Prozess der Substitution, sowohl im Hinblick auf die Kompetenz als auch auf die Performanz. Als Positiva sind zu verzeichnen eine heute einigermaßen stabile Referenzform, im Hinblick auf Graphie und auf Grammatik, und eine bemerkbare Präsenz in den Medien – vor allem in Rundfunk und Fernsehen, weniger in der geschriebenen Presse, noch weniger auf dem Buchmarkt. Auch in den neuen Medien scheint das Kreolische oft verwendet zu werden; genauere Untersuchungen fehlen. Eine öffentliche, symbolische Präsenz (Inschriften u.ä.) findet sich fast nur in den Gemeinden, die von Bürgermeistern regiert werden, die sich zur Unabhängigkeit bekennen, heute etwa Rivière-Salée und Sainte-Anne, beide im Süden. Vor allem in Fort-de-France, das seit 1945 von Césaire und seinen Anhängern regiert wird, fehlt im Jahre 2011 das Kreolische im öffentlichen Raum völlig. Immerhin sind die früheren heftigen Auseinandersetzungen einer weniger konfrontativen Sicht der Dinge gewichen. Die katholische Kirche, einst ein Vorkämpfer einer breiteren Verwendung der Sprache, ist heute davon wieder fast ganz abgekommen. In ähnlicher Weise sind auch andere gesellschaftliche Kräfte wieder hinter Positionen zurückgewichen, die sie in der Vergangenheit vertreten haben. Der Charakter des Kreolischen als eigene Sprache wird öffentlich nicht mehr in Zweifel gezogen, seine soziale Relevanz wird allerdings unterschiedlich eingeschätzt. Nachteilig für die Sprache wirkt sich die nach wie vor oft zu bemerkende Gleichsetzung von Verteidigern des Kreolischen und politischen Separatisten aus. Diese

Gleichung, vor vier Jahrzehnten nicht ganz unberechtigt, ist heute nur noch in Teilen richtig. Immerhin „geht" es dem Kreolischen auf Martinique (noch) ungleich besser als den autochthonen Sprachen in Frankreich; allerdings weisen die Indikatoren für die Zukunft zwar in Richtung auf eine Diversifizierung, zugleich aber einen Rückgang seines Gebrauchs.

6.1.2 Das Kreolische auf Guadeloupe

Da zwischen Martinique und Guadeloupe viele Parallelen bestehen, sollen im Folgenden vor allem die Punkte erwähnt werden, in denen sich die beiden Inseln unterscheiden.

Die Region umfasst heute knapp 1700 km², nachdem seit 2007 die kleine Dependance Saint-Barthélemy (knapp 9000 Einwohner) und der kaum größere französische Teil von Saint-Martin (ca. 34.800 Einwohner) zu eigenständigen *collectivités territoriales* erhoben wurden. Auf Saint-Barthélemy, dessen Bewohner überwiegend europäischen Ursprungs sind, wird auch Kreolisch gesprochen, zu Saint-Martin vgl. Kap. 6.3. Der „Archipel" von Guadeloupe, wie man oft sagt, besteht neben den beiden Halbinseln *Basse-Terre* und *Grande-Terre* heute noch administrativ aus folgenden bewohnten Dependancen: den beiden *Saintes*-Inseln, der Insel *Marie-Galante* und der Insel *Désirade*. Administrative Hauptstadt ist Basse-Terre, wirtschaftliches Zentrum Pointe-à-Pitre. Die Einwohnerzahl lag 2010 offiziell bei etwas über 400.000 Einwohnern, Schätzungen zufolge sollen es bis zu 50.000 Bewohner mehr gewesen sein. Ähnlich wie im Falle von Martinique gibt es eine große Anzahl von Emigranten in Frankreich; ihre Zahl lässt sich kaum näher bestimmen. Auch bei ihnen ist die identitäre Herausstellung des Kreolischen nicht selten. Die Unterschiede zum Kreolischen von Martinique sind gering und vor allem lexikalisch.

Columbus streift die Insel, damals *Karukera* (vielleicht: Insel der schönen Wasser) genannt und seit Jahrtausenden bewohnt, bereits auf seiner zweiten Reise 1493, wo er auf abwehrbereite Kariben stößt. Die geringen Aussichten auf Profite lassen der Insel eine Schonfrist am Rande der Eroberung. Sie wird, wie Martinique, 1635 von französischen Freibeutern, in diesem Fall von Charles Liénart de l'Olive und Jean de Plessis erobert, nicht ohne Mühe, denn die Kariben setzen den Eroberern heftigen Widerstand entgegen. Die weitere Entwicklung ist ähnlich der von Martinique, in dessen Schatten Guadeloupe bis zur Departementalisierung 1946 stehen wird. Bereits ab der Mitte des 17. Jahrhunderts wird der Zuckerrohranbau zum wichtigsten Wirtschaftszweig und lässt die Insel – neben dem späteren Haiti und Martinique – zu einer der wichtigsten Quellen des französischen kolonialen Reichtums werden. Daher ist Guadeloupe, vor allem im 18. Jahrhundert, wie die übrigen Kleinen Antillen, heftig zwischen Frankreich und England umstritten, doch bleibt es wie Martinique letztlich in französischem Besitz. Im Unterschied zu Martinique, das damals englisch besetzt ist, wird die erste Erklärung zur Abschaffung der Sklaverei von 1794 auf Guadeloupe effektiv. Im Zuge dieser Auseinandersetzungen wird ein größerer Teil der Sklavenhalter umgebracht; sie können sich danach nicht in dem Maße wieder als herrschende Kaste etablieren wie in Martinique. Die Wiedereinführung der Sklaverei durch Bonaparte 1802 wird umso bitterer empfunden. Im Zuge der Maßnahmen der Revolution von 1848 wird die Sklaverei in allen französischen Besitzungen abgeschafft, die Folge ist, ähnlich wie in Martinique, der Rückzug der befreiten Sklaven in die Subsistenzwirtschaft und ein massiver Mangel an Arbeitskräften auf den schon durch die zunehmende Verbreitung des Rübenzuckers in Krise geratenen Plantagen. Zwar werden auch auf Guadeloupe ausländische Arbeitskräfte, vor allem aus Südindien, eingeführt – ihre zahlenmäßige Bedeutung ist größer als auf der Nachbarinsel –, sie können den wirtschaftlichen Rückgang allenfalls aufhalten. Auch hier wandert eine relativ kleine Gruppe von Syrern und Libanesen ein (sie sind Anfang des 20. Jahrhunderts noch Untertanen des Osmanischen Reiches), die für den Handel große Bedeutung gewinnen. Die sich wiederholenden Krisen führen zu teilweise heftigen Arbeitskämpfen. Diese bekommen häufig, vor allem nach 1945, eine identitäre Komponente: immer wieder kommt es zu Forderungen nach politischer Unabhängigkeit, die teilweise massive Formen annehmen.

Die Umsetzung der Departementalisierung im Jahre 1946 führt bald zu derselben Ernüchterung wie auf Martinique. Da die Einkommen auf Guadeloupe heute noch niedriger sind als auf Martinique, sind soziale Spannungen immer einige Grade härter als auf der Nachbarinsel. Diese Feststellung gilt bis in die Gegenwart.

Auch auf Guadeloupe war das Kreolische bis 1848 die *de facto* für die Kommunikation wichtigste Sprache, erst danach nimmt die praktische Bedeutung des Französischen zu. Auch auf Guadeloupe wird nach 1946 die allgemeine Schulpflicht nach und nach effektiv, der Anteil derer, die nur Kreolisch beherrschen, nimmt ab; heute sind sie wohl völlig verschwunden. Allerdings ist die Rolle des Kreolischen als Umgangssprache, darin stimmen alle Beobachter überein, bis heute größer als auf Martinique. Noch immer trifft man bisweilen auf Schulanfänger, gewöhnlich aus ländlichen Gebieten, die fast keine aktiven Französischkenntnisse haben (ein Phänomen, das auf Martinique heute kaum mehr vorkommt). Auf dem Lande ist das Kreolische nach wie vor die wichtigste Umgangssprache, in nicht wenigen Kommunikationssituationen ist es für die Verständigung fast unumgänglich; wer es nicht beherrscht, wird zum Außenseiter (das ist nicht selten der Fall für die zurückgekommenen Nachkommen von Auswanderern nach Frankreich, die zwar äußerlich wie Autochthone *wirken*, deren mangelnde Sprachkenntnisse sie jedoch aus manchen Situationen ausschließen).

Angesichts der symbolischen Bedeutung, die dem Kreolischen zugewiesen wird, ist es nicht erstaunlich, dass erste Versuche der Verschriftung, Normativierung und des Schulunterrichts vergleichsweise früh (damit ist jetzt nicht die literarische Verwendung gemeint, die seit dem späten 18. Jahrhundert vorkommt, allerdings vielfach aus der Feder von *békés* stammt), vereinzelt schon in den sechziger Jahren, stattgefunden haben. Eine erhebliche Rolle zur Verschriftlichung des Kreolischen hat seit den frühen siebziger Jahren eine Reihe von Comics gespielt. Später werden die Versuche des *GEREC*, das seinen Ursprung in Martinique hatte, mit Aufmerksamkeit verfolgt und vielfach übernommen. Die meisten Schriftsteller, die auf Kreolisch schreiben, haben dieses System übernommen. Die heutige Präsenz in den Medien ist der Situation auf Martinique vergleichbar, allerdings ist die Bedeutung der eigenen Sprache für das kollektive Selbstverständnis massiver als auf der reicheren Nachbarinsel. Auch hier sind die Bestrebungen nach politischer Selbständigkeit wieder stärker in den Hintergrund getreten. Man wird auch für Guadeloupe von deutlichen Indizien für eine sprachliche Substitution sprechen müssen, allerdings ist der Prozess aufgrund der unterschiedlichen sozialen Bedingungen noch nicht so weit fortgeschritten wie auf Martinique, und es scheint auch, dass er sich in gemächlicherem Tempo vollzieht. Eine Einschätzung der zukünftigen Entwicklungen über die allernächste Zeit hinaus ist schwierig (vgl. zu dem hier Gesagten vor allem Hazaël-Massieux 2011, 2013, v. a. 643–652).

6.1.3 Das Kreolische in Guayana

Französisch Guayana ist das weitaus größte der Überseedepartements, und zugleich noch immer das am wenigsten besiedelte: auf ca. 83.500 km² kommen (2010) 229.000 Einwohner, die sich in der Hauptsache auf wenige Zentren konzentrieren (wahrscheinlich kommen mehrere zehntausend illegale Einwanderer hinzu). Seit dem Ende des Zweiten Weltkrieges hat sich die Bevölkerung von ca. 37.000 mehr als versechsfacht, zu einem erheblichen Teil durch Immigration; diese Tendenz hält noch an. War Guayana mit seiner Hauptstadt Cayenne bis 1946 Verbannungsort für verurteilte Verbrecher (auch der Hauptmann Dreyfus musste einst etliche Jahre dort verbringen), so ist es heute zum Zentrum der französischen bzw. europäischen Raumfahrt geworden; die Raketen starten von der Stadt Kourou, die zu einem attraktiven Ort herangewachsen ist. Die massive Einwanderung hat zu einer substantiellen Veränderung der Zusammensetzung der Bevölkerung geführt. Bestand sie noch vor wenigen Jahrzehnten aus einer großen Mehrheit von Kreolischsprachigen, einigen hierher abgeordneten Franzosen, meist Beamten (gewöhnlich wurde eine Versetzung nach Guayana nicht als Beförderung empfunden) und den vor allem in den Amazonas-Wäldern lebenden autochthonen Völkern, so handelt es sich heute um die Koexistenz sehr unterschiedlicher Gruppen: nach glaubwürdigen Schätzungen gibt es ca. 10% aus Frankreich stammende Einwohner, die oft nur Französisch beherrschen, ca. 40% Kreolischsprachige, die meist Nachfahren der früheren Sklaven sind, daneben die amerindische Bevölkerung, sowie die Nachkommen früher geflohener Sklaven (*marrons*), und eine große Zahl von Zuwanderern, die sehr unterschiedliche Sprachen sprechen, neben den Sprachen der Nachbarstaaten auch chinesische Varietäten und das aus Laos stammende Hmong (vgl. Léglise/Lescure/Launey/Migge 2013, 671–673), vgl. Kap. 6.2. Damit hat sich die Rolle des Kreolischen, noch vor zwei Generationen allgemeine Umgangssprache, in kurzer Zeit massiv verändert; heute ist es meist die Sprache der ersten Integration in die aufnehmende Gesellschaft, und damit auch so etwas wie eine *lingua franca* zwischen den verschiedenen koexistierenden Gruppen. Mittlerweile wird es in dieser Rolle relativ bald durch das Französische abgelöst.

Auch in Guayana finden sich erste Spuren menschlicher Besiedlung ab etwa 5000 v.u.Z. Auf seiner dritten Reise streift Kolumbus die Küste im Jahre 1498, die Eroberer interessieren sich jedoch zunächst kaum dafür. Zwar wird das Gebiet 1604 zur französischen Kolonie erklärt (als *France équinoxiale*), aber erst 1643 kann die Stadt Cayenne dauerhaft als Stützpunkt gegründet werden. Die undurchdringlichen Wälder und das Klima bewirken, dass wenige Niederlassungen an der Küste entstehen, das Hinterland bleibt praktisch unberührt; nur vergleichsweise wenige Plantagen, die auf der Arbeitskraft von Sklaven aufbauen, werden gegründet. Während der Revolution von 1789 wird Guayana zum ersten Male zum politischen Verbannungsort für missliebige Politiker, unter dem Zweiten Kaiserreich wird Cayenne mit der Teufelsinsel zum Zentrum der Aufnahme von Verbrechern. Erst 1946 wird der *bagne* geschlossen, die (wenigen) Überlebenden dürfen nach Europa zurückkehren. Im gleichen Jahre erfolgt die Umwandlung der Kolonie zum Überseedepartement, mit den entsprechenden Hoffnungen und Enttäuschungen. Ab den späten sechziger Jahren wird das Streben nach Autonomie, später auch nach Unabhängigkeit, stark, die zunehmende Einwanderung (die Einwanderer suchen nicht politische Selbständigkeit sondern das soziale Netz des französischen Staates) und das allgemeine *désenchantement* über die unabhängig gewordenen Staaten der Umgebung lässt das Pendel wieder stärker zugunsten der Zugehörigkeit zu Frankreich ausschlagen (man darf nicht ganz aus dem Auge lassen, dass vor den sukzessiven Volksabstimmungen in allen Überseedepartements die jeweiligen französischen Regierungen eine recht schamlose Erpressungspolitik betrieben haben). Der Ausbau von Kourou zum Raumfahrtszentrum hat erhebliche Mittel in das Departement gebracht, das so wenigstens eine gewisse, wenn auch sehr ungleiche wirtschaftliche Entwicklung erlebt.

Nach Ansicht mancher Beobachter hat sich das Kreolische in Guayana weniger von den Varietäten wegentwickelt, die in den ältesten Texten überliefert sind, wäre also etwas konservativer als die anderen atlantischen Varietäten (vgl. Hazaël-Massieux 2008; 2013, 660). Die relative Isolation des Gebiets könnte dafür eine Erklärung sein. Immerhin wird dort der erste Roman auf Kreolisch geschrieben, nämlich *Atipa* (1885) von Alfred Parépou (Neuauflagen 1980 und 1987). Nach der Erhebung zum Departement dauert es deutlich länger als in den anderen Departements, bis die allgemeine Schulpflicht greift; das hängt mit dem anfangs geringen Erschließungsgrad des Gebietes zusammen. Erst nach und nach wird sie einigermaßen gewährleistet, dann aber durch die teilweise unkontrollierte Zuwanderung wieder unterlaufen. Da manche Kinder beim Eintritt in die Schule noch gar kein Französisch können, wären teilweise andere Unterrichtsmethoden erforderlich, die sich jedoch (noch) nicht durchgesetzt haben. Die Einführung des *CAPES* hat die Lage nicht wesentlich verändert; auch in Guayana muss man von einem (langsam verlaufenden) Substitutionsprozess ausgehen.

6.1.4 Das Kreolische auf Réunion

Auch Réunion im Indischen Ozean ist mittlerweile Überseedepartement und Region in einem, allerdings unterscheidet die Insel einiges von den kreolischen Gebieten in Amerika. Die Fläche beträgt 2512 km², die Einwohnerzahl wird für 2012 mit über 820.000 angegeben; auch hier kommt eine große Zahl von Migranten in Frankreich hinzu. Hauptstadt ist Saint-Denis.

Im Unterschied zu den anderen Gebieten ist Réunion (wie die Maskarenen im Allgemeinen) unbewohnt, als der portugiesische Seefahrer Pedro de Mascarenhas sie in den ersten Jahren des 16. Jahrhunderts entdeckt. Es sollte auch noch einige Zeit dauern, bis die Insel ab ca. 1640 in mehreren Schritten vom König von Frankreich als Besitz beansprucht wird; sie erhält damals den Namen *Ile Bourbon*, der im Zuge der Revolution verändert wird. Und ebenso kommt es erst allmählich zu einer stärkeren Besiedlung. Diese bleibt zahlenmäßig bescheiden, noch 1674 soll es sich nur um 58 Weiße und 70 Sklaven gehandelt haben. Der Anbau der Pflanzen bleibt vielfältig: nachdem der Kaffeeanbau weniger rentabel wird, kommt es zu einer Diversifizierung, bei der das Zuckerrohr nur eine Komponente unter mehreren ist. Erst im 18. Jahrhundert wächst die Bevölkerung deutlich. Im Unterschied zu den amerikanischen Kolonien kommen die meisten Sklaven im Indischen Ozean aus Madagaskar und aus Mozambique. Das hier wohl erst im frühen 18. Jahrhundert entstehende Kreolisch unterscheidet sich zwar typologisch kaum von denen in Amerika, weist aber einige grammatische Eigentümlichkeiten (im Verbalbereich, bei den Pronomina, in der Syntax) auf, die eine unmittelbare Verständigung erschweren. Die stärker diversifizierte Landwirtschaft hat wohl dafür gesorgt, dass der Anteil der versklavten Bevölkerung auf Réunion nicht so hoch war wie in den anderen Kolonien; hinzu kommt, dass lange Zeit die Koexistenz zwischen Sklavenhaltern und Sklaven, solange die ersten kleine Landwirte waren, enger war, und der sich ausbildende Abstand somit geringer. Erst als auch große Pflanzungen geschaffen werden, entstehen massivere kommunikative Grenzen.

Nach der Sklavenbefreiung 1848 entwickelt sich die Bevölkerung deutlich auseinander: es kommt zunächst zu einer massiven Einwanderung von Tamilen aus Südindien, die die verlassenen Arbeitsplätze auf den Pflanzungen einnehmen sollen, später wandern auch zahlreiche Chinesen, vor allem aus der Gegend von Kanton ein, und schließlich kommen zahlreiche mohammedanische Inder, vor allem aus Gujarat, auf die Insel; außerdem steigt der Anteil der Zuwanderer aus Frankreich kontinuierlich. Diese Entwicklung intensiviert sich in der zweiten Hälfte des 20. Jahrhunderts: noch 1946 wird die Einwohnerzahl mit 209.000 angegeben. Auch auf Réunion bringt die Erhebung der Kolonie zum Departement 1946 zunächst wenige Veränderungen; das Schulwesen beginnt langsamer als auf den Antillen zu greifen. Das lässt das Kreolische vielfach zur *lingua franca* zwischen den verschiedenen Gruppen werden. Erst in den siebziger Jahren beginnt ein bescheidener wirtschaftlicher Aufschwung, teilweise beeinflusst von den Fortschritten der Nachbarstaaten Mauritius und Seychellen.

In den frühen siebziger Jahren beginnt eine intensive Erforschung des Kreolischen auf Réunion. Die Situation ist insofern besonders, als sie nicht von einheimischen, sondern vor französischen Forschern unter der Leitung von Robert Chaudenson (*1937) ausgeht. Chaudenson beginnt mit der Untersuchung des Lexikons (vgl. Chaudenson 1974) und geht von da zur Grammatik und später zur Soziolinguistik über. Er sieht das Kreolische in der Hauptsache als eine Weiterentwicklung des Französischen an. Damit stößt er auf heftigen Widerstand bei vielen einheimischen Forschern, die die Eigenständigkeit des Kreolischen betonen wollen. Immerhin ist unter seinem Einfluss das Kreolische von Réunion genau untersucht worden. Die Statusfrage ist indes zu einem Brennpunkt der Auseinandersetzungen in der Forschung geworden. Das hat sich auf Réunion auch in massiven Streitigkeiten um die Graphie niedergeschlagen, die so teilweise für sehr unterschiedliche politische Konzeptionen stehen mussten und der öffentlichen Präsenz der Sprache sicher nicht genutzt haben (Hazaël-Massieux 2013, 667). Dabei würde ein genaueres Eindringen in die Details wohl manchen Widerspruch erklären: die verschiedenen Kreolsprachen sind nicht unter völlig identischen Bedingungen entstanden (vgl. dazu Bollée 2007). Es dürfte hinzukommen, dass die Ko-Präsenz des Französischen auf Réunion immer stärker war als in Amerika, das hat zu einer relativ weitgehenden *Dekreolisierung* geführt, die typologisch das Kreolische von Réunion etwas näher beim Französischen stehen lässt als die amerikanischen Kreols (die übrigen Kreols des Indischen Ozeans haben diesen Prozess nicht oder nur in Ansätzen mitgemacht).

Die Einführung des *CAPES* hat die grundsätzlichen Probleme nicht gelöst. Die heutige Situation kann daher, wie bei den übrigen Kreolsprachen, allenfalls als zwiespältig angesehen werden: es besteht eine gewisse öffentliche Präsenz (die allerdings immer wieder in Frage gestellt wird), in den meisten Medien und – das ist eine Besonderheit – auch in Buchpublikationen ist die Sprache vertreten, dagegen wird sie von der gedruckten Presse nur schwach angenommen. Die einheimische Politik hat – wie in den anderen Gebieten – das Thema zu wenig als wichtig für die gesellschaftliche Kohäsion erkannt. Auch im Alltagsleben ist sie deutlich präsent, allerdings nicht in einem genügenden Ausmaß, um ihre Fortexistenz über längere Zeit zu gewährleisten (vgl. Hazaël-Massieux 2013, 665–667).

6.2 Sprachen in Französisch Guayana

Wie bereits im Abschnitt über das Kreolische angedeutet, ist die Zahl der in Guayane gesprochenen Sprachen hoch, vor allem in Bezug auf die Einwohnerzahl; der weitaus größte Teil von ihnen taucht in der *liste Cerquiglini* auf. Sie lassen sich in folgende Gruppen aufgliedern: Französisch als offizielle Sprache, das französisch basierte Kreolisch (zu dem aufgrund von Einwanderung Gruppen kommen, die von Hause aus andere französische Kreols sprechen), autochthone Sprachen im engeren Sinne (hiermit sind nur amerindische Sprachen gemeint), andere Kreols, asiatische Sprachen und schließlich europäische Sprachen bzw. ihre örtlichen Varietäten. Die *liste Cerquiglini* erfasst die autochthonen sowie die Kreolsprachen und das aus Laos stammende Hmong. Meist kommen die Sprachen (außer dem Französischen und dem Kreolischen) in unterschiedlichen Teilen des Landes vor, es gibt aber auch zahlreiche geographische Berührungspunkte, daher kommt es zu wechselseitigen Einflüssen.

Französisch und Französisches Kreol: Über diese beiden Sprachen (vgl. zum Kreol 6.1.3.) braucht hier nichts gesagt zu werden, außer dass das örtliche Kreolisch durch Zuwanderer aus Haiti, Martinique, Guadeloupe und St. Lucia eine gewisse Diversifizierung und Anreicherung erfährt. Nach Schätzungen kommt die größte Gruppe der Zuwanderer (wohl um 10%) aus Haiti.

Die autochthonen Sprachen: folgende Sprachen werden in den Darstellungen erwähnt: aus der karibischen Sprachfamilie das Kalin'a und das Wayana, aus der arawakischen Sprachfamilie das Arawak (Selbstbezeichnung der Gruppe Lokono) und das Palikur, aus der Familie der Tupi-Guarani-Sprachen das Wayampi und das Emérillon. Es wird geschätzt, dass die Sprecher dieser Sprachen knapp 5% der Bevölkerung (das wären 10.000 – 12.000 Menschen) ausmachen.

Insgesamt soll das Volk der Kalin'a etwa 20.000 Menschen umfassen, davon leben wohl 4000 in Französisch Guyana, die effektive Sprecherzahl ist jedoch vermutlich deutlich geringer (die übrigen Gruppen leben in Venezuela, Guyana, Surinam und einige wenige in Brasilien). Allerdings ist die Sprecherzahl nach einem Tiefstand Mitte des 19. Jahrhunderts wieder angestiegen. Eine bescheidene Verschriftlichung, einige Schulversuche und eine (magere) Präsenz in den Medien verlangsamen die Substitution etwas; die Kalin'a bevorzugen nicht immer das Französische sondern teilweise auch das Sranan Tongo.

Die Zahl der Wayana-Sprecher soll ca. 800 in Französisch Guyana betragen, allerdings sollen sie ihre Sprache zu nahezu hundert Prozent an die folgende Generation weitergeben. Das Neue Testament wurde in diese Sprache übersetzt, es gibt auch einige Schulversuche.

Das Volk der Arawak oder Lokono soll in Französisch Guyana über knapp 1000 Angehörige verfügen, von denen ein Viertel die Sprache sprechen soll (insgesamt soll die Gruppe ca. 18.000 Sprecher umfassen). Es gibt fast keine schriftliche Verwendung; auch in der Schule scheint die Sprache nicht präsent zu sein.

Die Palikur sollen insgesamt etwa 2000 Menschen sein (die Hälfte davon in Französisch Guyana, die anderen in Brasilien), von denen vielleicht zwei Drittel die Sprache regelmäßig verwenden. Auch hier soll, im Vergleich zu den zwanziger Jahren des 20. Jahrhunderts, eine bescheidene Zunahme der Sprecherzahl erfolgt sein. Man kann eine Substitutionsbewegung einerseits in Richtung auf das Kreolische und andererseits auf das brasilianische Portugiesisch beobachten. Zwar wurde das Neue Testament in das Palikur übersetzt, sonst gibt es fast keine Schriftlichkeit. Seit 2003 gibt es eine bescheidene Präsenz in den Schulen, ebenso in den Medien.

Die Zahl der Wayampi beträgt etwa 1250, davon leben über 700 in Französisch Guyana. Sie alle sprechen ihre Sprache und geben sie auch an die folgende Generation weiter. Es gibt fast keine Schriftlichkeit und keine Präsenz in der Schule.

Die Emérillon (Eigenbezeichnung Teko) sollen etwa 400 sein; sie alle sprechen ihre Sprache und geben sie an die folgende Generation weiter. Praktisch keine Schriftlichkeit und keine Präsenz im Unterrichtswesen.

Andere Kreolsprachen: in Guyane kommen folgende Kreolsprachen mit vor allem englischem Lexikon vor: Aluku, Ndjuka und Paramaka. Diese drei Sprachen werden linguistisch als Varietäten einer Sprache, des Nenge oder Nengee, angesehen. Hinzu kommt das Sranan Tongo (es wird in der *liste Cerquiglini* nicht angeführt), das in Surinam eine der Vehikularsprachen ist. Auch auf lexikalischer Grundlage des Englischen, aber mit teilweiser portugiesischer Relexifizierung, ist das in der Liste erwähnte Saramaka (auch Saamaka). Diese Sprachen werden bisweilen unter der Bezeichnung *Businenge* zusammengefasst. Sie verdanken ihre Existenz Gruppen von geflüchteten Sklaven (*marrons*), die sich nach und nach in den undurchdringlichen Wäldern des Amazonas-Beckens niedergelassen haben. In Französisch Guayana erhielten sie aufgrund des Bürgerkrieges in Surinam um 1980 Verstärkung, als viele Bewohner vor den dortigen unsicheren Verhältnissen flohen. Das hat zu einer massiven Vergrößerung der Sprecherzahlen geführt: vorsichtige Schätzungen um das Jahr 2000 gehen von 14.000 Sprechern des Ndjuka (von insgesamt über 50.000) in Guyane, 6000 des Aluku und ca. 3000 des Paramaka aus. Allerdings scheinen diese Zahlen nach neueren Untersuchungen noch zu niedrig, zumal zusätzliche Sprecher diese Sprachen als Vehikularsprachen verwenden. Die schriftliche Präsenz ist gering, auch in den Medien findet man die Sprachen nur wenig, und Schulversuche fehlen weitgehend. Das Sranan Tongo wird im Westen, an der Grenze zu Surinam, von einer kleinen Zahl von Sprechern verwendet. Größere Bedeutung hat wiederum das Saramaka, das auch vor allem im Westen vorkommt und knapp 15.000 Sprecher in Guyane zählen soll (dazu kommen rund 36.000 in Surinam und den Niederlanden). Zwar gibt es eine Übersetzung des Neuen Testaments, aber sonst ist die schriftliche Verwendung gering. Es scheint eine regelmäßige Rundfunksendung von wenigen Minuten zu geben, aber keine schulische Präsenz.

Insgesamt spielen diese Sprachen zahlenmäßig eine größere Rolle als die autochthonen Sprachen, vor allem ihre Verwendung als Verkehrssprachen zwischen den verschiedenen Sprechergruppen lässt ihre Existenz derzeit als relativ wenig bedroht erscheinen.

Asiatische Sprachen: das Hmong (oder Méo) wurde gegen Ende des letzten Indochina-Krieges nach Guyane verpflanzt, als Angehörige dieses Volkes, das in Laos, Thailand und Südchina lebt, hierher umgesiedelt wurden, da sie sich nicht rechtzeitig den Siegern des Krieges angeschlossen hatten. Das Hmong ist eine isolierende Sprache; es wird von 2000 – 3000 Menschen in Guyana gesprochen. Sie leben in wenigen Dörfern, das sorgt (noch) für eine relativ konsequente Weitergabe der Sprache an die folgende Generation. Da eine zahlreiche Diaspora vor allem in Frankreich, den USA und Argentinien lebt, gibt es eine gewisse Schriftlichkeit (auch eine weitgehend akzeptierte schriftliche Referenzsprache). Die Sprache wird in den örtlichen Schulen zur Alphabetisierung verwendet. Daneben gibt es nicht wenige Sprecher des Chinesischen in Guyane (7000?), die meisten sprechen die südchinesische Varietät *Hakka*. Viele von ihnen beherrschen auch die Hochsprache *Putonghua* wenigstens bis zu einem gewissen Grade (vgl. auch Kap. 7.7.).

Europäische Sprachen: neben dem Französischen spielen vor allem das brasilianische Portugiesisch, das Englische (gewöhnlich in der Varietät von Guyana), meist als Verkehrssprachen eine gewisse Rolle, in geringerem Maße auch das Niederländische und das Spanische (vgl. für diesen Abschnitt v. a. IRD-CNRS-CELIA, 2003 und Léglise/Lescure/Launey/Migge 2013).

Natürlich wirkt sich eine solche Sprachenvielfalt angesichts einer relativ geringen Bevölkerung zugunsten der stärksten Sprache aus. Hätten Schule und Medien schon früher einen größeren Einfluss gehabt, so hätte sich vermutlich das Französische mittlerweile weitgehend durchgesetzt. Es bleibt abzuwarten, ob eine weniger assimilierende Politik wenigstens einem Teil der derzeit gesprochenen Sprachen eine Funktion für die Zukunft zuweist.

6.3 Saint-Martin

Der französische Teil der Insel (53 km²), die zu den (nördlichen) Kleinen Antillen gehört, war vom 17. Jahrhundert bis 2007 administrativ ein Teil von Guadeloupe, seither bildet er eine eigene *Collectivité d'Outre-Mer*. Der Aufschwung der Insel begann erst in den sechziger Jahren des zwanzigsten Jahrhunderts mit der Entwicklung des Tourismus. Binnen kurzer Zeit schnellte die Einwohnerzahl von 4000 im Jahre 1962 auf fast 37.000 im Jahre 2009 empor, vor allem dank massiver Einwanderung. Offizielle Sprache ist natürlich das Französische, daneben spielt heute vor allem das Englische eine Rolle. Aufgrund der Zuwanderung sind auch die kreolischen Varietäten von Haiti und Guadeloupe vertreten sowie das Spanische der Dominikanischen Republik. Eine gewisse Rolle kommt auch dem Niederländischen als der offiziellen Sprache der anderen Inselhälfte zu. Natürlich bleibt abzuwarten, wie lange der touristische Boom sich fortsetzen kann.

6.4 Zu den Sprachen in Neu-Kaledonien

Die Inseln, die Neu-Kaledonien bilden, liegen östlich von Australien und nördlich von Neuseeland im Stillen Ozean. Nachdem der Archipel 1774 von James Cook entdeckt wurde, wurde er 1853 von Frankreich besetzt. 1864–1896 diente er als Strafkolonie, seit 1946 war Neu-Kaledonien zunächst *Territoire d'Outre-Mer*, seit 2003 hat es einen besonderen Status, eine Volksabstimmung über die Unabhängigkeit ist für 2018 vorgesehen. Seit dem Ende des Zweiten Weltkrieges hat es wiederholt heftige Auseinandersetzungen um den politischen Status gegeben. Denn seit den sechziger Jahren des 20. Jahrhunderts wird in großem Maße Nickel abgebaut, was den Wert des Gebiets in die Höhe getrieben und eine massive Einwanderung hervorgerufen hat. Hauptstadt ist Nouméa. Die Inseln haben zusammen eine Oberfläche von ca. 19.000 km², auf denen 2009 ca. 245.000 Menschen lebten, von denen etwa 90.000 autochthone Kanaken waren. Von diesen wiederum sollen um die 70.000 die 28 einheimischen Sprachen sprechen. Ihnen steht hauptsächlich eine große Gruppe von (ca. 70.000?) Französischstämmigen gegenüber, die als *Caldoches* bezeichnet werden. In der Vergangenheit gab es vor allem zwischen diesen beiden Gruppen heftige Spannungen.

Wie überall ist Französisch die einzige offizielle Sprache, in der Vergangenheit wurden die einheimischen Sprachen teilweise unterdrückt und weitgehend aus dem Erziehungswesen vertrieben. Die entsprechenden Dekrete wurden erst 1984 außer Kraft gesetzt. Mittlerweile genießen die Sprachen eine teilweise Anerkennung. Zusätzlich leben auf den Inseln größere Gruppen von (polynesischen) Wallisiens und Futuniens (sie werden insgesamt auf etwas über 20.000 geschätzt, vgl. Kap. 6.6.), Polynesier aus Tahiti, Vanuatuer und Vietnamesen, Indonesier und Chinesen; es ist folglich anzunehmen, dass die jeweiligen Sprachen eine gewisse Verbreitung auf den Inseln haben.

Die autochthonen Sprachen (sie werden im französischen Sprachgebrauch als kanakische Sprachen bezeichnet) gehören zur ozeanischen Untergruppe der austronesischen Sprachen (vgl. Glück ^{4}2010). Die starke sprachliche Zersplitterung wird zum einen damit begründet, dass die ursprünglichen Bewohner schon sehr lange auf den Inseln ansässig sind (gewöhnlich wird eine Kontinuität von mehr als 3000 Jahren angenommen), zum anderen durch die Fragmentierung der traditionellen Gesellschaft in zahlreiche kleine Einheiten. Die Sprachen sind wohl aus einer einzigen ursprünglichen Sprache hervorgegangen, die langen Zeiträume und relativ geringe Kontakte haben eine massive Auseinanderentwicklung bewirkt. Die Sprachen werden von kleinen Gemeinschaften gesprochen; sie sind teilweise noch in (geographische) Varietäten untergliedert. Die Unterscheidung zwischen Sprache und Varietät ist nicht immer einfach. Im Prinzip besteht eine geographische Differenzierung: die Inseln sind in acht *aires coutumières* (Traditionsgebiete) aufgegliedert, in denen jeweils mehrere Sprachen in geographischer Distribution gesprochen werden. Naturgemäß sind die einzelnen Sprechergruppen klein. Die meisten Bewohner sprechen (neben dem Französischen) mehr als eine autochthone Sprache.

Die *liste Cerquiglini* verzeichnet die folgenden 28 Sprachen: Nyelâyu, Kumak, Caac, Yaga, Jawe, Nemi, Fwâi, Pije, Pwaamei, Pwapwâ, Sprache von Voh-Koné [für die verschiedenen Varietäten dieser Sprache existiert noch kein autochthoner Oberbegriff], Cèmuhî, Paicî, Ajië, Arhâ, Arhö, Ôrôê, Neku, Sîchë, Tîrî, Xârâcùù, Xârâgurè, Drubéa, Numèè, Nengone, Drehu, Iaai, Fagauvea (dabei handelt es sich um eine polynesische Sprache). Von diesen wurden, wieder nach den Angaben der *liste*, Paicî, Ajië, Drehu und Nengone, in das Unterrichtswesen aufgenommen und sind Wahlfächer in der Reifeprüfung. Die Angaben über die Sprecherzahlen schwanken zwischen 10 (für das Arhö) und 17.000 (Drehu).

Die generationelle Weitergabe der Sprachen ist uneinheitlich. Nur dort, wo die familiären Strukturen intakt sind und die geographische Nähe eine gewisse Stabilität vermittelt, ist sie recht gut. Immerhin haben die Sprachen eine erhebliche symbolische Bedeutung für ihre Sprecher. Der geringe Umfang der Sprechergruppen macht andererseits den Rückgriff auf Vehikularsprachen, in erster Linie das Französische, unerlässlich.

Aufgrund der protestantischen Mission, die einst vor allem von englischen Missionaren betrieben wurde (sie wurden nach und nach von der französischen Kolonialverwaltung vertrieben), kam es schon früh zum schriftlichen Gebrauch einiger autochthoner Sprachen. Daher gibt es ein gewisses Schriftkorpus in diesen Sprachen, teilweise auch (mehr oder weniger befolgte) Referenzformen, allerdings ist die Produktion, angesichts der Sprecherzahlen verständlich, bescheiden. Seit dem Abkommen von Nouméa von 1998 sind die kanakischen Sprachen, zusammen mit dem Französischen, als Unterrichts- und Kultursprachen vorgesehen. Im Anschluss an diese Bestimmung kam es zur Errichtung spezifischer Studiengänge, allerdings sind die Fortschritte recht langsam, zumal es auch Widerstände (gewöhnlich nicht von den Betroffenen) gegen diese Bestimmungen gibt. Daneben gibt es eine Reihe von Organisationen, die sich der Verteidigung der kanakischen Sprachen und Kulturen widmen (vgl. Rivierre/Ozanne-Rivierre/Moyse-Faurie/Bril 2003; Bril 2013).

Trotz einer gewissen Anerkennung in jüngster Zeit und eines darauf folgenden Aufschwunges wird der aufmerksame Beobachter erkennen, dass diese Sprachen sich alle in einer prekären Situation befinden. Zum einen sind ihre Sprecherzahlen gering, die Bemühungen um Sprachausbau sehr uneinheitlich und daher die Möglichkeiten zur Kommunikation begrenzt. Das heißt, dass auch die Möglichkeiten für eine fördernde Sprachenpolitik nicht groß sind. Auf der anderen Seite wird den einzelnen Sprachen in den jeweiligen Sprechergruppen eine erhebliche symbolische Bedeutung zugemessen, das erhöht ihre Aussichten für die Zukunft. Vor allem das stark gestiegene kollektive Bewusstsein der autochthonen Bevölkerung hat für diese Wiederaufwertung große Bedeutung gehabt. Die Zukunft, auch der Sprachen, wird in erheblichem Maße von der für 2018 geplanten Volksabstimmung abhängen: im Falle einer Unabhängigkeit ist, schon aus identitären Gründen, eher mit einer sprachfördernden Politik zu rechnen. Wie weit sie gehen könnte, ist nicht abzusehen. Allerdings ist anzunehmen, dass auf längere Sicht die einheimischen Sprachen eher in symbolischer als in kommunikativer Funktion weiter existieren werden. Denn es ist kaum anzunehmen, dass eine Einigung auf *eine* der Sprachen als gemeinsames Kommunikationsmedium erreicht werden kann.

6.5 Sprachen in Französisch-Polynesien

Die Inseln, die zusammen Französisch-Polynesien bilden, liegen ca. 6000 km östlich von Australien im Stillen Ozean. Die Gesamtoberfläche beträgt knapp 4200 km², die von ca. 268.000 Menschen (2012) bewohnt werden. Hauptstadt ist Papeete auf Tahiti. Die Inseln wurden ab ca. 300 von einer aus Südostasien auf vielen langen Etappen zugewanderten Bevölkerung besiedelt. Die von ihr gesprochenen Sprachen gehören zum östlichen Zweig der polynesischen Sprachen, die ihrerseits zu den ozeanischen Sprachen zählen.

Zwar berühren europäische Seefahrer einzelne Inseln schon seit dem frühen 16. Jahrhundert, es bleibt jedoch bei sporadischen Kontakten. Erst ab der zweiten Hälfte des 18. Jahrhunderts intensivieren sie sich, mit katastrophalen Folgen für die einheimische Bevölkerung, die durch ihr bis dahin unbekannte Krankheiten dezimiert wird. Dieser Trend kann erst im Laufe des 20. Jahrhunderts wieder umgekehrt werden. Im 19. Jahrhundert werden die ursprünglichen Bewohner, hauptsächlich von englischen Missionaren, für den Protestantismus gewonnen; noch heute bekennen sie sich mehrheitlich zu verschiedenen Spielarten davon. Daher werden die autochthonen Sprachen relativ früh verschriftlicht, ihr Prestige wird durch Übersetzungen des Neuen Testaments gestärkt. Ab 1842 werden nach und nach die verschiedenen Teile dessen, was heute als eine politische Einheit gesehen wird, unter französisches Protektorat gestellt, teilweise nach Auseinandersetzungen mit Großbritannien, 1880–1957 sind die *Etablissements français de l'Océanie* direkte Kolonie (ab 1946 als *Territoire d'Outre-Mer*), nach verschiedenen Statusveränderungen besitzt Französisch-Polynesien seit 1996 eine relativ weitgehende Autonomie, seit 2003 unter der nur hier verwendeten Bezeichnung *Pays d'Outre-Mer*. Die relative Beweglichkeit in Statusfragen erklärt sich zum Teil durch eine zeitweise starke Unabhängigkeitsbewegung. Diese ist zum einen eine Antwort auf die (nicht nur sprachliche) Assimilationspolitik, zum anderen dann vor allem auf den Beschluss Frankreichs, nachdem Algerien 1962 seine Unabhängigkeit erreicht hat, seine nuklearen Versuche fortan auf unbewohnten Inseln von Französisch-Polynesien durchzuführen. Zwar sind diese inzwischen wieder eingestellt worden, die Folgen für die Inseln und ihre Bevölkerung sind indes noch immer nicht abzusehen. Die charismatische Gestalt dieser Unabhängigkeitsbewegung ist Pouvana'a a Oopa (1895–1977), der eine Zeitlang Abgeordneter der Französischen Nationalversammlung ist und während der Fünften Republik aufgrund seines Einflusses für etwa zehn Jahre aus Polynesien verbannt wird. Aufgrund der Statusveränderungen scheinen die Spannungen heute geringer zu sein, die Frage der Unabhängigkeit bleibt jedoch für einen beträchtlichen Teil der Bevölkerung weiterhin offen; Französisch-Polynesien steht auf der UNO-Liste der unter Kolonialverwaltung stehenden Gebiete (für die damit implizit die Unabhängigkeit gefordert wird).

Von den ca. 268.000 Bewohnern ist die große Mehrheit autochthonen Ursprungs bzw. handelt es sich um Mischlinge (verschiedene Annahmen schwanken zwischen 70% und mehr als 80%), zu denen etwa 12% Einwohner europäischen Ursprungs kommen und 5%, deren Vorfahren aus (Süd-) China stammen. Aufgrund der französischen Schulpolitik, die die autochthonen Sprachen lange Zeit aus dem Unterricht verbannte, ist die Kenntnis des Französischen nahezu allgemein, wenn auch manche Beobachter vermerken, dass sich viele Einheimische nur mit Mühe des Französischen bedienen könnten. Hinzu kommt eine kleine Gruppe von Sprechern des Chinesischen (vor allem das aus Südchina stammende *Hakka*). Die Zahl der Sprecher der einheimischen Sprachen wird mit etwa 70% angegeben. Zwar wird bei den Jüngeren eine gewisse Tendenz zur Aufgabe des Tahitischen beobachtet, die aber oft mit einer ungenügenden Kompetenz des Französischen Hand in Hand geht, den Leser damit an das Phänomen der Halbsprachigkeit denken lässt, und die betroffenen Personen auf jeden Fall in Hinblick auf ihre beruflichen und sozialen Möglichkeiten beeinträchtigt. Immerhin scheint es heute eine zunehmende Zahl von Europäern bzw. ihren Nachfahren zu geben, die das Tahitische erwerben wollen. Es wird gesagt, man könne jetzt ohne Unterschied die eine oder die andere Sprache verwenden (Peltzer 2013, 705/706).

Die *liste Cerquiglini* zählt für Französisch-Polynesien die folgenden Sprachen auf: *tahitien, marquisien, langue des Tuamotu, langue mangarévienne, langue de Ruturu (Iles Australes), langue de Ra'ivavae (Iles Australes), langue de Rapa (Iles Australes)*. In den Darstellungen der polynesischen Sprachwissenschaftlerin Louise Peltzer von 2003 und 2013 werden unter der gemeinsamen Bezeichnung *reo mao'hi* folgende Sprachen aufgeführt: *tahitien* oder *reo tahiti*, *mangarévien* oder *reo magareva*, *marquisien* oder *'eo 'enana* oder *'eo 'enata*, *les langues des Iles Australes* oder *reo tuha'a pae*, *la langue des Tuamotu* oder *reo pa'umotu* (Peltzer 2003, 319). Die Sprecherzahlen sind sehr unterschiedlich: während Peltzer für Tahitisch 150.000 Sprecher angibt, sieht sie für das Mangarevische nur 1000, für das *marquisien* etwa 8000, für die *Iles Australes* etwa 7200 und für das *reo pa'umotu* vielleicht 14.000 (Untergliederungen wurden jetzt hier nicht berücksichtigt). Diese Sprachen sind relativ eng miteinander verbunden und gehen auf eine (weitgehend?) gemeinsame Sprache der autochthonen Bevölkerung zurück. Sie sind untereinander weitgehend oder teilweise verständlich. Das erklärt, warum das Tahitische als *die* einheimische Sprache angesehen wird, die teilweise auf Kosten der anderen Fortschritte macht. Es ist die Verkehrssprache für die Sprecher ganz Französisch-Polynesiens. Es ist auch die Sprache, deren Normativierung am weitesten gediehen ist, denn es gibt Referenzwerke und eine gewisse literarische Produktion. Auf den *Iles Australes* werden fünf verschiedene Varietäten gesprochen, auf jeder Insel eine, allerdings fasst Peltzer sie unter einem Oberbegriff zusammen. Auch auf den Tuamotu-Atollen haben die verschiedenen Varietäten, aufgrund der großen Entfernungen, sich auseinanderentwickelt, so dass Peltzer von sieben sprachlichen Zonen spricht (Peltzer 2013, 708). Für alle autochthonen Sprachen gilt, dass sie in der internen Kommunikation rege oder ausschließlich verwendet werden, da ihnen eine hohe symbolische Bedeutung zugemessen wird. Als Sprache des Gebiets – in Gegenüberstellung zum Französischen – wird indessen das Tahitische angesehen.

War die Assimilationspolitik in der Kolonialzeit ähnlich wie in den übrigen Gebieten Frankreichs, so war die Ausgangsposition aufgrund der bestehenden, vor allem religiösen Texte der christlichen Missionare, etwas günstiger für die einheimischen Sprachen. Hinzu kommt schon vor der Kolonialzeit der relativ hohe Alphabetisierungsgrad. Daher war die Zulassung der autochthonen Sprache immer eine politische Forderung der polynesischen Bevölkerung. Ein Indiz dafür ist die Gründung einer *Académie tahitienne* im Jahre 1974/75, die vor allem Sprachausbauarbeit leisten, aber auch die Normalisierung vorantreiben soll. Als Folge dieser konstanten Pressionen verabschiedet die Territorialversammlung im Jahre 1980 einen Beschluss, der dem Tahitischen zusammen mit dem Französischen den Status einer offiziellen Sprache verleiht, allerdings mit der Einschränkung, dass das Französische die Sprache der juristisch relevanten Texte bleibt. Zwar stehen der Versammlung offiziell solche Beschlüsse nicht zu, die Formulierung taucht daher im Statut von 1996 nicht auf, aber angesichts der sehr angespannten Lage, in der den Sprachen eine symbolische Bedeutung zukommt, ändert Frankreich seine Politik. 1981 wird der Anwendungsbereich der *loi Deixonne* durch Dekret auf das Tahitische ausgeweitet, relativ rasch wird es in den Lehrerbildungsanstalten gelehrt, 1997 wird auch ein *CAPES tahitien-français* eingerichtet. Der Schulunterricht der Sprache wird verallgemeinert, er ist heute in den Grundschulen obligatorisch. Die Omnipräsenz der einheimischen Sprache spiegelt sich heute auch im Rundfunk und im Fernsehen durch zahlreiche Sendungen wider. Dagegen ist die schriftliche Produktion, sowohl im Hinblick auf Medien als auch den Buchdruck, bescheiden. Eine andere Achse der Sprachenpolitik versucht zu verhindern, dass das Tahitische die anderen autochthonen Sprachen verdrängt; so wird 2000 eine *Académie marquisienne* gegründet und 2008 eine für das *reo pa'umotu*. Heute liegt der Schulunterricht bis zur Reifeprüfung in den Händen der lokalen Verwaltung, die bislang für eine kontinuierliche Förderung des Tahitischen sorgt. Dieses System scheint bislang zu greifen (vgl. insgesamt Peltzer 2003, 2013).

Aufgrund besonderer Umstände ist die Lage des *reo mao'hi* heute vergleichsweise günstiger als die anderer autochthoner Sprachen in Frankreich. Zwar behält das Französische eine führende Rolle, aber die einheimische Sprache ist weit über eine bloß symbolische Bedeutung hinausgekommen. Es wäre sinnvoll, wenn die Repräsentanten der Sprachenpolitik in Frankreich gerade dieses Beispiel mit besonderer Aufmerksamkeit beobachten würden.

6.6 Wallisien und Futunien

Die *Collectivité d'Outre-Mer* Wallis et Futuna liegt im Stillen Ozean, östlich von Australien und nördlich von Neuseeland, ungefähr zwischen Neukaledonien und Französisch-Polynesien, nur etwas nach Norden verschoben. Die Gesamtgröße des Gebiets beträgt 274 km², auf dem 2008 knapp 13.500 Einwohner leben. Die drei Hauptinseln sind Uvéa (Wallis), Futuna und Alofi.

Die Inseln werden um 800 – 900 von Südostasien aus besiedelt (wie die anderen Gebiete im Stillen Ozean), später kommt es zu einer starken Zuwanderung von polynesischer Bevölkerung, von den Tonga-Inseln aus nach Wallis, von den Samoa-Inseln aus nach Futuna. Dort landet 1616 das erste europäische Schiff aus Holland, allerdings ohne weitere Folgen, Uvéa wird erst 1766 von dem englischen Kapitän Samuel Wallis angesteuert, der der Insel seinen Namen gibt (allerdings wird im internen Gebrauch meist der alte Name vorgezogen). Ab 1837 beginnt die katholische Mission, die relativ rasch erfolgreich ist. Die beiden Inselgruppen bestehen bis heute aus drei traditionellen Königreichen, über die sich nach und nach eine französische Verwaltung gestülpt hat. 1887/88 „bitten" die drei Könige nacheinander um den Anschluss an Frankreich; diese Aktionen sind zu sehen im Zusammenhang mit der kolonialen Erschließung des südlichen Pazifik durch die europäischen Großmächte. Großbritannien, Frankreich und Deutschland stehen damals in einem Wettstreit, der es den noch selbständigen Herrschern geraten scheinen lässt, sich selbst einen Protektor zu suchen und auf diese Weise etwas mehr Selbständigkeit zu bewahren. Die Inseln werden aufgrund der Entfernungen an keine der bestehenden Kolonien angeschlossen, das nächste Relais nach Frankreich ist indes Neukaledonien. Lange Zeit ist die französische administrative Präsenz bescheiden, erst mit der Umwandlung in ein *Territoire d'Outre-Mer* 1961 wird sie etwas stärker. Inzwischen war Wallis während des Zweiten Weltkrieges zu einem Stützpunkt der USA geworden, um den Vormarsch Japans in den Südpazifik zu stoppen. Die Statusänderung von 2003 zur *collectivité* gibt dem Gebiet etwas mehr innere Handlungsfreiheit.

Der größte Teil der Bevölkerung (ca. 9.200) lebt (2008) auf Wallis, Futuna wird zum gleichen Zeitpunkt von etwa 4.200 Menschen bewohnt (vgl. die Unterschiede zu den Bevölkerungsangaben weiter oben). Als in den sechziger Jahren des 20. Jahrhunderts auf Neukaledonien der Nickelabbau intensiviert wurde, wanderte ein erheblicher Teil der Einwohner dorthin, so dass dort heute mindestens 12.000 Wallisiens und 5.000 Futuniens vermutet werden. Insgesamt überwiegt noch heute die Abwanderung den Bevölkerungszuwachs. Umgekehrt leben sehr wenige Zuwanderer auf den Inseln (die Schätzungen sprechen von ca. 3%). Die autochthone Bevölkerung ist somit weitgehend unter sich.

Auf jeder der beiden Inselgruppen wird je eine polynesische Sprache gesprochen, das Wallisische (*faka'uvea*) auf Wallis und das Futunische (*fakafutuna*) auf Futuna. Beide Sprachen werden in der *liste Cerquiglini* geführt. Zwar gibt es einige lokale Varietäten, insgesamt sind die Sprachen jedoch sehr einheitlich. Beide dienen als die täglichen Umgangssprachen der gesamten autochthonen Bevölkerung. Das gibt ihnen eine relativ starke Stellung, obwohl keine von ihnen bislang wirklich in die französischen Erziehungscurricula aufgenommen sind. Das Primarschulwesen ist in den Händen der katholischen Kirche, die in dieser Hinsicht etwas pragmatischer als der französische Staat ist. Da auch die meisten Lehrenden aus der lokalen Gemeinschaft stammen und das interne Prestige der Sprachen hoch ist, gibt es eine Präsenz der beiden Sprachen (eine Wochenstunde Unterricht). Allerdings sind sie derzeit im höheren Schulwesen nicht vertreten.

Die sprachliche Lage der Auswanderer nach Neukaledonien ist weit weniger gut, obwohl die Karenz der staatlichen Institutionen teilweise durch private Vereinigungen aufgefangen wird. Der hohe Wert, der von den autochthonen Gesellschaften der guten Beherrschung der angestammten Sprachen beigemessen wird, hat für deren Erhalt große Bedeutung. Dasselbe gilt für Auswanderer in Europa, Amerika und Afrika; so lange sie die heimische Sprache beherrschen, werden sie noch als Teil der Gemeinschaft wahrgenommen.

So präsent die Sprachen in der Kommunikation sind, so gering ist trotz allem ihre Rolle im Erziehungswesen. Zwar verwenden Rundfunk und Fernsehen regelmäßig die beiden Sprachen (wenn auch aufgrund der unterschiedlichen Sprecherzahlen in unterschiedlichem Umfang), aber die Versuche zur Schaffung geschriebener Medien sind jedes Mal nach einiger Zeit wieder eingestellt worden. Das schriftliche Korpus ist bescheiden, daher existiert noch für keine der beiden Sprachen eine allgemein anerkannte Referenzform, es gibt allerdings lebhafte Bemühungen darum. Die vorhandenen Texte sind vor allem sprachwissenschaftliche Arbeiten, daneben gibt es ethnographische Untersuchungen und Texte, sowie religiöse Unterweisungen; insbesondere werden derzeit Altes und Neues Testament in beide Sprachen übertragen. Die modernen Medien haben sich ihrer in einem gewissen Umfang angenommen (vgl. Moyse-Faurie 2003, 2013).

Moyse-Faurie spricht von einem doppelten Ungleichgewicht, nämlich einmal zugunsten der offiziellen Sprache, des Französischen, aufgrund von dessen Vormachtstellung in Verwaltung, Erziehung, in den Medien und in der Arbeitswelt, zum anderen zugunsten des Wallisien aufgrund der weitaus größeren Sprecherzahl (Moyse-Faurie 2013, 727). Zwar werden die Sprachen heute noch durch ihren fast ausschließlichen Gebrauch im täglichen Leben gehalten, auf längere Sicht wäre jedoch eine andere Haltung der offiziellen Stellen notwendig, sollen sie nicht in Gefahr geraten.

6.7 Zu den Sprachen auf Mayotte

Die Insel Mayotte und ihre Nebeninseln bilden seit 31. März 2011 das jüngste Departement/Region Frankreichs (DROM) mit einer einzigen Versammlung. Deshalb wird es an letzter Stelle unter den Überseegebieten behandelt. Mayotte gehört geographisch und historisch zum Archipel der Komoren, der zwischen Madagaskar und der ostafrikanischen Küste (Mozambique) liegt. Mayotte bedeckt insgesamt eine Fläche von 374 km²; die Zählung von 2012 ergibt mehr als 212.000 Einwohner, zu denen noch eine unbekannte Zahl von illegalen Zuwanderern kommt, die meistens aus den anderen Inseln des Archipels stammen (die unabhängigen Komoren bedecken 1862 km²; auf ihnen leben ca. 718.000 Menschen). Die Bevölkerungsdichte beläuft sich mithin auf mehr als 550 Einwohner pro km². Die Bevölkerung ist durchschnittlich sehr jung und wächst rasch.

Die Komoren werden ab dem 8./9. Jahrhundert von einer aus Ostafrika stammenden Bevölkerung besiedelt, die eine Varietät des Swahili sprechen, sie entwickelt sich weiter und wird heute als eigene Bantu-Sprache angesehen und entweder auf Französisch als *mahorais* oder in der Eigenbezeichnung als *shimaoré* bezeichnet. Das *shimaoré* ist eine Varietät des Komorischen; die Verständigung mit den Sprechern aus den anderen Inseln erfolgt ohne größere Probleme. Später kommen (in geringerer Zahl) Einwanderer aus Madagaskar auf die Insel, die eine Varietät des Madegassischen sprechen; die Selbstbezeichnung für ihre Sprache lautet *kibushi* (auf Mahorais *Shibushi*). Das Madegassische gehört zu den West-Austronesischen Sprachen und steht damit in relativ engem Zusammenhang zu Sprachen auf den Philippinen und Indonesien, in einem weiteren zu den ozeanischen Sprachen. Diese beiden Sprachen sind als autochthone Sprachen der Inseln anzusehen. Zwar legen seit 1503 gelegentlich portugiesische, später auch andere Schiffe auf den Komoren an, da diese aber keine guten Häfen bieten, bleiben sie lange Zeit aus dem Blickfeld der europäischen Mächte. Die einheimischen Dynastien können sich halten, bis 1841 der damalige Sultan Mayotte (auf *shimaoré* heißt es *Maore*) an Frankreich verkauft; seit 1843 ist sie französische Kolonie. Erst 1886 kommen die übrigen Inseln als Protektorat unter französische Herrschaft. Seither gibt es immer wieder Spannungen zwischen den Teilen des Archipels. 1946 wird der gesamte Archipel zum *Territoire d'Outre-Mer* erhoben. Als zu Beginn der siebziger Jahre die Frage der Unabhängigkeit virulent wird, kommt es 1974 bei einer Volksabstimmung auf allen Inseln zu einer klaren Mehrheit für diese, nur in Mayotte spricht sich eine ebenso klare Mehrheit für den Verbleib bei Frankreich aus. Frankreich will daraufhin gegen den Widerstand der Vereinten Nationen und der Organisation Afrikanischer Staaten eine zweite Volksabstimmung durchführen, bei der die Ergebnisse jeder Insel besonders gewertet werden sollen. In dieser Situation rufen am 5. Juli 1975 komorische Nationalisten die unabhängige Republik aus. Mayotte verbleibt allerdings unter französischer Hoheit und bestätigt in einer Volksabstimmung 1976 (die nur auf Mayotte abgehalten werden kann) den Wunsch nach Verbleib bei Frankreich. Man kann annehmen, dass die Entscheidung der Bewohner von Mayotte den französischen Interessen damals entgegen kommt: in der Spätphase des Kalten Krieges wollen sie den Indischen Ozean strategisch gegen eine mögliche Einflussnahme anderer Großmächte abdecken. Zunächst bleibt die Insel TOM, 2009 optieren die Bewohner mit großer Mehrheit für einen Status als DOM/ROM. Seither ist Mayotte das jüngste französische Departement. Allerdings unterscheidet sich dieses Departement in mehr als einer Hinsicht von allen anderen.

Die Bevölkerung ist nahezu ausschließlich moslemischen Glaubens (Sunniten); nur die kleine Zahl von dort lebenden Europäern hängt anderen Glaubensbekenntnissen an. Es ist damit das einzige Departement mit einer fast ausschließlich nichtchristlichen (bzw. aus nichtchristlicher Tradition stammenden) Bevölkerung.

Zwar ist das Französische offizielle Sprache, doch eine Volkszählung von 1991 ergab, dass 65% bis 70% der Bevölkerung das Französische nicht oder schlecht beherrschten (Rombi 2003, 308). Nach neueren Schätzungen sollen ca. 60% der Bevölkerung die offizielle Sprache als Zweitsprache sprechen (Alessio 2013, 731). Es dürfte noch keine ausschließlich Französisch sprechenden autochthonen Bewohner geben. Der Analphabetismus ist in Bezug auf das Französische nach wie vor hoch. Neben ihm und den beiden autochthonen Sprachen spielt das Arabische eine erhebliche Rolle, denn sein schriftlicher Gebrauch wird in den Koranschulen gelehrt, die fast alle Kinder besuchen, noch bevor sie in das staatliche Schulwesen integriert werden (teilweise auch parallel dazu). Die Sprecher von *shimaoré* und Madegassisch sollen sich ungefähr nach einem Schlüssel von 70 zu 30 verteilen.

Die Bewahrung der einheimischen Sprachen steht in engem Zusammenhang mit dem Umstand, dass es lange Zeit nur wenige Schulen, diese meist vor allem für die Kinder der (wenigen) Europäer, gab. Erst 1884 wurde eine erste staatliche Schule gegründet. Die allgemeine Schulpflicht für Kinder ab sechs Jahren dürfte ab 1980 allmählich greifen (Alessio 2013, 732), und erst in den letzten Jahren kann die *Maternelle* die Dreijährigen einigermaßen erfassen. Immerhin soll die Zahl der Kinder und Jugendlichen im schulpflichtigen Alter im Jahre 2009 etwa 77.000 betragen haben, rund ein Drittel der Inselbevölkerung. Die staatlichen Schulen führen den Gedanken der sprachlichen Assimilation der Schüler weiter, obwohl die überwiegende Mehrzahl der Unterrichtenden (zumindest in den ersten Schuljahren) Autochthone sind: den lokalen Sprachen wird so gut wie kein Wert beigemessen. Entsprechend werden die Resultate oft als enttäuschend angesehen. Der staatliche Unterricht wird durch den in den Koranschulen ergänzt, wo die Kinder auf Arabisch alphabetisiert werden, aufgrund der mechanischen Vorgehensweise sind jedoch auch dort die Ergebnisse meist bescheiden. Zwar können unter den Erwachsenen fast alle den Koran lesen, auch etwas auf Arabisch schreiben, oft allerdings ohne großes Verständnis der Inhalte. Die autochthonen Sprachen werden fast nicht im schriftlichen Gebrauch verwendet. Immerhin sind Schriftsysteme für beide Sprachen in Entwicklung; die des *shimaoré* lehnt sich an die Konventionen des Komorischen auf den benachbarten Inseln an (es wird bisher vielfach mit arabischen Zeichen, aber ohne Schriftkonventionen verwendet), die des Madegassischen an die auf Madagaskar übliche Schriftnorm des *Malagasi iombonana* (vgl. vor allem Alessio 2013).

Das neue Departement Mayotte, viele tausend Kilometer von Paris entfernt, stellt somit die französische Erziehungspolitik vor eine große Herausforderung: führt sie das alte Modell der Einsprachigkeit auf Französisch weiter und bringt damit einige Generationen von Menschen in sprachliche und psychologische Turbulenzen, oder schafft sie es, neue Wege zu gehen, die den Erwerb des Französischen als Bereicherung vermitteln und den zusätzlichen Besitz von sprachlichen Kompetenzen – neben den einheimischen Sprachen – als einen Gewinn, für den Einzelnen wie für die Gesellschaft? Davon könnte auf Dauer auch die Frage abhängen, ob die einmal getroffene Wahl für Frankreich auf Dauer ratifiziert wird oder eines Tages anderen Optionen Platz macht. Die bisherigen Ansätze stimmen, trotz guter Voraussetzungen, nicht zu großem Optimismus.

6.8 Abschließende Bemerkungen

Neben einigen Gemeinsamkeiten zeichnen sich die hier besprochenen Sprachen und Gebiete durch große Unterschiede untereinander aus. Die Territorien liegen alle viele Tausende Kilometer von Frankreich entfernt, es sind alles ehemalige Kolonialgebiete, die aufgrund des jeweiligen Status in unterschiedlichem Maße Mitspracherechte über die sie betreffenden Angelegenheiten haben. Am geringsten sind die Möglichkeiten, wie die Erfahrung bislang zeigt, für die Überseedepartements. Dabei wäre gerade für sie eine Berücksichtigung der jeweiligen Situation von Bedeutung. Es sind (mit Ausnahme von Guayane) relativ kleine Territorien mit nicht sehr zahlreicher Bevölkerung. In einigen gab oder gibt es Tendenzen zur Unabhängigkeit, in anderen derzeit nicht oder kaum. Dabei dürfte der Umstand eine Rolle spielen, dass Frankreich sich seine Präsenz in diesen Gebieten relativ viel Geld kosten lässt (nur wenige sind wirtschaftlich noch von Bedeutung), nachdem es lange Zeit versucht hat, möglichst viel an ihnen zu verdienen. Das bedeutet, dass die meisten von ihnen heute ein höheres Pro-Kopf-Einkommen haben als die benachbarten unabhängigen Staaten, wenn es gewöhnlich auch massiv unter dem des französischen Festlandes liegt. Für Frankreich scheint vor allem der symbolische und bis zu einem gewissen Grade der strategische Wert eine Rolle zu spielen. All diesen Gebieten ist auch gemeinsam, dass es eine erhebliche Auswanderung nach Frankreich gibt; oft werden die Auswanderer nach Frankreich sich erst dort ihrer sprachlichen und kulturellen Besonderheiten bewusst (sie werden nicht selten Zielscheibe rassistischer Äußerungen). Dieser Migration steht eine Einwanderung von Franzosen in die Überseegebiete gegenüber. Diese ist, je nach wirtschaftlicher und sonstiger Attraktivität, unterschiedlich groß. Auf alle Fälle jedoch spielen Franzosen eine überdurchschnittliche Rolle bei den Führungskräften in den jeweiligen Gebieten. Vor allem dort, wo (wie auf den Antillen) der Arbeitsmarkt angespannt ist, führt das immer wieder zu teilweise heftiger Unzufriedenheit. Hinzu kommt, vorsichtig formuliert, dass die in die Peripherien entsandten Franzosen häufig wenig Sensibilität für die jeweiligen Besonderheiten entwickeln. Latente Konflikte können somit an vielen Orten leicht zu offenen werden.

Sprachlich gesehen unterscheidet sich die Lage in diesen Gebieten dadurch von der in Frankreich, dass das verfassungsmäßig vorgesehene Monopol des Französischen noch nirgends errreicht ist. In allen diesen Territorien spricht die autochthone Bevölkerung andere Sprachen, neben und oft anstatt des Französischen. Dabei sind überall Elemente von Assimilation zu erkennen: am massivsten ist sie in den alten Überseedepartements Martinique, Guadeloupe, Guayana und Réunion, wo das einsprachige französische Schulsystem nun seit mehr als sechzig Jahren vorherrscht. Dennoch spricht die überwiegende Mehrzahl der einheimischen Bevölkerung nach wie vor die autochthonen Sprachen. Zahlenmäßig sind dabei die französischen Kreolsprachen am bedeutsamsten; auch wenn man sie nicht als Einheit ansieht (wenn gewollt, ist der Übergang von der einen zur anderen leicht), bilden ihre Sprecher heute die größte Gruppe der autochthonen Mehrsprachigen; das resultiert aus dem starken Rückgang der Sprecher der dominierten

Sprachen in Frankreich in den letzten Jahrzehnten. Eine nicht zu vernachlässigende Minderheit dieser Sprecher lebt in Frankreich, wo sie sich oft mit den Sprechern französischer Kreolsprachen aus anderen Gebieten verständigen können; allerdings weiß man (viel zu) wenig über die Realität (vgl. die nun alten Beobachtungen von Tessonneau 1988). Derzeit scheint in allen alten DOM die Tendenz zur Substitution vorzuherrschen; andererseits ist bekannt, dass eine Veränderung von Rahmenbedingungen Wechsel im kollektiven Bewusstsein erzeugen kann. Aufgrund der Kürze der Zeit befindet sich das „neue" DOM Mayotte noch in der Phase des Erwerbs des Französischen, die Aufgabe der autochthonen Sprachen liegt hier noch in einiger Ferne. Es bleibt – wie schon gesagt – abzuwarten, ob die französische Schul- und Sprachenpolitik zur Innovation fähig ist oder nicht.

Besonders zu erwähnen sind die drei vielsprachigen Gebiete Guayane, Neu-Kaledonien und Französisch-Polynesien. Dort werden relativ große Zahlen von Sprachen von insgesamt geringen Sprecherzahlen gesprochen. Während auf Neu-Kaledonien und Polynesien die einzelnen Sprachgebiete verhältnismäßig genau, auch geographisch, bestimmten Gruppen zugeordnet werden können, ist die Lage in Guayane diffuser. Zwar lassen sich auch dort die Sprachen verschiedenen Gruppen oder Völkern zuordnen, aufgrund der vor kurzem erfolgten und noch andauernden Immigration sind viele von ihnen sehr viel mehr in Kontakt und bedürfen daher der Brücke von Verkehrssprachen; als solche dient neben dem Französischen (noch) das Kreolische. Es wird sich zeigen, ob sich diese Situation fortsetzt und ob die Pluralität der Bevölkerung auch weiterhin für Mehrsprachigkeit sorgt, oder ob das Französische auch dort auf dem Wege zum Monopol ist. Die Vielsprachigkeit in Polynesien scheint im Augenblick recht stabil, da dem Französischen eine Verkehrssprache, das Tahitische gegenübersteht, das von der autochthonen Bevölkerung als „eigene" Sprache angesehen wird, eine recht hohe symbolische Bedeutung besitzt und auch über eine weitgehend akzeptierte Norm verfügt. Die anderen, mit dem Tahitischen nahe verwandten Sprachen werden im alltäglichen Gebrauch verwendet, ihre Sprecher fordern allerdings keine allumfassende Kommunikationsfunktion für sie. Schwierig ist die Lage in Neukaledonien einzuschätzen, da dort die autochthone Bevölkerung heute in der Minderheit ist und die große Zahl der Sprachen, die nicht über eine gemeinsame Verkehrsform verfügen, aufgrund der strikten geographischen Zuordnung diesen Sprachen zwar eine gewisse Kommunikationsfunktion zuweisen, sie aber in der derzeitigen Situation nur für begrenzte Felder verwendbar sind. Zwar wird diesen Sprachen auch ein hoher symbolischer Wert beigemessen, es wird allerdings abzuwarten sein, ob er für ein Überleben der Sprachen als funktionale Kommunikationsmittel reicht.

Es scheint, dass in all den hier genannten Fällen die Zukunft noch recht offen ist. Viel hängt davon ab, ob Frankreich in Zukunft sich zu einer weniger exklusiven Sprachenpolitik entschließen kann; allerdings steht der Artikel 2 der Verfassung einer solchen Öffnung im Wege, und das Prinzip der *égalité* wird in Frankreich – zumindest in einigen Bereichen – recht eng ausgelegt.

6.9 Aufgaben

1. Vergleichen Sie, anhand moderner Grammatiken, das Kreolische auf den Antillen mit dem von Réunion.
2. Lesen Sie den Roman *La rue Cases-nègres* von Joseph Zobel und vergleichen Sie ihn mit dem gleichnamigen Film von Euzhan Palcy. Achten Sie dabei besonders auf den Sprachgebrauch.
3. Informieren Sie sich genauer über die sprachliche Situation in Neu-Kaledonien.
4. Welchen Sprachenbedarf hat heute ein durchschnittlicher Einwohner von Mayotte?

7 Ausgewählte Sprachen der Einwanderung im 20./21. Jahrhundert

Im Unterschied zu fast allen anderen europäischen Staaten betrachtet Frankreich sich seit der Französischen Revolution (mit kurzen Unterbrechungen) als Einwanderungsland. In der ersten Phase der Revolution wird mit offenen Armen aufgenommen, wer sich zu ihr bekennt; in den revolutionären Versammlungen sitzen zunächst verschiedene Ausländer als anerkannte Repräsentanten. Erst mit der zunehmenden Nationalisierung der Revolution verschwinden diese rasch wieder aus den Gremien und aus dem Blickfeld. Im 19. und in der ersten Hälfte des 20. Jahrhunderts spielt die stagnierende Demographie des Landes eine Rolle für die Aufnahme von Immigranten. Durch das *ius soli* wurde jedem auf französischem Boden Geborenen die Staatsbürgerschaft verliehen (die meisten anderen europäischen Staaten haben als Prinzip das *ius sanguinis*, das die Abstammung bevorzugt). Allerdings wurden im Zuge der kolonialen Expansion einschränkende Ausnahmen eingeführt. Auch sonst gab es gewisse Schwankungen. Die heutige restriktivere Gewährung der Staatsbürgerschaft geht vor allem auf Reformen unter der Präsidentschaft Chiracs zurück, der auf diese Weise rechtsradikalen Kräften den Wind aus den Segeln nehmen wollte. Allerdings ist das Staatsbürgerrecht immer noch offener als in zahlreichen anderen Staaten.

Migration, vor allem Arbeitsmigration, hat es immer gegeben, wenn auch oft in verdeckter Form: so enthalten etwa die großen Pilgerströme nach Santiago de Compostela im Mittelalter einen Anteil an (meist unfreiwilliger) Migration, der sich in den entsprechenden Stadtvierteln etlicher Städte längs des Pilgerweges feststellen lässt; manche Pilger waren dort einfach „hängen geblieben". Bekannt sind im späten Mittelalter die Wanderungen von (meist) deutschen Bergbauspezialisten nach Zentraleuropa, teilweise aber auch in den Westen; man findet ihre Spuren heute fast nur noch im Lexikon der Sprachen, die in den aufnehmenden Gebieten gesprochen werden. Teilweise wandern Spezialisten, die wegen ihrer Kenntnisse gesucht werden, teilweise steht auch die verzweifelte Lage in der Heimat am Anfang einer Wanderungsbewegung von wenig spezialisierten Arbeitskräften (das gilt etwa für viele europäische Auswanderer im 19. Jahrhundert). Daneben gibt es zu allen Zeiten eine zwar meist zahlenmäßig schmale, sprachlich aber oft einflussreiche „Elitenmigration". Vor allem seit der Französischen Revolution wird die Emigration aus politischen Gründen zu einem immer wichtigeren Phänomen (vgl. zu einer Übersicht Bade/Emmer/Lucassen/Oltmer 2007).

Die ersten Immigrationsströme nach Frankreich kommen vor allem aus benachbarten Gebieten. Wenn man sich auf die Zeit nach der Französischen Revolution beschränkt, so sind das zunächst Deutsche auf der Suche nach Arbeit, nach 1815 immer öfter auch Flüchtlinge aus politischen Gründen. Als vor allem nach der Gründung des italienischen Einheitsstaates eine große Zahl von Arbeitsuchenden auswandert, geht ein beträchtlicher Teil nach Frankreich. Und die kontinuierlich krisenhafte Situation in Spanien sorgt für eine ebenso andauernde Auswanderung, die vor allem in Krisenzeiten Spitzenwerte erreicht; am deutlichsten wird das mit dem Ende des Bürgerkrieges 1936/39, als vorübergehend Hunderttausende spanischer Republikaner ihr Heil in der Flucht nach Frankreich suchen. Dazwischen hatte Frankreich nach dem Ersten Weltkrieg die vorübergehende Einwanderung von nordafrikanischen Arbeitskräften organisiert, von denen der größte Teil allerdings zurückgeschickt wurde, als die wichtigsten Wiederaufbauarbeiten geleistet waren und infolge der Weltwirtschaftskrise der französische Arbeitsmarkt an einem Überangebot an Arbeitskräften litt. Seit dem Beginn des 20. Jahrhunderts setzt die Einwanderung polnischer Bergleute ein, die über Jahrzehnte einen wichtigen Anteil an der Ausbeutung der französischen Bodenschätze haben; sie folgen ihren oft adligen Landsleuten, die im 19. Jahrhundert, angesichts der Besetzung des heutigen Polen durch das Russische Reich, Österreich-Ungarn und Preußen infolge der polnischen Teilungen, das Exil gewählt haben. Nach dem Zweiten Weltkrieg beginnt erneut eine Arbeitsmigration aus Nordafrika, die sich aber dieses Mal nicht zurückschicken lässt, sondern im Gegenteil ihre Familien nachholt und so dafür sorgt, dass aus Nordafrika stammende Zuwanderer heute die größte Gruppe der Immigranten ausmachen; ein vom französischen Staat selten erwähnter, zahlenmäßig aber nicht kleiner Teil von ihnen kommt während oder nach dem Algerienkrieg aus politischen Gründen, vor allem die so genannten *harki*, die sich auf Seiten der Franzosen engagiert hatten (die nordafrikanische Zuwanderung wird im Folgenden nicht erwähnt werden, da ihre sprachliche Situation bereits in den entsprechenden Abschnitten 6.3. und 6.4. behandelt wurde). Erst relativ spät (ab den sechziger Jahren), aber dafür in großer Zahl kommen portugiesische Arbeitskräfte nach Frankreich. Die verschiedenen Kriege im ehemals französischen Indochina sorgen für mehrere Migrations- und Fluchtwellen. Die Entkolonialisierung treibt zunächst Angehörige der afrikanischen Eliten in das ehemalige Kolonialland, danach in zunehmendem Maße Arbeitssuchende (so genannte Wirtschaftsflüchtlinge). Die Einwanderung aus China lässt sich weitgehend auf wirtschaftliche Gründe zurückführen.

Die Auswahl der im Folgenden vorgestellten Einwanderergruppen und ihrer Sprachen versucht, unterschiedliche Migrations- und daraus resultierend Kommunikations- und letztlich Sprachsituationen zu präsentieren. Bei der Auswahl spielt die quantitative Bedeutung der Immigration eine Rolle, die zeitliche Abfolge und die geographische Herkunft. Dennoch soll eine gewisse Subjektivität der Auswahl nicht in Abrede gestellt werden. Die hier behandelten Sprachen sind alle nicht in der *liste Cerquiglini* aufgeführt, mit der Begründung, dass sie an anderer Stelle offiziellen Status genießen.

7.1 Italienisch

Die ersten Einwanderer italienischer Sprache rekrutieren sich aus den oberen Segmenten der Gesellschaft: zum einen sind es Gelehrte und Künstler aus der Renaissance, zum anderen das Gefolge der Königinnen, die sich die französischen Könige, vor allem im 16. Jahrhundert, oft aus italienischen Herrscherfamilien holen. Sie bringen Innovationen auf vielen Gebieten mit, und es ist bekannt, dass die französischen Gelehrten der Zeit, angesichts des Rückstandes des Französischen im Sprachausbau, sich Sorgen wegen einer möglichen Vorherrschaft des Italienischen machten. Es kommt zu heftigen intellektuellen Auseinandersetzungen (vgl. etwa Berschin/Felixberger/Goebl 1978, 193–196; Rey/Duval/Siouffi 2007, 528–533). Letztlich ist die Furcht vor zu großem italienischem Einfluss unbegründet, denn er beschränkt sich auf kleine Sprechersegmente und auf die Übernahme bestimmter neuer lexikalischer Einheiten, die mit den entsprechenden Konzepten eingeführt werden.

Während des Zweiten Kaiserreichs dürfte die Zahl der Italiener in Frankreich zwischen 80.000 und 100.000 gelegen sein (Véglianté 1988, 235), danach stieg sie kontinuierlich an. Die staatliche Einigung in Italien wird von großen Auswanderungswellen begleitet, die offenkundig wirtschaftliche Gründe haben: die Modernisierung des Landes (mindestens von Teilen) kostet viele Arbeitsplätze vor allem in traditionellen Wirtschaftszweigen. Zunächst leben die aus Italien kommenden Zuwanderer vor allem in den südostfranzösischen Departements, daneben im Raum Paris und auf Korsika, später kommt der Raum Lyon dazu. Diese Italiener stammen aus einem Staat, der sprachlich noch stark differenziert ist. Aufgrund des meist schlechten Ausbildungswesens sind viele Analphabeten, sie sprechen gewöhnlich (fast) nur die Varietäten/Sprachen ihrer Heimat. Das bedeutet zum einen, dass es auch untereinander zu Schwierigkeiten in der Verständigung kommen kann, sobald die Einwanderer aus verschiedenen Gebieten einwandern, zum anderen, dass sie relativ leicht assimilierbar sind, sofern sie, bzw. am ehesten ihre Kinder, überhaupt die Chance zum Schulbesuch haben. Noch lange bleibt im Süden das Okzitanische die erste sprachliche Etappe zur Integration: da die Einwanderer gewöhnlich mit den so genannten Unterschichten zusammenleben, ist es die erste Kontaktsprache. Diese Situation hat sich teilweise noch lange im 20. Jahrhundert fortgesetzt (dabei spielt natürlich eine Rolle, dass das Okzitanische dem Italienischen strukturell näher steht als das Französische und daher die gegenseitige Verständigung von Beginn an viel einfacher ist). Auf der anderen Seite sind die Hausfrauen, die oft kaum in die Öffentlichkeit kommen oder wenn, dann vielfach in einem italienischen Milieu verbleiben, noch lange Zeit vom Erwerb des Französischen fast vollständig ausgeschlossen. Sprachlich sind die Frauen, die selbst arbeiten, aufgrund von mehr Kontakten leichter in der Lage, sich wenigstens eine gewisse Kompetenz zu erwerben. Allerdings bleiben die Französischkenntnisse all dieser Einwanderer noch lange Zeit rudimentär, dabei kommt es zu zahlreichen Sprachmischungserscheinungen.

Diese Einwanderung wird von den Einheimischen nicht nur freundlich aufgenommen: das Massaker von Aigues-Mortes im Jahre 1893 ist bekannt, aber es gibt daneben immer wieder Auseinandersetzungen, die teilweise Todesopfer fordern. Auch die Berichte oder Autobiographien von Italienischstämmigen, die später erfolgreich sind, zeigen immer wieder, wie schwierig die Verhältnisse vor allem am Anfang sind, als die ungewohnte Umgebung, die Armut und die reservierte bis feindselige Haltung der einheimischen Bevölkerung am stärksten empfunden werden. Hinzu kommt, dass die Immigration oft heimlich erfolgt und die Fremden damit keine gültigen Papiere besitzen und kaum Schutz von staatlichen Stellen erhoffen können. Sie nimmt unter der faschistischen Diktatur in Italien noch zu, wobei sich nun politische und wirtschaftliche Gründe vermischen. Allerdings kommt es bisweilen auch zu internen Auseinandersetzungen, denn auch in Frankreich stehen sich Mussolini-Anhänger und Mussolini-Gegner gegenüber. Mit ziemlicher Sicherheit gehen einige Morde an mehr oder weniger bekannten Gegnern der Diktatur auf die italienischen Geheimdienste zurück; dabei ist der Aufklärungseifer der französischen Behörden oft von der augenblicklichen politischen Lage beeinflusst.

Eine dritte Einwanderungswelle kommt nach dem Zweiten Weltkrieg nach Frankreich (zu gleicher Zeit wie in andere Länder, wie zum Beispiel nach Westdeutschland), ungefähr bis 1960, als der wirtschaftliche Aufschwung in Italien offensichtlich wird. Diese Einwanderer unterscheiden sich in mehrfacher Hinsicht von ihren Vorgängern: sie sind in ihrer großen Mehrheit alphabetisiert, kennen das Referenzitalienische zumindest in gewissem Maße, wenn sie auch meist lokale Verietäten sprechen, und bemühen sich auch stärker um den Erwerb des Französischen. Das heißt nicht, dass es nicht über lange Perioden zu Sprachmischungen kommt, bei denen im Süden bis um 1960 das Okzitanische noch eine Rolle spielen kann. Vor allem für diejenigen indes, die weniger an eine Rückwanderung denken, wird der Erwerb der Staatssprache zu einem (Fern-) Ziel.

Jede immigrierte Gruppe tendiert auf längere Sicht zur Auflösung, vor allem, wenn wenige oder keine neuen Zuwanderer kommen. Das erklärt sich aus mehrerei Faktoren: ein wichtiger Aspekt ist die Rückwanderung, daneben steht die allmähliche, gewöhnlich über mindestens drei Generationen gehende Integration in die aufnehmende Gesellschaft (nur wenn das Prestige der Herkunftssprache und -gesellschaft gering oder beschädigt ist, geht es mitunter rascher), hinzu kommt die Möglichkeit der Weiterwanderung. Auch ist es sehr schwierig, die tatsächliche Zahl der Zuwanderer zu erheben, es geht dabei nicht nur um objektive Fakten sondern auch um das persönliche Befinden jedes Einzelnen. Das erklärt, wenigstens zum Teil, warum oft für denselben Zeitpunkt sehr unterschiedliche Zahlen angegeben werden können. In engem Zusammenhang damit steht die Aufgabe der Herkunftssprache, die meist ab der dritten Generation deutlich zu werden beginnt (die dann anfängt, den Verlust zu spüren, manchmal darunter förmlich leidet, und Strategien zur Wahrung oder Wiederherstellung der Bande an das – nun oft schon ferne – Herkunftsland zu überlegen; nur wo sich die Einwanderer den Einheimischen überlegen fühlen, dauert der Prozess oft länger).

Im Falle der italienischen Zuwanderer ist der Trend zur Rückkehr ins Heimatland für Rentner und Pensionäre immer zu beobachten gewesen, nach dem wirtschaftlichen Aufschwung in Italien nach dem Zweiten Weltkrieg wird er noch stärker. Zum anderen ermöglichen ungefähr seit derselben Zeit die Medien Rundfunk und Fernsehen einen zunehmend leichteren und besseren Erwerb der Zielsprache; dadurch kann die Dauer des Status als Immigrant – mindestens im Bewusstsein der Betroffenen, oft auch in der Außenwahrnehmung – verkürzt werden, zumal im Falle der Italiener keine äußerlichen oder religiösen Besonderheiten die Angehörigen der Gruppe von vornherein „sichtbar" machen. Spuren vergangener Situationen lassen sich teilweise bei Familiennamen finden (wenn diese nicht früher oder später angeglichen werden). So kommt Pasquini zu der allerdings sehr unscharfen und kaum zu belegenden Auffassung, dass mindestens fünf Millionen Franzosen wenigstens einen italienischen Vorfahren besitzen (Pasquini 2013, 783); legt man sich nicht zu sehr auf Zahlen fest, dann bleibt immerhin der klare Eindruck, dass es sich hier um eine große Zahl von Betroffenen gehandelt hat, wenn es auch aus den genannten Gründen kaum möglich scheint, das Phänomen wirklich zahlenmäßig zu erfassen (zumal jeder einzelne Sprecher sich unter Umständen mehreren Kategorien zurechnen kann).

Für das Jahr 1981 werden etwa die folgenden Zahlen angegeben: italienische Statistiken zählen 630.000 Italiener in Frankreich (einschließlich der Doppelstaatsbürger), für den gleichen Zeitpunkt geben die Präfekturen der einzelnen Departements in Frankreich fast 473.000 Italiener an, das französische Innenministerium jedoch nur 469.000 (die Zahlen sind von mir gerundet, vgl. Véglianté 1988, 237). Zugleich wird vermerkt, dass die Zahl der Rückwanderungen die der Zuwanderungen übertrifft. Die verfügbaren offiziellen französischen Zahlen geben für 2009 311.000 Zuwanderer aus Italien an und 174.000 Ausländer. Nun ist bekannt, dass die italienische Rückwanderung in den letzten Jahrzehnten beträchtlich war, allerdings stellt sich die Frage, ob nicht die anderen oben genannten Faktoren für die Veränderungen zwischen 1981 und 2009 ebenfalls eine bedeutende Rolle gespielt haben (vgl. insgesamt Véglianté 1988; Pasquini 2013).

7.2 Spanisch

Die geographische Lage ist wohl die wichtigste Ursache dafür, dass auch die Immigration aus Spanien nach Frankreich eine lange Tradition hat. Es gilt dabei, auf mehrere Details hinzuweisen: zum einen, die Grenzen haben sich im Laufe der Jahrhunderte bewegt, insgesamt hat Frankreich sich nach Süden, bis an die Pyrenäen, verschoben. Der letzte Schritt erfolgte im Pyrenäenfrieden von 1659, der die Grafschaft Roussillon und die angrenzenden Gebiete (heute von katalanischer Seite meist als *Catalunya [del] Nord*, offiziell französisch als *Département des Pyrénées Orientales* bezeichnet) unter französische Herrschaft geraten ließ. Lange Zeit wurde die Pyrenäengrenze als tiefer Einschnitt empfunden, noch im 19. Jahrhundert berichten französische Schriftsteller, die nach Spanien reisen, von einer vollständig fremden Welt. Zum zweiten: die spanische Auswanderung nach Frankreich ist vielfach eine der Peripherien. Häufig wird sie bis zur Errichtung der modernen Staatsgrenzen gar nicht als solche empfunden; Katalanen und Basken ziehen oft nur in die nördlichen Teile des eigenen Sprachgebiets. Dieses Bewusstsein hält in Resten noch lange an. Hinzu kommt, dass aus vielerlei Gründen die (nördlichen) Peripherien Spaniens bei der Auswanderung oft überrepräsentiert sind. Schließlich: auch die spanische Auswanderung ist in ihren Anfängen zu erheblichen

Teilen eine Elitenwanderung, denn die widersprüchlichen politischen Verhältnisse im 19. Jahrhundert sorgen dafür, dass jeweils ein Teil der politischen und sozialen Führungsschichten – einmal der eher reformerische, einmal der eher konservativ-reaktionäre – sich im Exil befindet, und was bietet sich da stärker an als der Süden Frankreichs, von dem aus man bei einer Änderung der Verhältnisse rasch wieder in die Heimat zurückkehren kann (ein typisches Beispiel dafür ist der katalanische Schriftsteller und Politiker Víctor Balaguer 1824–1901, der 1866/67 seine Exilzeit in der Provence verbringt und dort die Gründer des *Félibrige* kennenlernt; andere Exilanten gehen aus ähnlichen Gründen nach Toulouse, Bordeaux oder Bayonne, um der Grenze möglichst nahe zu sein). Zu der Einwanderung aus Spanien kommt eine aus den spanischsprechenden Ländern Lateinamerikas hinzu, deren zahlenmäßige Bedeutung schwer einzuschätzen ist; sie ist vor allem auf Paris und den Pariser Raum konzentriert.

„Unterhalb" dieser politisch-kulturellen Emigration gibt es eine Arbeitsmigration, die zahlenmäßig bei weitem größere Ausmaße annimmt. Die Statistiken des Jahres 1851 sprechen von 30.000 spanischen Immigranten, die damit nach den Belgiern und Italienern die drittstärkste Gruppe bilden (Taboada Leonetti 1988, 196). 1921 wird ihre Zahl mit 255.000 angegeben; sie stehen noch immer auf demselben Rang. Gegen Ende der sechziger Jahre schnellt diese Zahl auf 600.000, damals bilden spanische Staatsbürger vorübergehend die größte Einwanderergruppe in Frankreich (ibid., 197). Für das Jahr 2009 wird die Zahl der Einwanderer aus Spanien mit 252.000 angegeben, von denen 128.000 spanische Staatsbürger seien. Sie leben vor allem im Südwesten Frankreichs, ungefähr bis zur Rhône, dann im Großraum Lyon und im Pariser Becken.

Im 20. Jahrhundert lassen sich vor allem drei Einwanderungswellen erkennen. Die erste ist die der landwirtschaftlichen Erntearbeiter, die nach dem ersten Weltkrieg in großer Zahl vor allem nach Südfrankreich kommen, dort im Herbst die Weinernte und später die Obsternte in den den verschiedenen Anbaugebieten leisten; die meisten von ihnen kehren nach ungefähr zwei Monaten zurück, um im kommenden Herbst erneut ihre Tour zu machen. Diejenigen, die ihre Route im Languedoc beginnen, rekrutieren sich zu einem großen Teil aus València und Umgebung, die Kommunikation mit der einheimischen Bevölkerung spielt sich lange Zeit auf Katalanisch (Valencianisch) und Okzitanisch ab. Diejenigen, die im Südwesten (Gironde, Médoc) arbeiten, kommen vor allem aus den im Süden angrenzenden Teilen Spaniens. Diese saisonale Wanderung hält mit Unterbrechungen und Einschnitten, die den politischen ebenso wie den wirtschaftlichen Verhältnissen geschuldet sind (Diktatur Primo de Rivera, Weltwirtschaftskrise, Zweiter Weltkrieg) bis gegen Ende der sechziger Jahre an, als der französische Weinbau mit der Umstrukturierung beginnt. Ein Teil dieser Wanderarbeiter wird früher oder später in Frankreich sesshaft.

Die zweite große Immigrationswelle besteht aus den Flüchtlingen des Spanischen Bürgerkriegs. Erste Kontingente treffen ab Sommer 1937 ein, als die baskischen Gebiete von den franquistischen Truppen erobert werden. Die größten Flüchtlingsströme setzen jedoch in den ersten Monaten des Jahres 1939 ein, als zunächst Katalonien erobert wird und schließlich die Republik im März vollends zusammenbricht. Es soll sich zeitweise um mindestens 500.000 Personen gehandelt haben, die zum großen Teil in sehr bescheidenen Notunterkünften, vor allem in Südfrankreich, untergebracht werden. Allerdings nimmt ihre Zahl relativ rasch ab: durch Weiterwanderung, auch durch Rückwanderung, und durch Integration in die aufnehmende Gesellschaft, vor allem durch ihre eigenen, schon ansässigen Landsleute. Allerdings haben die so genannten *Rotspanier* keinen leichten Stand, die französischen Behörden fassen sie nicht mit Samthandschuhen an. Ein Teil von ihnen schließt sich – nicht zuletzt deshalb – früh der entstehenden *Résistance* an, sozusagen in Fortsetzung des Bürgerkrieges. Trotz der Rück- und Weiterwanderungen bleiben viele, und noch in den siebziger Jahren kann man in vielen südfranzösischen Städten, aber auch in kleineren Ortschaften, ihre Versammlungsorte finden. Vor allem im Süden läuft ihre Integration auch über das Okzitanische ab, der Beobachter kann bis zum Ende der Diktatur auf dem Lande immer wieder Personen begegnen, deren Kommunikation sich in einem Feld zwischen Spanisch, Katalanisch, Okzitanisch und Französisch bewegt und für Außenstehende schwer verständlich ist (vgl. Kremnitz 1981a; Lagarde 1996). Insgesamt erschwert der oft geringe Bildungsstand der Arbeitsmigranten lange Zeit eine rasche sprachliche Integration. Umgekehrt gibt es auch hier eine erhebliche Zahl an Ausnahmen, wie etwa eine Reihe von Schriftstellern, die das Französische als Literatursprache annehmen; das gilt nicht nur für Personen, die von Anfang an ein hohes Bildungsniveau haben (wie Jorge Semprun, 1923–2011), sondern auch für solche, die sich das Französische von einer schlechten Ausangsbasis her erwerben müssen (dafür wären Fernando Arrabal, *1932, oder Michel del Castillo, *1933, bekannte Beispiele).

Die dritte große Welle ist schließlich diejenige der Arbeitsmigranten, die das sich öffnende Spanien seit den frühen sechziger Jahren in der Hoffnung ins Ausland entlässt, dass die Rücksendung ihrer Ersparnisse zur Kapitalakkumulation beiträgt. Sie stoßen in Frankreich auf Landsleute, die aus ganz anderen Gründen dort sind, und verändern daher oft ihr Verhältnis zur Franco-Diktatur.

Nach dem Ende der Diktatur kommt es aus mehreren Gründen zu einer massiven Rückwanderung: neben der Hoffnung auf das Entstehen einer anderen Gesellschaft in der Heimat spielt auch die ökonomische Rezession nach dem ersten Ölschock 1973 eine Rolle, die (in allen Aufnahmeländern, nicht nur in Frankreich) die ausländischen Arbeitskräfte oft ihres bis dahin sicher geglaubten Arbeitsplatzes beraubt. Dagegen ensteht in Spanien eine Aufbruchstimmung, die den Entschluss zur Rückwanderung erleichtert.

Insgesamt, vermerkt Taboada Leonetti (1988, 195), sind die spanischen Einwanderer eine Gruppe, die für die aufnehmenden Institutionen wenig Probleme bereitet, da sie sich leicht eingliedern lassen. Sie selbst scheinen hauptsächlich zwei Strategien zu bevorzugen: entweder den Bruch mit der Vergangenheit und die entschlossene Eingliederung in die aufnehmende Gesellschaft, was sich aus einem hohen Anteil an Naturalisierungen erkennen lässt (diese Option bedeutet vielfach auch einen relativ raschen Verzicht auf die Herkunftssprache), oder das Verständnis der Auswanderung als einer vorübergehenden Arbeitsmigration, mit dem festen Vorsatz der Rückkehr, sobald die wirtschaftlichen oder politischen Verhältnisse es erlauben. In diesem Fall wird an der Herkunftssprache und –kultur festgehalten und die Organisation mit Gleichgesinnten gesucht, wobei sich Katalanen und Basken meist ihre eigenen Organisationen oder Zentren schaffen. Die hohe Zahl der Rückkehrer seit den siebziger Jahren zeigt, dass diese zweite Option eine wichtige Rolle spielt(e).

Der Beitritt Spaniens zur EU 1986 lässt den Entschluss zur (zeitweiligen) Auswanderung einfacher werden. Dennoch werden die Zahlen der sechziger Jahre bei weitem nicht mehr erreicht, und die Neuzuwanderung hält sich in Grenzen. Allerdings verstärkt sie sich aufgrund der zunehmenden wirtschaftlichen Probleme Spaniens derzeit wieder; da Frankreich jedoch selbst mit ähnlichen Schwierigkeiten Problemen zu kämpfen hat und nicht in größerem Maße nach Arbeitskräften sucht, sind die wichtigsten Zielländer zur Zeit andere. Die jetzigen Auswanderer verfügen in ihrer Mehrzahl über eine viel bessere Ausbildung als ihre Vorgänger; sie suchen daher nach adäquaten Arbeitsplätzen und sind in der Lage, sich vergleichsweise rasch sprachlich und kulturell an neue Verhältnisse anzupassen. Es bleibt abzuwarten, ob die Verhältnisse in ansehbarer Zeit eine Rückwanderung in größerem Ausmaße gestatten, oder ob die Strategien sich ändern müssen.

7.3 Deutsch

Dass auch die deutschsprachige Einwanderung nach Frankreich eine lange Tradition hat, wird angesichts der geographischen Lage nicht verwundern. Kommt sie hauptsächlich aus dem heutigen Deutschland, so haben doch auch die benachbarte Schweiz und, in geringerem Maße, Österreich einen Anteil daran. Auch hier lassen sich mehrere Wellen feststellen, auch hier gibt es neben einer zahlreichen Arbeitsmigration eine quantitativ weniger umfangreiche, intellektuell jedoch bedeutsame politische Emigration.

Diese politische und philosophische Wanderungsbewegung beginnt schon im 18. Jahrhundert, als etwa Friedrich Melchior Baron von Grimm (1723–1807) und Paul Heinrich Dietrich Baron von Holbach (1723–1789) als Aufklärer in Paris wirken und dort eine wichtige Rolle spielen; beide veröffentlichen auf Französisch. Gewichtiger wird die Immigration nach Frankreich naturgemäß nach dem Ausbruch der Revolution, als deren Anhänger und Beobachter nach Paris strömen (erwähnt seien nur Gustav Graf von Schlabrendorf, 1750–1826, und Georg Forster, 1754–1794); sie setzt sich nach dem Wiener Kongress 1815 fort, als die politische Unterdrückung in den deutschsprachigen Ländern viele selbständige Intellektuelle vertreibt. Die Namen von Ludwig Börne (1786–1837) und Heinrich Heine (1797–1856) mögen als Beispiele genügen. Wie gesagt, in absoluten Zahlen ist diese Emigration gering (nur nach der Niederlage der Revolution 1848 steigt sie vorübergehend stark an), ihr intellektuelles Gewicht für die Beziehungen zwischen beiden Kulturen indes beträchtlich.

Eine Gruppe von Spezialisten kommt schon früh nach Frankreich; wir können ihren Aufenthalt heute fast nur noch anhand sprachlicher Spuren rekonstruieren: die französische Bergbauterminologie ist von Lehnwörtern aus dem Deutschen durchzogen, die andeuten, dass deutschsprachige Fachkräfte auch nach Frankreich gerufen wurden. Eine zahlenmäßig gewichtigere Rolle spielen ab dem 17. Jahrhundert die wandernden Handwerksgesellen, die vielfach auch Frankreich durchstreifen. Im 19. Jahrhundert wird auch die Arbeitsmigration im engeren Sinne besser erkennbar, wobei sich oft politische und wirtschaftliche Momente vermischen: um 1830 sollen etwa 30.000 deutschsprachige Einwanderer in Frankreich leben, davon 7.000 in Paris. Diese Zahl soll sich bis 1848 auf 170.000 erhöhen, davon 60.000 in Paris. Es soll sich besonders um Schneider, Schuster, aber auch Tischler, Zimmerleute, Schmiede und Typographen gehandelt haben (Bade 2000, 76–77; Page Moch 2007, 126). Bade spricht von einer Einwanderung von Lumpenproletariern. Sie müssen mehrfach das Land verlassen, ein erstes Mal und nur teilweise nach der Revolution von 1848, vor allem nach Kriegsbeginn 1870, versuchen wieder zurückzukehren, stoßen sich allerdings an einer restriktiveren Einwanderungspolitik in der Dritten Republik, die viele zwingt, das Land definitiv zu verlassen. Kleinere Gruppen können bleiben und erneuern sich auch: so bleibt etwa die Zahl der deutschsprachigen Gouvernanten hoch. Erst die Kriegserklärung von 1914 mit den darauf folgenden Ausweisungen und Internierungen beenden diese Präsenz einer großen Zahl von deutschsprachigen Arbeitskräften. Sie stammen mehrheitlich aus den benachbarten Teilen Deutschlands, dem Süden und Südwesten, wie aus der deutschsprachigen Schweiz. Über ihre sprachlichen Kompetenzen ist relativ wenig bekannt. Diese werden dort gut sein, wo sie regelmäßig mit Franzosen in Kontakt kommen, also etwa bei den Erzieherinnen, dort gering, wo sie weitgehend in großen Gruppen untereinander leben.

Eine andere kleine Gruppe von Wirtschaftsmigranten hat deutliche Spuren hinterlassen, nämlich Händler und Unternehmer. Seit dem 18. Jahrhundert lassen sich eine Anzahl von Weinhändlern, meist aus Bremen, in Bordeaux und seiner Umgebung nieder. Ihre wirtschaftliche Bedeutung ist beachtlich und dauert teilweise bis ins 20. Jahrhundert an; nach einiger Zeit sind allerdings nur noch ihre Namen deutsch (Weber 2007, 492–493). Andere Einwanderer aus Deutschland haben bei der Herstellung und dem Vertrieb von Champagner eine Rolle gespielt; noch heute zeugen die Namen einiger großer Marken von dieser Herkunft (Page Moch 2007, 125). Eine Metrostation in Paris erinnert an einen schwäbischen Unternehmer, nämlich Christoph Philipp Oberkampf (1738–1815), der die erste Manufaktur für farbige Leinenstoffe im Lande aufbaut. Ein anderer Württemberger, der Schorndorfer Pfarrerssohn Karl Friedrich Reinhard (1761–1837), ist das Beispiel für einen Einwanderer, der auch politisch erfolgreich ist: 1799 wird er unter dem Direktorium für einige Monate Außenminister, und später, unter den Königen Ludwig XVIII., Karl X. und dem Bürgerkönig wird er Botschafter beim Deutschen Bund, um 1832 zum *Pair de France* erhoben zu werden; er verwendet das Französische zum literarischen Ausdruck, obwohl ihm sein Deutsch für seine diplomatischen Missionen naturgemäß von großem Nutzen ist.

Die Gründung der Fremdenlegion 1831 öffnet die Bahnen für eine ganz andere Gruppe von Einwanderern. Unter ihnen sind die Deutschsprachigen immer zahlreich; Schätzungen gehen davon aus, dass es sich insgesamt um eine Größenordnung von bis zu einer halben Million handelt (Michels 2007, 521). Ihre Rekrutierung erfolgt auf vielerlei Weise: oft steht der Kriminelle neben dem politischen Flüchtling (so wurden etwa bei Kriegsausbruch 1939 zahlreiche politische Emigranten zum Eintritt in die Fremdenlegion aufgefordert oder praktisch gezwungen). Ein Teil der Überlebenden lässt sich nach dem Dienst in Frankreich nieder. Ihre Sprachkenntnisse sind vielfach bescheiden.

Im 20. Jahrhundert verändert die deutsche Einwanderung ihren Charakter. Zum einen wird nach beiden Kriegen eine größere Zahl von deutschen Kriegsgefangenen in verschiedenen Feldern der Wirtschaft als Arbeitskräfte eingesetzt. Eine begrenzte Zahl von ihnen bleibt definitiv in Frankreich, meist aus persönlichen Gründen; von diesen integriert sich die große Mehrzahl völlig in die französische Gesellschaft, manche vergessen (oder unterdrücken) sogar ihre Muttersprache.

Andererseits nimmt die Zahl der Arbeitsmigranten insgesamt ab. Dabei spielen politische Gründe (die Kriege) ebenso eine Rolle wie wirtschaftliche (die Weltwirtschaftskrise). Dagegen wächst nach 1933 die Zahl der Flüchtlinge aus politischen und/oder „rassischen" Gründen sprunghaft an. Bereits 1933 trifft eine erste Welle von ihnen – vor allem in Paris – ein: es sind zunächst führende Angehörige der Parteien, die sich Hitler entgegenstellen, Sozialdemokraten, Kommunisten, unabhängige Linke, auch manche besonders klarsichtige Angehörige der bürgerlichen Parteien, daneben eine erhebliche Zahl von Intellektuellen und Künstlern, die von der NS-Regierung bald als Feinde angesehen werden. Auch die jüdische Fluchtbewegung beginnt bald, nimmt aber erst im Laufe der Jahre zu. So ist für einige Jahre der kleine Ort Sanary-sur-Mer in der Provence aufgrund der großen Zahl von Schriftstellern, Künstlern und Politikern, die dort leben, eine Art Hauptstadt des intellektuellen Deutschland im Exil. Ein Teil von ihnen möchte/kann nicht in Frankreich bleiben, sondern sucht bald Zuflucht in Amerika. Andere lassen sich vom Krieg 1939 überraschen, um dann eine sichere Zuflucht zu suchen: nicht allen gelingt es. So werden etwa die linken SPD-Politiker Rudolf Breitscheid (1874–1944) und Rudolf Hilferding (1877–1941) vom Vichy-Régime an Hitler-Deutschland ausgeliefert, der erste kommt im KZ Buchenwald um, Hilferding setzt selbst seinem Leben in Haft in Paris ein Ende. Andere versuchen vergeblich, sich zu retten: so bringt Walther Benjamin (1892–1940) sich nach einem gescheiterten Versuch, nach Spanien zu gelangen, sich im Grenzort Port Bou um. Wieder andere fallen internen Auseinandersetzungen zum Opfer; so wird Willi Münzenberg (1889–1940), der geniale Organisator der Anti-Hitler-Propaganda im Exil und hohe KPD- und Komintern-Funktionär (das ist die Dritte, Kommunistische, Internationale), nach seinem Bruch mit Stalin vermutlich auf dessen Geheiß 1940 in Frankreich ermordet.

Die Hunderte von mehr oder weniger berühmten Emigranten werden von Tausenden unbekannter Flüchtlinge umgeben. Es sind aktive Mitglieder linker Parteien, Gewerkschafter, Wissenschaftler, Juden. Eine erhebliche Zahl dieser Menschen haben zuvor keine wichtigeren politischen Funktionen gehabt, sie müssen oft aus Gründen persönlicher Verfolgung fliehen. Die Flüchtlingswellen erneuern sich: nach der Rückgliederung der Saar an Deutschland 1935, nach der Annexion Österreichs 1938, nach der Judenverfolgung aus Anlass der Ermordung des Diplomaten Ernst vom Rath in Paris 1938 (die so genannte Reichskristallnacht), einige letzte Flüchtlinge erreichen Frankreich noch im Sommer 1939. Es ist kaum möglich, ihre Zahl zu ermitteln, denn sie verändert sich ständig. Neuankömmlinge auf der einen Seite werden durch Abreisende auf der anderen ergänzt, einige wenige kehren sogar nach Deutschland zurück. Nach 1939 schließt sich eine größere Anzahl vor allem der jüngeren Flüchtlinge der *Résistance* an. Nur ein kleiner Teil all dieser Gruppen bleibt auch nach 1945 in Frankreich.

Soweit die Emigranten bürgerlichen Milieus entstammen, verfügen sie meist über (gewisse) Kenntnisse des Französischen. Die Situation ist für die Angehörigen der Arbeiterklasse und der Unterschichten im Allgemeinen schwieriger. Manche lernen die Sprache, solange sie im Lande leben, für andere bleibt sie ein gefürchtetes Hindernis. Einige Schriftsteller wechseln ihre Literatursprache, so etwa der zweisprachige Elsässer René Schickele (1883–1940), der, bis 1933 Mitglied der Preußischen Akademie, seinen letzten Roman, *Le retour*, 1938 auf Französisch veröffentlicht. Viel später wird Georges-Arthur Goldschmidt (*1928), der von seinen Eltern im Alter von 10 Jahren nach Frankreich geschickt wird, nach einem Berufsleben als (Deutsch-) Lehrer als zweisprachiger Schriftsteller und als Vermittler zwischen beiden Sprachen und Kulturen bekannt. Insgesamt bleibt die sprachliche Hinterlassenschaft dieser Emigration jedoch begrenzt; die Zeiten waren zu unruhig dafür. Immerhin lässt sich, vor allem in den ersten Jahren, eine rege Publikationstätigkeit verzeichnen, sowohl auf Deutsch und dann für eine heimliche Verbreitung in Deutschland gedacht, als auch auf Französisch und in anderen Sprachen, um die Weltöffentlichkeit aufzuwecken und auf die Existenz eines „anderen" Deutschland hinzuweisen.

Nach 1945 verlassen die deutschen Kriegsgefangenen allmählich das Land; keine andere größere Einwanderung ersetzt sie, außer den Ehefrauen einiger französischer Besatzungssoldaten und manche ehemaligen Fremdenlegionäre. Allerdings verschaffen französische Besatzungsoffiziere in Deutschland und Österreich, die mit Kulturarbeit betraut sind, einer Anzahl von Studenten Stipendien in Frankreich; oft kehren sie als Französischlehrer in die Heimat zurück. Diese Bewegung verstärkt sich mit dem Deutsch-Französischen Freundschaftsvertrag von 1963, und daraus erklärt sich zu einem großen Teil die Einwanderung in den letzten Jahrzehnten des 20. Jahrhunderts: gewöhnlich handelt es sich um Paare mit ursprünglich unterschiedlicher Staatsbürgerschaft, dann Spezialisten auf den unterschiedlichsten Gebieten (vor allem, nachdem die EU die Migration erleichtert hat), und schließlich Rentner, die sich vor allem in Südfrankreich niederlassen; ein anderes beliebtes Zielgebiet ist das Elsass. Insgesamt geben die Statistiken für 2006 eine Zahl von 128.000 Zuwanderern an, von denen 90.000 Ausländer seien. Sie bilden also derzeit nur eine relativ kleine Gruppe. Die meisten dieser Menschen haben eine recht gute Kenntnis des Französischen; falls das nicht von Anfang an der Fall ist, erwerben sie die notwendigen Fähigkeiten rasch. Erst in den letzten Jahren ersetzt das Englische bisweilen, mehr oder weniger provisorisch, das Französische. Die derzeitige deutschsprachige Immigration macht sich wenig bemerkbar und wirft kaum Probleme auf (vgl. auch Kremnitz 2013a).

7.4 Polnisch

Das Polnische ist eine (west-) slawische Sprache, die sich seit ungefähr tausend Jahren ausgebildet hat. Auch die polnische Einwanderung geht in ihren Anfängen weit in die Vergangenheit zurück; von der Arbeitsmigration lässt sich auch hier eine politisch-kulturelle Einwanderung unterscheiden. Diese spielt sich vor allem im 18. und 19. Jahrhundert ab: zum einen aufgrund der Attraktivität der Aufklärung, zum anderen infolge der polnischen Teilungen, die einen Teil der Oberschicht zur Auswanderung veranlassen. Ein früher Vertreter dieser Migration ist etwa Jan Graf Potocki (1761–1815), der auf Französisch schreibt, während etwa Adam Mickiewicz (1798–1855) trotz langer Lehrtätigkeit am *Collège de France* zum wichtigsten romantischen Schriftsteller in polnischer Sprache wird. Diese Wanderungswellen erneuern sich nach den polnischen Niederlagen von 1830/31 und 1863; damals soll die Zahl der Einwanderer jeweils gegen 10.000 betragen haben.

Die Einwanderung polnischer Arbeitskräfte in großer Zahl beginnt nach dem Ende des Ersten Weltkrieges, aufgrund eines französisch-polnischen Abkommens. Sie werden vor allem für die Kohlengruben und Bergwerke im äußersten Norden Frankreichs gesucht; ein kleinerer Teil arbeitet auch in der Landwirtschaft (hier macht sich ihre Präsenz schon seit Beginn des 20. Jahrhunderts bemerkbar). Wenn auch die Mehrzahl dieser Einwanderer das Polnische als Muttersprache hat, so sind auch Sprecher anderer Sprachen unter ihnen; zum einen handelt es sich bei einem Teil der Zugewanderten um Weiterwanderer, die zuvor im Ruhrgebiet gearbeitet und sich (spätestens) dabei das Deutsche angeeignet haben. Sie verwenden diese Sprache lange Zeit weiter, teilweise um sich von ihren Landsleuten, die direkt aus Polen kommen, abzugrenzen (Ponty/Masiewicz 1988, 265). In den Ansiedlungsgebieten in Lothringen verwenden auch viele das Moselfränkische, das so genannte Lothringer Platt. Eine andere größere Gruppe von Einwanderern aus Polen hat als Umgangssprache das Jiddische; sie haben nach und nach ihre Heimat aufgrund des dort latent vorhandenen und bisweilen virulent werdenden Antisemitismus verlassen. Allerdings suchen sie, eben aus diesem Grund, nur dann den engeren Kontakt zu den polnischen Landsleuten, wo sich das nicht vermeiden lässt.

Die Zahlen sind eindrucksvoll: 1926 werden 309.000 Polen in Frankreich gezählt, 1931 bereits 507.000 (Ponty/Masiewicz, 1988, 266). Allerdings dürfte damit auch der Höhepunkt der Einwanderungswelle erreicht sein; die schwierigeren wirtschaftlichen Bedingungen der dreißiger Jahre, der zunehmende Nationalismus und die wachsende

Xenophobie wirken als Bremsen. Nur Juden bemühen sich nach wie vor, Polen zu verlassen. Die Zählung von 1936 ergibt noch 420.000 Polen (Deprez, 2013, 792). Aufgrund des erwähnten Abkommens gibt es polnische Schulen und polnische Klassen, die mindestens die Sprache lehren sollen. Der teilweise niedrige Bildungsstand (vor allem unter den aus dem Zarenreich und der Habsburgischen Monarchie stammenden Polen ist der Analphabetismus anfangs noch weit verbreitet) und der Umstand, dass sie vielfach in geschlossenen Gemeinschaften leben, führen indes dazu, dass die sprachliche Assimilierung nur langsam vor sich geht. Gewöhnlich sprechen die Familien zu Hause Polnisch (manchmal Deutsch), und nur in der Schule und der Öffentlichkeit Französisch. Naturgemäß ist bei den Sprechern des Jiddischen aufgrund des geringen Außenprestiges dieser Sprache der Drang zur Assimilation höher. Ein Grund für den lange Zeit hohen Bewahrungsgrad des Polnischen liegt in einer hohen Organisationsdichte – ähnlich wie zuvor im Ruhrgebiet werden zahlreiche Vereine gegründet – und in der zeitweise starken Verbreitung einer Presse in polnischer Sprache; in der Zwischenkriegszeit soll es gegen zwanzig Titel gegeben haben, von denen viele eine lange Lebensdauer hatten (Ponty/Masiewicz 1988, 267). Auch die Präsenz der katholischen Kirche spielt eine sprachbewahrende Rolle. Viele hoffen auf eine Rückkehr nach Polen und pflegen auch deshalb ihre sprachliche Kompetenz (die erhoffte Rückkehr wird nach 1945 teilweise Realität).

Während des Krieges engagieren sich relativ viele Polen in der *Résistance*. Danach kommt es zu unterschiedlichen Entwicklungen: ein Teil kehrt nach Polen zurück, der andere Teil entscheidet sich für den Verbleib in Frankreich und vollzieht nun auch die sprachliche Integration mit größerem Nachdruck. Dabei darf man nicht vergessen, dass mittlerweile die jüngere Generation die französische Schule durchlaufen hat und die polnischen Lehrstrukturen in Frankreich in ihrer Bedeutung zurückgehen. Die späte und zögerliche Einrichtung von Polnisch-Lehrgängen an den Universitäten haben diese Entwicklung allenfalls etwas verlangsamen können. Zwar gehen Schätzungen von 1981 noch von 200.000 Polnischsprechern im äußersten Norden Frankreichs aus (Deprez 2013, 795), dreißig Jahre später seien sie jedoch praktisch verschwunden. Zwar errechnet die Studie von Héran u.a. (Héran/Filhon/Deprez 2002) mit dem Berichtsjahr 1999 noch 285.000 Personen, mit denen man in ihrer Kindheit Polnisch gesprochen habe, aber nur 138.000 verwenden die Sprache noch und ganze 64.000 erklären, sie an ihre Kinder weitergegeben zu haben. Sofern diese Personen noch Polnisch sprechen, ist ihre Sprache gewöhnlich von französischen Einflüssen durchsetzt. Dennoch trägt ein kollektives Bewusstsein Züge der polnischen Kultur und Sprache auch heute noch dort, wo sich größere Zentren gebildet haben.

Nach 1990 kommt es zu einer neuerlichen, zahlenmäßig begrenzten Einwanderung aus Polen. Für 2009 wird eine Zahl von 43.000 polnischen Staatsbürgern in Frankreich angegeben. Viele sehen in einem Aufenthalt in Frankreich nur eine Durchgangsstation, sei es zur beruflichen Weiterbildung, sei es zur persönlichen Entfaltung; viele von ihnen haben bereits ein hohes Bildungsniveau. Erstaunlicherweise handelt es sich um eine

Mehrzahl von Frauen (rund 60%). Gewöhnlich sind diese Personen zweisprachig, und wo es zu Heiraten kommt, ist die Bewahrung der Zweisprachigkeit zumindest anfangs beabsichtigt.

7.5 Portugiesisch

Das Portugiesische wird zu den iberoromanischen Sprachen gerechnet, es wird heute weltweit von über 200 Millionen Menschen gesprochen, davon leben etwa 90% in Brasilien. Es hat sich, wie alle anderen romanischen Sprachen, aus dem gesprochenen Latein entwickelt und lässt sich etwa ab dem 11./12. Jahrhundert nachweisen. In Portugal wird neben der Staatssprache nur im Nordosten das Mirandesische als anerkannte Minderheitssprache gesprochen (3000 – 5000 Sprecher, es handelt sich um eine Varietät des Asturisch-Leonesischen; vgl. Cahen 2009; Merlan 2012), so dass anzunehmen ist, dass nahezu alle Einwanderer aus Portugal portugiesischer Sprache sind. Die aus Portugal stammenden Roma sprechen alle Portugiesisch, nur ein relativ kleiner Teil von ihnen darüber hinaus Romanés.

Portugal schafft 1910 die Monarchie ab, doch auch den darauf folgenden republikanischen Regierungen gelingen die Modernisierung und die Abschwächung der sozialen Gegensätze nicht. Als Antwort putscht 1926 die Armee: Ministerpräsident wird 1932 Antonio de Oliveira Salazar (1889–1970), der ein diktatorisches Regime begründet, das erst 1974 durch die so genannte Nelkenrevolution beseitigt wird. Diese Diktatur ist, neben der Armut der Menschen, eine starke Motivation für die Auswanderung. Zwar ist Portugal seit langem ein Land mit Auswanderung, aber diese zielt zunächst vor allem auf Gebiete mit portugiesischer Sprache, nämlich auf Brasilien und später, und in bescheidenerem Ausmaß, auf die portugiesischen Kolonien (bzw. seit Anfang der fünfziger Jahre offiziell „Überseegebiete") in Afrika. Erst in den sechziger Jahren des 20. Jahrhunderts ändert sie ihre Zielrichtung in Richtung auf Frankreich und sekundär andere europäische Gebiete. Man darf vermuten – wirkliche Ursachenforschung darüber gibt es nicht –, dass der Beginn der Befreiungskriege in den Kolonien und die seit 1964 bestehende Militärdiktatur in Brasilien bei dieser Umorientierung eine gewichtige Rolle spielen.

Das erklärt mit, dass die portugiesische Immigration nach Frankreich relativ spät einsetzt, dafür nimmt sie sofort bedeutende Ausmaße an; bereits in den siebziger Jahren stellen die Portugiesen mit 765.000 (1975) die größte Zuwanderergruppe (das französische Innenministerium schätzt die tatsächliche Zahl damals auf 900.000; vgl. de Villanova 1988, 283). Die Demokratisierung von 1974 und der Beitritt zur EU 1986 verlangsamen den Zustrom (der durch zahlreiche Rückwanderungen teilweise neutralisiert wird), doch wird er in wirtschaftlichen Krisensituationen wieder stärker. Zu den noch immer zahlreichen portugiesischen Immigranten in Frankreich (Deprez 2013a, 799 spricht von 700.000) kommen solche aus Brasilien (etwa 80.000, ibid.) und in geringerer

Zahl auch aus den ehemaligen afrikanischen Kolonien. Die offiziellen Zahlen für 2009 sind wiederum niedriger, sie erfassen 588.000 Zuwanderer, davon 493.000 Ausländer. Die portugiesischen Zuwanderer sind in bezug auf Naturalisierungen relativ zurückhaltend.

Aufgrund des niedrigen kollektiven Bildungsstandes im diktatorialen Portugal (erst 1965 wird die allgemeine Schulpflicht von vier auf sechs Jahre erhöht; vgl. de Villanova 1988, 286) müssen sich die meisten Zuwanderer in den Anfangsjahren mit relativ bescheidenen Berufen begnügen. Viele finden als Bauarbeiter Beschäftigung, daneben gibt es bald eine große Zahl von Hausverwaltern bzw. Hausverwalterinnen und Pförtnern. Erst nach und nach können sie auch in anderen Bereichen Fuß fassen, vor allem ab der zweiten Generation, die von den besseren Ausbildungsbedingungen in Frankreich profitiert; erst allmählich, etwa ab den neunziger Jahren, holt das portugiesische Ausbildungssystem deutlich auf. Die portugiesische Einwanderung konzentriert sich auf Paris und die Ile-de-France, daneben auf die Nordhälfte des Landes. Da die Einwanderer oft auch im Aufnahmeland in Verbänden siedeln, trägt das zur Sprachbewahrung bei.

Kennzeichnend für die portugiesische Einwanderung in Frankreich ist eine hohe Zahl an Rückwanderern, oft nach der Beendigung des Arbeitslebens, vielfach aber auch, sobald die Auswanderer genügend Reserven erarbeitet haben (oder zu haben glauben), um sich in der Heimat selbständig zu machen. Außerdem wird vielfach der Jahresurlaub in der Heimat verbracht. Das ist ein weiteres Argument dafür, dass auf der einen Seite die Herkunftssprache relativ gut bewahrt wird, daneben aber das Französische eine zunehmende Rolle bekommt. Das kann zu Interferenzen führen, vor allem ab der zweiten Generation, wo aufgrund des Schulbesuchs in Frankreich das Französische immer gegenwärtiger wird. Da und dort wird es auch bei Rückwanderern und ihren Kindern als interne Verständigungssprache beibehalten. Umgekehrt ist die Bewahrung des Portugiesischen in Frankreich auch heute noch stark (vgl. Héran/Filhon/Deprez 2002). Dazu hilft auch seine Präsenz im französischen Unterrichtssystem, die sich seit Beginn der siebziger Jahre deutlich verstärkt hat, derzeit aber wieder im Rückgang ist. Zwar gibt es auch komplementären Sprachunterricht, der aber wohl seine Erfolgsphase hinter sich hat und dringend einer Modernisierung bedürfte.

Zur Sprachbewahrung verhilft auch ein dichtes Netz an Vereinen und Organisationen, die neben nostalgischen und Kontaktfunktionen auch kulturelle Aktivitäten entwickeln, nach innen, für die (ehemaligen) Auswanderer, und nach außen, für die umgebende Bevölkerung. Auch eine gewisse, allerdings relativ bescheidene Präsenz in den Medien wirkt bei der Bewahrung der Sprache mit (sie kann heute durch Satelliten verstärkt werden).

Die portugiesische Einwanderung gilt in Frankreich als eine „unsichtbare Einwanderung", die keine Probleme aufwirft. Dazu trägt auch bei, dass sie aus einer ähnlichen katholischen Tradition stammt wie die überwiegende Mehrheit der Franzosen, aber auch, dass sie, aufstiegsorientiert, die gebotenen Möglichkeiten wahrnimmt. Der Kontakt zum Herkunftsland wird, bei aller Akzeptanz des Aufnahmelandes, meist über lange

Zeit erhalten. Und schließlich scheint das kollektive Bewusstsein der Portugiesen ein deutlich europäisches zu sein, das ihnen die Eingliederung erleichtert.

Anscheinend treiben die derzeitige Krise in Portugal und die steigende Arbeitslosigkeit wieder mehr Portugiesen in die Auswanderung, davon auch einen Teil nach Frankreich. Sie unterscheiden sich meist durch eine weitaus bessere Ausbildung von ihren Vorgängern, allerdings bietet ihnen die kritische Situation in Frankreich nur begrenzte Möglichkeiten (vgl. insgesamt vor allem Deprez 2013a).

7.6 Afrikanische Sprachen

Die Überschrift dieses Abschnitts unterscheidet sich von den vorigen durch ihre große Reichweite (man könnte auch sagen: Ungenauigkeit), wenn auch die nordafrikanische Einwanderung bereits behandelt wurde, da ihre wichtigsten Sprachen in der *liste Cerquiglini* zu finden sind. Die Zahl der in Afrika südlich der Sahara gesprochenen Sprachen ist beträchtlich, auch bei vorsichtiger Zählung viele Hunderte, und die Menge der aus diesen Gebieten stammenden Einwanderer nach Frankreich ist ebenfalls groß. Allerdings ist es kaum möglich, verlässliche Zahlen anzugeben. Das hängt zum einen damit zusammen, dass viele der wichtigsten Herkunftsgebiete bis etwa 1960 französische Kolonien waren und daher ein Teil der (älteren) Immigranten und ihre Nachkommen Passfranzosen sind, die in den Statistiken nicht auftauchen. Andere besitzen aus anderen Gründen die französische Staatsbürgerschaft. Schließlich befindet sich ein erheblicher Anteil dieser Zuwanderer in nicht regulärer Situation. Und zu guter Letzt wächst diese Immigration aufgrund der kritischen wirtschaftlichen Lage in vielen Teilen Afrikas rapide an. Leconte (2013, 835) gibt eine offizielle Zahl von 570.000 Bürgern der Staaten südlich der Sahara für etwa 2005 an, zu denen noch die oben erwähnten anderen Gruppen kommen, so dass sie auf eine geschätzte Gesamtmenge von rund einer Million Menschen kommt. Sie fügt hinzu, dass bei den aktuellen Einwanderungen die Angehörigen dieser Staaten massiv überrepräsentiert sind; es ist also gut möglich, dass die Angaben, obwohl sie relativ neu sind, heute deutlich zu niedrig liegen (natürlich gibt es auch hier eine gewisse, freiwillige oder erzwungene, Rückwanderung, die nur schwer einzuschätzen ist). Für einzelne Staaten lassen sich nur teilweise brauchbare Zahlen finden. So geben die offiziellen Statistiken etwa für 2006 60.000 Malier, 50.000 Senegalesen und 45.000 Bürger der Demokratischen Republik Kongo (Kinshasa) an, für dasselbe Jahr allerdings gehen andere von 70.000 Senegalesen und 54.000 Maliern aus, zu denen 55.000 Ivorer und 52.000 Kamerunesen kämen (Filhon/Zegnani 2013, 744). Die Situation ist also alles andere als klar. Immerhin dürften die Bürger dieser Staaten die größten Kontingente an der augenblicklichen Einwanderung stellen. Sobald ein Staat in eine Krise gerät, explodieren die Zahlen der Auswanderer nach Frankreich.

Ein weiteres Problem kommt hinzu: da die Grenzen der heutigen afrikanischen Staaten fast alle von europäischen Kolonialherren gezogen wurden, sind nur wenige von ihnen auch nur annähernd in ihrer sprachlichen und kulturellen Zusammensetzung einheitlich. Der Pass sagt daher nur sehr bedingt etwas über die sprachlichen Praxen von Afrikanern aus. Als einzige afrikanische Sprache hat bisher das Swahili einen offiziellen Status in mehreren Staaten erreichen können und dient darüber hinaus als ostafrikanische Verkehrssprache. Die wenigen, meist nur ko-offiziellen autochthonen Sprachen in anderen Staaten haben gewöhnlich keine größere Reichweite; an einer gezielten Sprachenpolitik zur Förderung einheimischer Sprachen fehlt es fast überall. Fast überall sind die ehemaligen Kolonialsprachen auch heute noch offizielle Sprachen. Das begründet sich teilweise durch das Zusammenleben von Völkern gänzlich unterschiedlicher Sprache in einem Staat mit gewöhnlich willkürlicher Grenzziehung, zu einem größeren Teil mit der europäischen, besonders französischen Sprachen- und Kulturpolitik während der Kolonialzeit (die englische und belgische Kolonialmacht räumte den einheimischen Sprachen einen *etwas* größeren Raum ein): diese setzte auf das Monopol des Französischen und begründete ihre Kolonialpolitik vielfach mit der zivilisatorischen Mission, die Frankreich ausübe, und wendete die monopolistische Sprachenpolitik, die sich im Inneren Frankreichs seit dem 19. Jahrhundert allmählich durchsetzte, auch in den Kolonien an. Diese Politik stieß dort auf heftigen Widerstand und wenig Erfolg, wo alte Schriftsprachen aus der Zeit vor der Kolonialisierung bestanden (also etwa im damaligen Indochina), in Afrika jedoch gab es solche Traditionen kaum (in den islamischen Gebieten wurden gewöhnlich arabische Zeichen für die Schrift verwendet, nur Madagaskar versuchte im 19. Jahrhundert die Entwicklung einer eigenen Referenzform, was dazu führte, dass dort heute – zumindest auf dem Papier – das Madegassische die erste offizielle Sprache ist), eine schriftliche Tradition war kaum vorhanden, daher war und ist die kulturelle Widerstandskraft dieser Sprachen im schriftlichen Bereich gering. Da eine Mehrheit der Zuwanderer aus dem südlichen Afrika aus ehemaligen französischen Kolonien kommt, setzt sich dieses Problem bis heute fort.

Mussten die afrikanischen Sprachen den Kolonialsprachen, in unserem Falle vor allem dem Französischen, weitgehend das Feld des schriftlichen Gebrauchs überlassen, so hielten und halten die autochthonen Sprachen im mündlichen Gebrauch weitaus besser stand, zumal in großen Teilen Afrikas Mehrsprachigkeit weit verbreitet ist. Aufgrund der vielfach kleinräumigen Kommunikationszonen sprechen viele Afrikaner mehrere Sprachen – etwa die Sprachen der Eltern, wenn diese aus verschiedenen Gruppen stammen, die Verkehrssprachen der jeweiligen Gebiete, darüber hinaus möglicherweise Kultsprachen. (Partielle) Mehrsprachigkeit ist in Afrika alltäglich. Sie sprechen diese Sprachen in dem Maße, in dem sie sie zu ihrer Kommunikation benötigen. Das bedeutet, dass für sie der Erwerb zusätzlicher Sprachen aufgrund veränderter Kommunikationssituationen keine übergroße bzw. eine vertraute Herausforderung bedeutet.

Die koloniale Sprachenpolitik und die verbreitete Mehrsprachigkeit führen dazu, dass heute alphabetisierte Afrikaner gewöhnlich vor allem in einer europäischen Kolonialsprache, im vorliegenden Falle in Französisch, alphabetisiert sind. Nur relativ wenige beherrschen auch die Referenzformen ihrer afrikanischen Sprachen (sofern diese überhaupt verschriftet sind); allerdings scheinen hier in vielen Staaten die Zuwachsraten in jüngerer Zeit beträchtlich zu sein. Vielfach setzen sich zunehmend afrikanische Verkehrssprachen durch (etwa das Wolof im Senegal, das Bambara in Mali oder Lingala und Sanga am Unterlauf des Kongo), die in weiteren Schritten auch eine gewisse offizielle Anerkennung erfahren. Natürlich besitzen die Kolonialsprachen in manchen Schichten nach wie vor ein besonderes Prestige, wenn es auch scheint, als mache sich zunehmender Pragmatismus bemerkbar.

Diese Situation setzt sich, zumindest am Anfang, auch im Falle der Auswanderung fort. Die Auswanderer verwenden die ihnen vertrauten Sprachen, erwerben dabei aber rasch auch Fähigkeiten in der Sprache des Aufnahmelandes, zunächst gewöhnlich im mündlichen Gebrauch, dann auch im schriftlichen Verkehr. Gewöhnlich werden die überkommenen afrikanischen Sprachen für die Kommunikation innerhalb der eigenen Gruppe weiter verwendet. Allerdings scheint die Sprachverwendung vielfach weniger ideologisch besetzt zu sein als in Europa, daher werden Sprachen, die ihre kommunikative Relevanz verlieren, auch aufgegeben.

Laut Leconte (2013, 836) tauchen die ersten, nicht sehr zahlreichen afrikanischen Arbeitsmigranten nach dem Ersten Weltkrieg in Frankreich aus. Sie arbeiten vor allem als Seeleute, es handelt sich in erster Linie um Soninke und Manjak. Zu gleicher Zeit kommen auch einige Studenten mit Stipendien ins Land, gewöhnlich nach Paris. Der berühmteste dieser Stipendiaten ist Léopold Sédar Senghor (1906–2001), der in Paris mit Aimé Césaire und Léon Gontran Damas zusammentrifft; alle drei werden zu Begründern der *négritude*. Trotz gewisser Vorurteile der *Antillais* gegen die Afrikaner kommt es immer wieder zu engen Kontakten zwischen beiden Gruppen. Nach dem Ende des Zweiten Weltkrieges kommen nur wenige Afrikaner nach Frankreich, erst die wirtschaftliche Entwicklung gegen Ende der fünfziger Jahre zieht sie in größerer Zahl an. Der Zustrom wird durch die erste Ölkrise ab 1973 unterbrochen, allerdings lassen nun die in Frankreich Lebenden in zunehmendem Maße ihre Familien nachkommen, was der zunächst von beiden Seiten – der französischen wie der afrikanischen – als temporär angesehenen Migration den Charakter des Endgültigen verleiht. Seither steigt ihre Zahl wieder, wenn auch in Wellenbewegungen, die die politischen Entwicklungen widerspiegeln.

Der Bewahrungsgrad der afrikanischen Sprachen scheint unterschiedlich zu sein. Das hängt von ihrem Gebrauchswert in der neuen Umgebung ab: während die Vernakularsprachen, gewöhnlich als Muttersprachen der Eltern, weiter verwendet und daher beibehalten werden, sinkt die kommunikative Bedeutung der bisherigen Vehikularsprachen ab, die in vielen Verwendungen vom Französischen ersetzt werden. Immerhin gibt es mittlerweile zahlreiche Organisationen, vor allem solche der zahlenmäßig stärkeren afrikanischen Völker, die auch Sprachen- und Kulturpolitik betreiben. Auf der anderen Seite beherrschen Neuankömmlinge heute das Französische besser als ihre Vorgänger vor einigen Jahrzehnten, aber die kolonialen Vorurteile gegen die autochthonen Sprachen sind noch nicht vollständig abgebaut. Der stetige Zustrom neuer Immigranten sorgt jedoch dafür, dass den afrikanischen Sprachen immer wieder neue Sprecher zugeführt werden. Sie tragen dazu bei, dass diese Sprachen bis auf weiteres auf französischem Boden präsent bleiben (vgl. insgesamt Leconte 2013).

7.7 Chinesische Sprachen

Der Titel dieses Abschnitts mag überraschen, denn wir sind es gewohnt, das Chinesische als *eine* Sprache wahrzunehmen, da es mit *einer*, weitgehend einheitlichen Schrift geschrieben wird. Allerdings unterscheiden sich die Varietäten des Chinesischen so deutlich von einander, dass eine gegenseitige Verständlichkeit zwischen den entfernteren oft nicht gegeben ist; bisweilen helfen Sprecher aus unterschiedlichen Regionen sich damit, dass sie die entsprechenden Schriftzeichen notieren, um sich dem Gesprächspartner verständlich zu machen. Die Unterschiede sind besonders groß zwischen den Varietäten des Nordens, auf denen die Referenzsprache (heute *Putonghua* genannt) beruht, und den Varietäten des Südens, aus deren Sprechern sich die Mehrzahl der Einwanderer nach Frankreich rekrutiert. Diese heutige Referenzsprache wurde, vor allem seit 1949, mehreren Reformen unterzogen, die ihren Erwerb erleichtern sollten. Nachdem zunächst eine Art Diglossie zwischen ihr und den regionalen Sprachformen bestand, scheint sich seit etwa zwei Jahrzehnten die *Putonghua* auf Kosten der anderen Varietäten auszubreiten. Sie wird auch im Erziehungssystem immer ausschließlicher verwendet. Die Dinge verkomplizieren sich dadurch weiter, dass die chinesische Einwanderung sich nicht nur aus China selbst speist, sondern dass auch Angehörige der chinesischen Diaspora in Südostasien, vor allem im ehemaligen Indochina (meist im Zusammenhang mit dem Indochina-Krieg und später dem Vietnamkrieg), aber auch in anderen Gebieten, weitergewandert sind. Diese unterschiedliche Herkunft bringt es mit sich, dass die chinesische Immigration (nicht nur in Frankreich) sprachlich nicht homogen ist und es auch intern zu Kommunikationsproblemen kommen kann (vgl. Glück [4]2010).

China kennt seit langem eine starke Auswanderung, zunächst vor allem nach Südostasien, dann auch in verschiedene Teile Amerikas, und schließlich auch nach Europa. Diese Auswanderung ist zunächst ein Indiz für die schlechte wirtschaftliche Lage des Landes, dann auch eine Folge der langwierigen Kriege und Bürgerkriege, die es bis zur kommunistischen Eroberung (und teilweise auch noch danach, etwa während der „Kulturrevolution", denn was ist sie anderes als ein nicht erklärter Bürgerkrieg?) durchziehen.

In Frankreich tauchen die ersten chinesischen Einwanderer während des Ersten Weltkrieges, etwa ab 1916, auf. Es handelt sich zum einen um Arbeiter, die, aufgrund eines geheimen Abkommens zwischen den beiden Staaten, vor allem in den für die Rüstung wichtigen Betrieben eingesetzt werden, zum anderen auch um Kombattanten (diese stammen meist aus Indochina), die in den Kämpfen eingesetzt werden; ihre Zahl soll sich in einer Größenordnung von 100.000 bewegen (Hassoun 1988, 133). Ein Teil der

Überlebenden bleibt in Frankreich, vor allem in Paris, oft in engem Kontakt mit den übrigen Zuwanderern aus Indochina. Die zweite und dritte Welle besteht zu einem großen Teil aus Auslandschinesen, die nach dem durch die Niederlage erzwungenen Rückzug Frankreichs aus Indochina 1954 und nach dem Ende des Vietnamkrieges 1975 (als *boat people* bezeichnet; ein erheblicher Teil von ihnen sind ethnische Chinesen) in Frankreich eintreffen (Hassoun 1988, 135, spricht hier von einer Größenordnung von 40.000). Erst seit dem Beginn des 21. Jahrhunderts kommen auch Zuwanderer aus der Volksrepublik China direkt in größerer Zahl nach Frankreich.

Über den tatsächlichen Umfang dieser Einwanderergruppe scheint allerdings wenig Klarheit zu bestehen. Die maximalen Angaben bewegen sich schon um 1994 in Größenordnungen von 200.000 (Saillard/Boutet 2013, 893), während die offiziellen Zahlen für 2006 bei 69.000 Zuwanderern und 65.000 Ausländern aus China liegen. Allerdings lässt sich diese Diskrepanz teilweise damit erklären, dass viele Zuwanderer chinesischer Sprache und Kultur nicht als chinesische Bürger sondern als aus anderen Gebieten kommend registriert wurden bzw. seit Generationen naturalisiert sind und daher in den Statistiken nicht mehr auftauchen. Daneben dürfte die Menge der illegal Eingewanderten relativ groß sein; naturgemäß findet man sie in den Statistiken ebenso wenig. Schließlich gibt es in jüngster Zeit eine steigende Zahl von temporären Immigranten, die sich zu Ausbildungszwecken o.ä. in Frankreich aufhalten. Daher dürften die zuletzt angeführten Angaben zu niedrig sein. Allerdings deuten sie an, dass die später Eingewanderten nur zögerlich eine Naturalisierung anstreben.

Die ersten Einwanderer arbeiten aufgrund mangelnder Ausbildung oft in wenig attraktiven Berufen, sobald es ihnen jedoch möglich scheint, versuchen sie, sich mit kleinen Gewerbebetrieben bzw. später in der Gastronomie, selbständig zu machen. Die später aus Indochina Geflüchteten verfügen oft über eine bessere Ausbildung, die gewöhnlich auch in Frankreich anerkannt wird, daher ist der berufliche Bruch oft nicht groß. Die späteren Generationen haben vielfach einen beträchtlichen sozialen Aufstieg vollzogen, sie finden sich heute nahezu auf allen beruflichen Ebenen, wenn auch gewisse Beschäftigungen nach wie vor relativ typisch bleiben.

Nach Héran/Filhon/Deprez (2002) ist der Grad der Sprachbewahrung bei den chinesischen Zuwanderern vergleichsweise hoch. Allerdings scheint es zu einer gewissen Verschiebung der Prioritäten zu kommen: die meist südchinesischen Einwanderer der letzten beiden Jahrzehnte sprechen am besten ihre regionale Varietät, erklären jedoch die große Bedeutung des *Putonghua*, das sie gegebenenfalls an ihre Nachfahren weitergeben wollen. Daneben ist der Erwerb des Französischen für jede berufliche Zukunft unerlässlich. Zwar wird die Vermittlung der chinesischen Referenzsprache heute institutionell abgestützt, sowohl durch die französischen Lehrpläne als auch durch die Vervielfachung der chinesischen Kulturinstitute, die ihre Aufgabe auch darin sehen; jedoch kommt es offensichtlich zu einer gewissen Neueinschätzung der kommunikativen Bedeutung der verschiedenen Sprachen, bei der die regionale Varietät das Register der Intimität besetzt, während die beiden anderen Sprachen die „öffentlichen" Kommunikationsbedürfnisse abdecken (Saillard/Boutet 2013). Natürlich stellt sich die Frage, ob es sich dabei um einen Übergangszustand handelt oder um eine stabilere Funktionsverteilung. Da die Immigration aus China andauert und weltweit die Bedeutung des Chinesischen stark zunimmt, scheint seine Präsenz in Frankreich auf absehbare Zeit nicht in Frage gestellt.

7.8 Sprachen aus Südostasien: Vietnamesisch, Laotisch, Khmer

Das Vorkommen der drei Sprachen Vietnamesisch, Khmer und Laotisch im heutigen Frankreich erklärt sich primär durch die französische Kolonialgeschichte. 1859 besetzt Frankreich Saigon und beginnt damit eine koloniale Durchdringung der bis dahin unabhängigen Gebiete, die 1887 zu einem Protektorat vereint werden, dem 1893 auch Laos zugeschlagen wird. Alle diese Territorien haben eine alte staatliche Tradition. Ein Aufstand gegen die französische Herrschaft in Vietnam 1930 scheitert, 1946–1954 kämpfen die drei sich wieder konstituierenden Territorien Vietnam, Kambodscha und Laos unter der Führung des vietnamesischen Präsidenten Ho Chi Minh (1890–1969) gegen den Versuch der Franzosen, die im Zweiten Weltkrieg gegen Japan verlorenen Länder zurückzuerobern. Ab 1950 unterstützen chinesische Truppen die Freiheitsbewegung. Schließlich erleidet Frankreich 1954 die historische Niederlage von Dien Bien Phu und muss danach ganz Indochina räumen, das in den drei unabhängigen Staaten Vietnam (zunächst in zwei Teilstaaten geteilt), Laos und Kambodscha wieder ersteht. Gleichzeitig flieht eine Anzahl von Anhängern der französischen Herrschaft nach Frankreich. Allerdings beginnen schon seit etwa 1957 von Nordvietnam unterstützte Freischärler mit Angriffen gegen die (prowestliche) südvietnamesische Regierung, diese weiten sich seit 1964 zu großen Krieg aus, der 1975 mit dem Sieg des kommunistischen Nordens über den Süden und seinen Protektor, die USA, endet. Dieser Sieg löst eine neuerliche, nun viel bedeutendere Fluchtwelle (die so genannten *boat people*) aus. Frankreich ist eines der hauptsächlichen Ziele (neben den USA und Kanada). Allerdings gibt es schon während der Kolonialzeit eine erste, zahlenmäßig wenig bedeutende Zuwanderung nach Frankreich. Nach der Fluchtwelle der späten siebziger Jahre kommen nur noch relativ wenige Neuankömmlinge nach Frankreich.

Das Vietnamesische (ca. 80 Millionen Sprecher) und das Khmer (ca. 13 Millionen Sprecher) gehören zur Mon-Khmer-Sprachengruppe der austroasiatischen Sprachen, das Laotische (ca. 6 Millionen Sprecher) zu den Austro-Thai-Sprachen. Alle drei Sprachen haben eine alte Kultur- und Schrifttradition. Das Vietnamesische wird seit 1910 offiziell mit lateinischen Zeichen geschrieben (*Quoc Ngu*), diese Schrift wurde schon im 16. Jahrhundert von portugiesischen Mönchen entworfen, die sich ihrerseits auf die okzitanischen Schreibtraditionen des Mittelalters stützten. Zuvor wurde das Vietnamesische mit einem, dem chinesischen verwandten logographischen Schriftsystem geschrieben. Es ist eine Tonsprache, die Töne werden heute mittels diakritischer Zeichen angegeben (vgl. Jensen 1969, 175–177). Das Khmer verfügt über eine Schrift, die schon seit Beginn unserer Zeitrechnung verwendet wird, das laotische Schriftsystem ist seit dem 13. Jahrhundert nachgewiesen; es wurde wohl aus südindischen Schreibtraditionen über das Khmer übernommen (Faulmann ²1880, 150–154; Moseley/Asher 1994; Daniels/Bright 1996).

Laos, Kambodscha und Vietnam sind Vielvölkerstaaten; unter den Flüchtigen finden sich daher auch Sprecher anderer Sprachen, allerdings in so geringer Zahl, dass sie sich kaum festmachen lassen. Die einzige Ausnahme bilden die in Französisch Guyana angesiedelten Hmong, deren Sprache dort auch in die *liste Cerquiglini* aufgenommen wurde (vgl. Kap. 6.2.); andere Angehörige des Volkes sind nach 1975 nach Thailand und in andere Länder geflüchtet, davon schätzungsweise 8000 nach Frankreich (Hassoun 1988a, 122). Ihre Mehrzahl dürfte mittlerweile an das Französische assimiliert sein.

Die ersten Vietnamesen, es sollen insgesamt fast 100.000 gewesen sein (allerdings könnte die Zahl zu groß sein, da aus Vietnam auch zahlreiche ethnische Chinesen nach Frankreich gelangen), kommen während des Ersten Weltkrieges nach Frankreich; sie werden entweder an der Front oder in den Betrieben eingesetzt. Die allermeisten der Überlebenden werden nach 1918 zurückgeschickt, da sie als nicht assimilierbar gelten (Simon-Barouh 1988, 89). Erst nach dem Ende des Indochina-Krieges werden sie wieder in größerer Zahl in Frankreich auftauchen, davor allenfalls in Gestalt von Studierenden oder (nicht sehr zahlreichen) Würdenträgern. Im Allgemeinen gehören diese Zuwanderer zu den Begünstigten des kolonialen Systems. Anders steht es mit den Flüchtlingen nach 1975, die meist völlig mittellos sind und selten Kenntnisse des Französischen und der französischen Kultur haben. Für sie wird die Eingewöhnung in die neue Gesellschaft sehr viel schwieriger. Die Kambodschaner kommen erst ab 1954 in einer gewissen Zahl, auch hier zunächst Studierende, und ab Beginn der siebziger Jahre Kriegsflüchtlinge. Auch für sie ist die Anfangszeit sehr schwierig, mittlerweile haben sich wohl alle in Frankreich eingelebt. Die Laoten kommen ebenfalls erst mit dem Ende des Vietnam-Krieges in größerer Zahl. Außer den relativ wenigen ehemaligen Würdenträgern haben sie erhebliche Mühe, sich an das neue Leben anzupassen, denn die überwiegende Mehrzahl von ihnen ist bäuerlicher Abkunft und kommt aus einer sehr traditionellen Gesellschaft.

Die französischen Statistiken geben für 2009 an, dass insgesamt 162.000 Zuwanderer aus diesen drei Staaten in Frankreich leben, 41.000 von ihnen besitzen die französische Staatsbürgerschaft nicht. Das lässt zum einen auf eine mittlerweile starke Anpassung an Frankreich schließen (es handelt sich heute meist um Angehörige der zweiten oder dritten Generation). Allerdings ist auch hier die Dunkelziffer nicht abzuschätzen: wie viele sind von vornherein mit französischem Pass gekommen? Aber auch: wie viele sind weitergereist? Es ist bekannt, dass es mittlerweile kleine, aber meist prosperierende Gruppen vor allem von Vietnamesen auch in vielen anderen europäischen Staaten gibt. Auch in Frankreich hat wohl mittlerweile die große Mehrzahl ihren Platz gefunden. Heute gibt es kaum noch Neuankömmlinge, die Angehörigen der dritten Generation haben oft nur noch einen bescheidenen Kontakt zu Sprache und Kultur der ehemaligen Heimat. Die

Zukunft dieser Sprachen in Frankreich dürfte daher trotz ihrer alten kulturellen Traditionen (und der damit verbundenen symbolischen Bedeutung) begrenzt sein.

7.9 Aufgaben

1. Suchen Sie nach berühmten französischen Künstlern (Schauspielern, Sängern u.a.) und Sportlern, die italienischer Herkunft sind.
2. Versuchen Sie, die Spuren deutschsprachiger Einwanderung und ihrer Bedeutung anhand der Namen von Weinhändler-Dynastien aus Bordeaux und von Champagner-Herstellern zu verfolgen.
3. Überlegen Sie, warum Jan Graf Potocki auf Französisch geschrieben hat, obwohl er ein berühmter polnischer Freiheitskämpfer war.
4. Suchen Sie zu erkunden, wie viele und welche Sprachen in Staaten wie Kamerun oder der Demokratischen Republik Kongo (Kinshasa) gesprochen werden? Welche (sprachen-) politischen Probleme ergeben sich dadurch?
5. Vergleichen Sie die vietnamesische Orthographie mit den graphischen Traditionen der Trobadore.

8 Möglichkeiten und Grenzen fördernder Sprachenpolitik

8.1 Grundlagen

Man kann gesellschaftliche Mehr- oder Vielsprachigkeit vor allem als Problem ansehen – das tun gewöhnlich die Vertreter von Behörden, aber oft auch Anhänger von universalistischen Sprachkonzeptionen (das sind solche, die davon ausgehen, dass alle Sprachen letztlich nach denselben Strukturen aufgebaut sind und daher leicht übersetzt werden können – die vorherrschende Sprachkonzpetion im europäischen Mittelalter – heute vor allem die meisten Vertreter der Generativen Grammatik), aber auch Anhänger von, sagen wir einmal, sehr einfachen kommunikationstheoretischen Ansätzen; einst wurde die Vielsprachigkeit als biblische Strafe für den Hochmut der Menschen gesehen, der sich im Turmbau von Babel äußerte (vgl. dazu immer noch die monumentale Darstellung von Borst 1957–1963). Man kann sie aber auch als Möglichkeit und Reichtum betrachten – dieser Meinung sind viele Betroffene, aber auch Sprachwissenschaftler, die komplexere Kommunikationsmodelle vertreten oder von der Historizität der Kommunikation ausgehen, daneben Menschen, die die Vielfalt der Formen des Lebens akzeptieren. Natürlich sind die Konsequenzen, die die Verteidiger der beiden Positionen daraus für die verschiedenen Aspekte der Kommunikation ziehen, unterschiedlich. Wer in der Vielsprachigkeit ein Problem sieht, versucht sie zu reduzieren, durch Verbote oder Einschränkungen, aber auch durch die *eine* Sprache fördernde Maßnahmen, wer in Mehrsprachigkeit ein Potential sieht, versucht sie zu entwickeln, zu bewahren und auszuweiten.

Die Vertreter der sprachlichen Vereinheitlichung gehen vor allem von den kommunikativen Vorteilen aus, die dadurch erreicht würden: wenn eines Tages alle Menschen dieselbe Sprache sprächen, würden die meisten Kommunikationsstörungen ausgeräumt, die Effizenz der Kommunikation würde gesteigert und das Konfliktpotential minimiert (irgendwie meinen die Anhänger dieser Richtung, man könne zur Situation der Zeit *vor* dem Turmbau von Babel zurückkehren). Allerdings sprechen einige Argumente gegen diese optimistischen Annahmen: Sprachen verändern sich in Raum und Zeit, würde eine Sprache sich zu einem Zeitpunkt unter der gesamten Menschheit durchsetzen (mit welchen Mitteln?), dann würde sie sich nach kürzerer oder längerer Zeit – ähnlich wie einst das Latein oder viele andere Sprachen, die sich in ganze „Familien" aufgesplittert haben – in unterschiedliche, nach einiger Zeit auch untereinander nicht mehr verständliche Varietäten aufgliedern (Ansätze dazu lassen sich in der Gegenwart bei den über viele Gebiete verbreiteten Sprachen feststellen). Auch das pazifistische Argument greift nicht, denn es sind nicht nur Missverständnisse, die Konflikte auslösen, sondern zunächst unterschiedliche Interessenlagen, und diese werden durch bessere Kommunikation nicht notwendig beseitigt. Bürgerkriege sind oft die blutigsten Kriege ... Einsprachigkeit führt nicht zu gleichen Interpretationen: was die eine Seite als Frieden ansieht, wird von der anderen als Gewaltherrschaft empfunden – diese Dichotomie der Wahrnehmungen lässt sich mit sprachlichen Mitteln nicht auflösen, allenfalls durch Propaganda beeinflussen. Zwar können Diskurse einen Einfluss auf Realitätswahrnehmung bekommen, allerdings können sie durch andere Diskurse in Frage gestellt und möglicherweise aufgehoben werden. Wir wissen schließlich, dass unsere Kommunikation immer Stückwerk bleibt, dass wir uns immer nur fragmentarisch verstehen, und dass kein sprachliches oder technisches Mittel diese Unsicherheit völlig zu beseitigen vermag. Der – scheinbare – Vorteil der einfacheren Kommunikation lässt sich nur begrenzt verteidigen.

Anhänger sprachlicher Vielfalt gehen gewöhnlich davon aus, dass die unterschiedlichen Sprachen die außersprachliche Realität auf unterschiedliche Weise abbilden, mit anderen Worten, dass sie diese Realität auf (etwas) unterschiedliche Weise beleuchten. Häufig wird von sprachlichem Relativismus gesprochen. Allerdings muss man mit dem Begriff vorsichtig umgehen, denn mit ihm sind oft recht unterschiedliche Inhalte gemeint. Der Gedanke, dass die menschlichen Sprachen nicht nur mechanische Werkzeuge der Mitteilung seien, gewinnt allmählich seit der Aufklärung an Bedeutung; er findet sich etwa bei Leibniz (1646–1716) und Condillac (1715–1780); Herder (1744–1803) wird ihn wiederaufnehmen, die meisten Überlegungen widmet ihm Wilhelm von Humboldt (1767–1835) im Rahmen seiner idealistischen Sprachphilosophie. Dabei geht es darum, die sprachlichen Ausdrucksformen von einer (zu engen) Bindung an die außersprachliche Welt zu befreien. Das bedeutet in keinem Falle, dass damit bestimmte Möglichkeiten der Erkenntnis in bestimmten Sprachen nicht zugänglich seien, wie der US-amerikanische Sprachwissenschaftler Benjamin Lee Whorf (1897–1941) postuliert hat. Es bedeutet aber wohl, dass die unterschiedlichen Sprachen sich den außersprachlichen Realien auf unterschiedliche Weise annähern (können) und daher diese sozusagen aus verschiedenen Positionen anstrahlen (können) – nichts hindert den Sprecher allerdings daran, durch einen Positionswechsel (um im Bild zu bleiben) auch die anderen Aspekte auszuleuchten. So ist etwa das Spiel von Konnotationen (und von Metaphern) bis zu einem gewissen Grade sprachspezifisch; dadurch wird die Wahrnehmung nicht begrenzt, sondern sie folgt allenfalls bestimmten prioritären Linien. Ein weiteres kommt hinzu: alle Sprachen sind *auch* die Reservoire gesellschaftlicher Erfahrungen, sie sind etwas wie das Gedächtnis der Gruppen, die sie verwenden. Diese hier nur erwähnten Faktoren erklären auch, warum das Übersetzen (etwas anspruchsvollerer Texte) aus der einen Sprache in die andere ein so schwieriges Unterfangen ist, das sich nur in sehr begrenztem Umfang formalisieren lässt. Die Unterschiedlichkeit der gespeicherten Erfahrungen hat dazu geführt, dass man – in einem neuerlichen Rückgriff auf Parallelen zur Biologie – heute oft von Sprachökologie spricht und davon ausgeht, dass jede Sprache einmalig sei, ihr Verschwinden also ähnlich dem Verschwinden von einer Spezies aus der Fauna oder Flora zu interpretieren sei. Man wird allerdings auch ohne diese biologistischen Überlegungen annehmen können, dass der Untergang von Sprachen einen Verlust nicht nur der oben erwähnten Reservoire mit sich bringt, sondern auch der schöpferischen Möglichkeiten des Ausdrucks. Ganz abgesehen davon ist die Frage zu stellen, ob alle

Menschen grundsätzlich dasselbe Recht besitzen, sich auszudrücken oder ob hier Unterschiede angebracht sind.

Natürlich ergeben sich auf beiden Seiten noch etliche zusätzliche Argumente, hier kann jetzt nicht eine schon über Jahrhunderte währende Diskussion in allen Aspekten wieder aufgenommen werden. Es muss allerdings betont werden, dass die Vertreter assimilatorischer Positionen, die sich auf letztlich universalistische Argumente stützen, meist implizit davon ausgehen, dass Menschen je nach ihrer Erstsprache unterschiedliche Rechte auf sprachlichen Ausdruck haben, während die Anhänger von mehrsprachigen Gesellschaftskonstruktionen das Prinzip der Gleichheit vertreten (vgl. zu dem Komplex u. a. Werlen 1989, 2002; Deutscher 2010; Trabant 2012).

In unserer Gegenwart stellt sich die Frage nach der Einschätzung kaum mehr: Vielsprachigkeit ist allgegenwärtig, (nahezu) alle Gesellschaften auf der Erde sind von ihr betroffen, die reicheren Länder der (einst?) Ersten Welt umso mehr, als die meisten von ihnen im Laufe der Zeit ihre Grenzen ausgedehnt haben, und sie darüber hinaus heute Zielpunkt von Migrationsbewegungen sind, die vor allem aus der ungleichen Verteilung von (Über-) Lebenschancen in den verschiedenen Teilen dieser Erde zu erklären sind. Mit einer Veränderung dieser Situation im Rahmen des herrschenden kapitalistischen Wirtschaftsmodells ist nicht zu rechnen, im Gegenteil: die Omnipräsenz der Medien mit ihrer Verherrlichung der „westlichen" Lebensweise und die sich verbessernden Verkehrsverbindungen bilden die Grundlage für eine Intensivierung dieser Tendenzen. Ein auch aus ökologischen Gründen eigentlich dringendes Überdenken dieser Prämissen ist allenfalls bei gesellschaftlich nicht repräsentativen Außenseitern im Gange. In der Praxis ist die Vielsprachigkeit daher als Gegebenheit hinzunehmen.

Im Übrigen genügt eine kleine Rechnung: es gibt ungefähr 200 unabhängige Staaten auf der Erde, dazu kommen einige tatsächlich autonome Gebiete, die Zahl der lebenden Sprachen wird indes immer noch auf etwa 6.000 geschätzt (wenn es hinsichtlich dieser Zahl auch große Unsicherheiten gibt). Das zeigt schon, dass die meisten Staaten eigentlich von Haus aus mehrsprachig sein *müss(t)en*. Die Wirklichkeit verkompliziert sich noch weiter dadurch, dass sehr viele Sprachen nicht nur in einem Staat gesprochen werden, sondern in mehreren, oft in vielen. Nur: die wenigsten Staaten bilden diese tatsächliche Vielsprachigkeit in ihrem Selbstverständnis ab, sie sehen sie vor allem als Problem: die meisten gehen von *einer* Staatssprache aus, zu der vielleicht noch einige Minderheitensprachen mit geringeren Rechten treten. Nur wenige Staaten – in Europa etwa die Schweiz oder Finnland, in Afrika die Republik Südafrika – bilden diese Vielsprachigkeit (teilweise) durch die Einführung mehrerer offizieller Sprachen ab. Allerdings kann auch diese zugegebene Mehrsprachigkeit nicht die gesamte Realität abbilden, denn die Zahl der tatsächlich gesprochenen Sprachen ist weitaus höher als die zwei in Finnland kooffiziellen Sprachen, die vier der Schweiz oder auch die elf von Südafrika.

Andererseits besitzen viele Sprachen keine schriftliche Tradition, sie kommen daher für die Schriftlichkeit der modernen Verwaltung erst in Frage, wenn sie einen entsprechenden Prozess der Erarbeitung und Sozialisierung einer schriftsprachlichen Form durchlaufen haben; gewöhnlich existieren in ihnen auch die für die heutige gesellschaftliche Kommunikation üblichen Textformen allenfalls zum Teil (wenn das natürlich auch eine eurozentrische Sichtweise ist), auch sie müssten zunächst entwickelt werden. Dass das möglich ist, haben nicht zuletzt die (west-) europäischen Sprachen selbst gezeigt, als sie sich im Verlauf der Renaissance von den entsprechenden lateinischen Vorbildern befreit haben (um gleichzeitig einem massiven Prozess der Relatinisierung zu unterliegen). Keine von ihnen war von Anfang an den sich erneuernden kommunikativen Notwendigkeiten gewachsen, als das Latein allmählich ersetzt wurde. Es bedurfte mehr oder weniger konsequenter Arbeit (in Wirklichkeit herrschte beim Ausbau der neuen Herrschaftssprachen vor allem das Prinzip von Versuch und Irrtum), die sich über eine lange Zeitspanne erstreckte.

Kehren wir nach Frankreich zurück, so tritt zu den 75 Sprachen der (ursprünglichen) Liste Cerquiglini noch eine ganze Reihe hinzu, wir haben es in dem vorliegenden Band gesehen, aber die tatsächliche Liste der in Frankreich vorkommenden Sprachen dürfte die der erwähnten noch weit übersteigen. Natürlich ist dabei zu unterscheiden zwischen Sprachen, die in einem Staat dauerhaft von bestimmten Gruppen gesprochen werden und solchen, die nur zufällig und für kurze Zeit vorkommen, weil Angehörige der betreffenden Sprachgemeinschaft sich vorübergehend dort aufhalten. Vielfach sind die Betroffenen mehrsprachig; das führt dazu, dass sie in den meisten Fällen außerhalb ihres gewohnten Bereichs nicht mit einer Kommunikationsmöglichkeit in ihrer Erstsprache rechnen und keinen Anspruch darauf erheben. Nicht zuletzt spielt auch die Zahl der Zuwanderer eine Rolle: zwar sind Menschenrechte nicht von der Zahl der Betroffenen abhängig zu machen, sondern gelten (mindestens im Prinzip!) absolut, dennoch ist es natürlich von praktischer Bedeutung, wie groß eine Gruppe ist, die Anspruch auf Berücksichtigung erhebt. Schließlich sollte aus dem Gesagten deutlich werden, dass eine Berücksichtigung *aller* in einem Staat gesprochenen Sprachen mit den derzeitigen Möglichkeiten von Verwaltung und Organisation kaum möglich ist, einmal aufgrund der Zahlen, zum anderen aber auch aufgrund der unterschiedlichen Situation der vorkommenden Sprachen selbst.

Selbst wenn man die ungehinderte Verwendung der *eigenen* Sprache als Menschenrecht ansieht, wird man sich von fundamentalistischen Ansprüchen verabschieden müssen (vielleicht gelingt es aufgrund von Fortschritten der Technik eines Tages, die sprachliche Kommunikation völlig von einer territorialen Anbindung zu befreien – Anfänge sind gemacht – und damit auch die öffentliche Kommunikation zu ent-territorialisieren). Dennoch stellt sich die Frage, wie ein Staat mit der in seinem Bereich vorkommenden Mehrsprachigkeit umgehen will.

Dabei spielt es durchaus eine Rolle, ob ein Staat sich als Einwanderungsland versteht oder nicht. Während die meisten europäischen Staaten sich traditionell *nicht* als Einwanderungsstaaten sehen und daher mit der tatsächlich vorkommenden Einwanderung große Probleme haben (letztlich schon immer, verstärkt heute aufgrund ihrer Intensität), definiert Frankreich sich seit der Revolution von 1789 als ein für Immigration offenes

Land. Allerdings gewährt es gleiche Rechte letztlich nur denen, die sich an *seine* Regeln anpassen. Dazu gehört, seit dem weiteren Verlauf der Revolution, die Übernahme der Kommunikationsregeln der Gesellschaft. Was mit anderen Worten bedeutet: Einwanderungsland ja, aber unter der Bedingung der sprachlichen (und kulturellen) Anpassung. Nochmals anders gesagt: was auf der einen Seite wie eine Öffnung erscheint, endet in einer Einschränkung, die genau die Möglichkeit zur Begegnung von Sprachen und Kulturen wieder weitgehend zurücknimmt.

Letztlich begibt sich Frankreich damit auf die Ebene der Staaten, die sich (noch) nicht oder nur widerwillig als Einwanderungsländer sehen. Auch dort werden Immigranten am ehesten dann akzeptiert, wenn sie „unsichtbar" werden.

8.2   Mehrsprachigkeit

Leider lässt sich daher die Frage, ob Mehrsprachigkeit als Gewinn oder nur als Last anzusehen sei, doch nicht ganz vermeiden. Dabei sind zwei Betrachtungspunkte zu unterscheiden: der des/der Einzelnen und der von Gesellschaften bzw. Staaten. Allgemein wird heute eine gewisse Form von Mehrsprachigkeit als sinnvoll und nützlich angesehen, sonst würde der Unterricht in zusätzlichen Sprachen nicht immer früher und immer allgemeiner begonnen (trotz aller Reserven, die man der Effizienz des formalen Spracherwerbs gegenüber formulieren kann). Die Untersuchungen aus der Psycholinguistik zeigen immer eindeutiger, dass Kinder, die mit zwei oder auch drei Sprachen aufwachsen, und wo es nicht zu besonderen Spannungen aufgrund des unterschiedlichen Status oder Prestiges der Sprachen kommt, in jeder Hinsicht – intellektuell, ausdrucksmäßig und im Hinblick auf ihre Kreativität – solchen Kindern überlegen sind, die nur in einem einsprachigen Feld aufwachsen. Allerdings kann diese positive Ausgangssituation dadurch beeinträchtigt werden, dass eine der Sprachen bzw. ihre Sprecher diskriminiert werden; die Kinder können dann den Gebrauch dieser Sprache verweigern oder im Extremfall (eine Zeitlang) ganz verstummen. Bei der Einschätzung der Mehrsprachigkeit bekommen Bewertungsfragen daher erhebliche Bedeutung. Hinzu kommt, dass Mehrsprachige gewöhnlich ihre Sprachen differenziert verwenden, sie also für verschiedene Sprachen oft verschiedene (wenn auch vielfach sich überlappende) Kommunikationsfelder aufbauen; das bedeutet, dass Mehrsprachigkeit auch die Ausdrucksfähigkeit insgesamt vergrößert. Damit ist jede Sprache, die ein Mensch beherrscht *auch* ein Kapital, des er besitzt und das er nutzen kann.

In diesem Zusammenhang spielt es eine erhebliche Rolle, dass in die schulischen Curricula nur ganz bestimmte Sprachen aufgenommen werden, denen damit ein „Wert" zuerkannt wird, während er implizit anderen Sprachen abgesprochen wird. Pragmatisch gesehen wäre zu erwarten, dass vor allem solche Sprachen gelehrt werden, mit denen Kinder erwartungsgemäß häufiger in Kontakt kommen können; in Wirklichkeit unterliegen die Kriterien für die Auswahl von gelehrten Fremdsprachen (auch und vor allem) anderen Grundsätzen: ein hohes Außenprestige spielt eine große Rolle und befördert neben dem Englischen etwa das Latein noch immer zu einer vielfach unterrichteten Sprache. Die Praxis der Nachbarsprachen wird meist hintangestellt. Das geschieht nicht nur aufgrund der Blindheit der Behörden: vielfach haben Eltern völlig unrealistische (und oft überzogene) Vorstellungen vom erwartbaren Sprachbedarf ihrer Kinder. So wurde etwa im deutschen Bundesland Baden-Württemberg aufgrund von massiven Elterninterventionen auch in den grenznahen Kreisen in Baden der Unterricht des Französischen als erster Fremdsprache zugunsten des Englischen zurückgefahren; aus Sicht des kommunikativen Nutzens kann jeder außenstehende Beobachter diese Entscheidung nur als Eigentor bezeichnen (wie umgekehrt die zunehmende Abkehr vom Deutschen im Elsass), denn der Kontakt mit dem Französischen wäre aufgrund der Nachbarschaft fast alltäglich.

Mehrsprachigkeit öffnet dem/der Einzelnen den Zugang zu unterschiedlichen Kulturen, Traditionen, Kommunikationen, ist also ein Gewinn für ihn/sie. Dabei ist es gar nicht so wichtig, wie hoch diese Mehrsprachigkeit zu Beginn entwickelt ist: wo kommunikative Interessen entstehen, folgen die sprachlichen Möglichkeiten rasch (vor allem, wenn man Kindern nicht mehr in erster Linie zu lernende Inhalte vermittelt, sondern die Methoden, rasch und effizient Kenntnisse zu erwerben und zu verwenden). Es ist in einer absehbaren Zukunft nicht damit zu rechnen, dass die Menschheit einsprachig wird (zumal die großen Verkehrssprachen wie Englisch, Französisch, Spanisch, Chinesisch u.a. zeigen, wie schnell sich Sprachen in Raum und Zeit verändern, wenn sie sich geographisch ausbreiten; man spricht ja etwa längst von englischen Sprachen im Plural). Daher ist jede Mehrsprachigkeit für den Einzelnen ein Zuwachs an Möglichkeiten – an Erkenntnismöglichkeiten, aber auch an praktischen Vorteilen.

In Bezug auf Gesellschaften und Staaten fällt sofort ins Auge, dass Mehrsprachigkeit eine differenziertere Regierung und Verwaltung notwendig macht und nicht ohne Mehrkosten abgeht. Auf der anderen Seite leistet die mehrsprachige Verwaltung und Politik einen Beitrag zur Integration der Anderssprachigen in die Gesellschaft, wobei es völlig gleichgültig bleibt, ob es sich um autochthone Bewohner oder um Zuwanderer handelt (in Europa, wo die Tradition der Immigration gering war, wurde lange Zeit den Autochthonen ein höheres Recht auf die Bewahrung eigener Sprachen zugesprochen als Zuwanderern, in der Neuen Welt war es umgekehrt; heute haben sich die Praxen teilweise angeglichen). Die Anderssprachigen werden als solche wahrgenommen, ihre kommunikativen Praxen werden anerkannt und letztlich auch als Wert gesehen, der, sich gesellschaftlich auf unterschiedliche Weise, nutzen lässt.

Gleichzeitig kann durch eine solche Anerkennung des Andersseins die Bereitschaft der Betroffenen erhöht werden, sich selbst in die aufnehmende Gesellschaft zu integrieren. Ein freundliches Umfeld erleichtert das Ablegen von Reserven und vergrößert die Bereitschaft, sich auf neue Erfahrungen einzulassen. Darüber hinaus gestattet die Mehrsprachigkeit des Menschen ihm den nahezu unbegrenzten Erwerb weiterer Sprachen, wenn diese notwendig werden. So stehen die Anerkennung und der Gebrauch der *eige-*

nen Sprache(n) und der Erwerb der offiziellen Sprache(n) nicht notwendig in einem Widerspruch. Beides kann problemlos parallel verlaufen, beide (oder alle) beherrschten Sprachen können nebeneinander verwendet werden.

An dieser Stelle erhebt sich allerdings der Einwand, dass bei der Kommunikation *auch* das Prinzip der Ökonomie (oder Effizienz) gilt: die Kommunikation soll mit möglichst wenig Aufwand erfolgen. Das andere Grundprinzip ist das der Effektivität oder Kommunikationssicherung, das dafür sorgt, dass Sprecher kommunikationssichernde Verfahren einsetzen, um möglichst sicherzugehen, dass ihre Botschaft auch rezipiert werden kann: dazu gehören etwa Wiederholungen oder Hebung der Stimme im Alltag, auf längere Sicht auch die Reorganisation grammatischer Systeme von Sprachen, wenn diese Gefahr laufen, etwa durch das allmähliche Verstummen von Lauten, nicht mehr eindeutig zu sein; man kann die Reorganisation der Verbalflexion vom Latein zum Französischen mit diesem Grundsatz erklären.

Ein anderer Aspekt der Ökonomie besteht darin, dass Sprecher nicht ohne Not zwei Sprachen für ihre Kommunikation verwenden, wenn dafür keine Notwendigkeit besteht: versteht mein Gegenüber mich problemlos in *meiner* Sprache A, muss ich mir nicht die Mühe machen, mit ihm in *seiner* Sprache B zu sprechen, die mich möglicherweise mehr Aufwand kostet. Zwei- oder Mehrsprachigkeit wird dann auf längere Zeit kaum aufrechtzuerhalten sein, wenn die Kommunikationsfelder der beiden Sprachen (fast) völlig deckungsgleich sind. Die Tendenz zur Aufgabe einer, nämlich der schwächeren Sprache, wird noch größer, wenn diese – und das heißt immer auch: ihre Sprecher – unter gesellschaftlichen Vorurteilen leidet. Das lässt sich leicht an den in diesem Band vorgestellten Sprachen zeigen: sobald eine ausreichende Mehrheit der Bewohner eines Gebietes mit der Staatssprache einigermaßen umgehen können, nimmt die Zahl der Sprecher der dominierten Sprachen rapide ab. Denn diese können ihrer Erstsprache keinen kommunikativen Mehrwert mehr zuerkennen, umgekehrt setzen sie sich eventuellen Vorurteilen aus. Das Gesagte lässt erkennen, dass die Förderung sprachlicher Vielfalt kein ganz einfaches Unterfangen ist.

8.3 Das Beispiel Frankreich

Um die Probleme genauer zu fassen, bedarf es weiterer Überlegungen zu Einzelaspekten. Sie sollen im Folgenden nur noch im Hinblick auf Frankreich betrachtet werden, um nicht zu umfangreich zu werden oder ins Unverbindliche abzugleiten. Es gilt zunächst, die Situation der eventuell zu fördernden Sprachen zu betrachten, dann das kollektive Bewusstsein der betroffenen Gruppen ins Auge zu fassen, um zu sehen, welche Haltungen und Handlungen von ihnen selbst zu erwarten sind. Schließlich stellt sich die Frage, welche Maßnahmen von staatlicher (oder überstaatlicher) Seite positive Wirkungen zeitigen können.

Betrachtet man die autochthonen Sprachen Frankreichs (vgl. Kap. 4.), so lassen sich in den erwähnten Termini von Heinz Kloss zunächst zwei Gruppen unterscheiden: die von Außengruppen gesprochenen Sprachen Baskisch, Katalanisch, Deutsch, Flämisch und die von Eigengruppen verwendeten Sprachen Okzitanisch, Bretonisch, Korsisch, Frankoprovenzalisch und die *langues d'oïl*. Dabei wird sofort deutlich, dass die hier angegebene Gliederung genauerer Betrachtung bedarf: bis vor vierzig Jahren wurde das Korsische nicht als eigene romanische Sprache angesehen sondern als eine Varietät des Italienischen. Mittlerweile ist – wohl auch bewusstseinsmäßig – die Trennung vom Italienischen vollzogen. Das bedeutet für die Sprecher des Korsischen eine Befreiung von einer *irredentistischen* Vergangenheit, aber auch die Notwendigkeit eines neuerlichen unabhängigen Sprachausbaus. Für den französischen Staat bedeutet die akzeptierte Existenz einer eigenen korsischen Sprache durch die Betroffenen ein wahrscheinliches Ende der möglichen Bedrohung durch italienische Ansprüche. Man wird daher annehmen können, dass er dieser Interpretation des Kommunikationsraumes positiv gegenübersteht, seine Entstehung möglicherweise sogar beeinflusst hat. Natürlich hat durch diese Entscheidung die kommunikative Reichweite der (korsischen) Sprache deutlich abgenommen, auch das angesichts der uniformisierenden Politik Frankreichs in der Vergangenheit eher ein positiver Aspekt in den Augen der staatlichen Seite. Damit sind die Sprecher des Korsischen nun auf eine Sprache mit einer relativ geringen kommunikativen Reichweite reduziert, für alle Fälle weiterer Kommunikation müssen sie zu *anderen Sprachen* (in der Praxis vor allem zum Französischen) ihre Zuflucht nehmen. Das bedeutet auf längere Sicht eine Gefahr für den Bestand des Korsischen, solange es nicht durch andere Vorteile gestützt wird. Letztlich wird das Korsische nun sehr viel stärker von der Abstützung durch den französischen Staat abhängig als das der Fall war, solange es als eine Varietät des Italienischen verstanden wurde. Diese Unterstützung ist bisher nur dann sichtbar geworden, wenn der französische Staat von den Betroffenen mit fast allen Mitteln zu Konzessionen gezwungen wurde.

Die Situation des Deutschen in Frankreich, das heute vielfach als Elsässisch und Moselfränkisch bezeichnet wird, ist ähnlich, wenn auch die Trennung vom Deutschen als schriftlicher Dachsprache noch nicht so weit gegangen ist wie im Fall des Korsischen. Ähnliche Tendenzen lassen sich heute auch in Bezug auf das Flämische beobachten, und das trotz des massiven Absinkens der Sprecherzahl.

Im Allgemeinen können Außengruppen sich auf die kulturelle und sprachliche Produktion ihrer Stammgruppen stützen; sie sind daher nicht völlig auf sich selbst angewiesen. Eigengruppen jedoch können kaum mit Unterstützung von außen rechnen, daher ist ihre Situation gewöhnlich schwieriger. Das gilt in Frankreich insbesondere für die beiden, die in der Vergangenheit am meisten von sich zu reden machten, für die Bretonen und für die Okzitanen. Nur was diese Gruppen selbst fordern bzw. tun, können sie an staatlichen Konzessionen erwarten (der Begriff ist bezeichnend: der Schutz des Rechtes eines jeden, sich in seiner Sprache auszudrücken, wird als *Konzession* und nicht als Bürgerrecht angesehen). Im Falle des Okzitanischen ist auffällig, dass staatliche Stellen in der Vergangenheit immer wieder den Gedanken einer Aufspaltung der Sprache, wenn sie von bestimmter Seite vorgeschlagen wurde, aufgegriffen haben; als Beobachter wird man die Frage nach den Motiven für eine solche Haltung stellen dürfen.

Für eine Eigengruppe ist die Existenz eines vergleichsweise massiven kollektiven Bewusstseins daher eine Voraussetzung für die erfolgversprechende Vertretung der eigenen Interessen. Hinzu kommen die Notwendigkeit und Möglichkeit der Selbstorganisation, funktionierende organisatorische Strukturen, nicht zuletzt finanzielle Mittel. Natürlich stehen die einzelnen Aspekte in engem Zusammenhang, bedingen sich vielfach gegenseitig. Das Fehlen des einen kann auch den anderen hinfällig machen. Was kann man leisten, wenn die finanziellen Mittel fehlen?

Aus dem Gesagten geht hervor, dass der „Zustand" einer Minderheit von großer Bedeutung für ihre Zukunftsaussichten ist. Daher überrascht es nicht, dass gerade an dieser Stelle die staatliche Politik einsetzt, wenn sie eine Gruppe anderer Sprache und Kultur schwächen will. Diese „Zustände" sind in vieler Weise beeinflussbar, wenn auch das jeweilige Kalkül nicht immer aufgeht. Zwar ist kollektives Bewusstsein gewöhnlich von langer Dauer, es kann aber an unerwarteter Stelle umschlagen und sich verselbständigen.

Ein ganz praktischer Aspekt bei der Einschätzung der Möglichkeiten fördernder Sprachenpolitik ist die Frage nach der Existenz und Akzeptanz einer Referenzsprache. Wenn eine solche besteht, kann sie ein einigendes Band sein, ist sie jedoch umstritten, so kann sie zur weitgehenden Lähmung einer Gruppe und zur Konzentration gerade auf diese Frage führen. Beschränkte sich eine Referenzform noch vor wenigen Generationen weitgehend auf die Etablierung einer referentiellen Grammatik und Orthographie, so haben die modernen Medien dazu geführt, dass sie weitere Felder wie die Orthophonie aber auch bestimmte Diskursregelungen erfassen sollte, um wirklich gesellschaftlich zu funktionieren.

8.4 Die Möglichkeiten fördernder Sprachenpolitik

Die Möglichkeiten für eine fördernde Sprachenpolitik sollen unter zwei Aspekten betrachtet werden, einmal unter dem der symbolischen Maßnahmen, zum anderen unter dem der praktischen Umsetzung.

Symbolische Maßnahmen: soll eine Sprache gefördert werden, so muss der Staat deutlich machen, dass er dieser Sprache eine Bedeutung für ihre Sprecher, aber auch für die gesamte Gesellschaft beimisst. Dazu gehört die Verwendung bei offiziellen Anlässen, vor allem bei solchen mit symbolischer Bedeutung. Ein Aspekt dieser Verwendung sind öffentliche Inschriften, von Straßenschildern bis zu Denkmälern. Dazu gehört die Verwendung dieser Sprache in den Medien, und zwar nicht nur in Sendungen oder Blättern für besondere Randgruppen sondern auch in solchen mit einer großen Rechweite. Gerade in diesem Bereich wird häufig eine Diskrepanz zwischen erklärter sprachenfreundlicher Haltung und praktischer Politik deutlich. Man kann es anhand von Beispielen aus der Politik der Europäischen Gemeinschaft zeigen: dort ist das erklärte Ziel der Politik die Mehrsprachigkeit des Bürgers, neben der Sprache seines jeweiligen Staates soll er noch eine große Verkehrssprache (heute gewöhnlich Englisch) beherrschen und dann noch eine so genannte Nachbarschaftssprache, d.h. gewöhnlich die offizielle Sprache eines anderen Staates. So begrüßenswert diese Zielsetzung grundsätzlich ist: wo bleiben die Sprachen der dominierten Gruppen? Wo bleiben die Sprecher, die diese Sprachen als Erstsprachen haben? Und wo bleiben andere Sprachen, die (nicht nur) in Europa gesprochen werden? Insbesondere die der Migranten?

Allerdings gibt es nicht nur an dieser Stelle Widersprüche in der europäischen Politik: auch die Diskrepanz zwischen deklarierter Politik und sprachlicher Praxis ist oft groß. Ein großer Teil der europäischen Kommunikation vollzieht sich auf Englisch und lässt dem Französischen, dem Deutschen und den anderen großen Sprachen der Union nur einen bescheidenen Platz; die kleineren (Staats-) Sprachen sind in der öffentlichen Kommunikation fast nicht wahrnehmbar. Auch die symbolische Kommunikation vollzieht sich fast immer auf Englisch: die Mitglieder der Kommission geben ihre öffentlichen Erklärungen fast immer auf Englisch ab – in einem Englisch noch dazu, das vielfach massiv verbesserungsfähig wäre – anstatt ihre eigenen Sprachen zu verwenden und das Gesagte übersetzen zu lassen. Auf diese Weise würden die *anderen* Sprachen sichtbar, und die in Sonntagsreden gerne proklamierte Vielsprachigkeit der EU würde für die Europäer besser nachvollziehbar. Will man es hart formulieren, dann muss man sagen, dass die EU durch den sprachlichen Zentralismus, den sie *de facto* praktiziert, die Fortschritte des Englischen auf Kosten der anderen Sprachen fördert. In einem solchen Prozess zahlen zunächst die Schwächsten die Zeche – diejenigen mit wenigen Sprechern, mit einem ungenügenden Sprachausbau, mit einer geringen Präsenz in den Medien –, aber die anderen Sprachen könnten ihnen über kurz oder lang nachfolgen. Was für die Widersprüche der europäischen Politik gilt, lässt sich auf die der einzelnen Staaten übertragen: auch dort gilt fast überall das Monopol der Staatssprache in der Öffentlichkeit, die anderen Sprachen kommen kaum vor. Häufig sind Politiker, die selbst aus Minderheiten stammen, in dieser Hinsicht besonders zurückhaltend: sie haben die Vorurteile, die der europäische Nationalismus über die Sprecher von Minderheiten verbreitet hat, noch immer nicht überwunden und in ihr Gegenteil umgekehrt. Sie verbergen oft einen Teil ihrer selbst vor der Öffentlichkeit. Warum?

Fördernde Sprachenpolitik kann sich nicht in der Schaffung symbolischer Präsenz erschöpfen, aber diese ist ein wichtiger Faktor für Änderungen des kollektiven Bewusstseins. Erst wenn dominierte Sprachen – und damit ihre Sprecher – nicht mehr mit Vorurteilen belastet sind, in den Augen der anderen wie in den eigenen, kann und wird sich das Bewusstsein der Menschen so weit öffnen, dass es die Bereicherung wahrnehmen kann, welche Mehrsprachigkeit in einer Gesellschaft *auch* mit sich bringt.

Praktische Politik: natürlich gibt es eine Reihe von staatlichen Maßnahmen, welche sich für die Fortexistenz einer dominierten Sprache als Kommunikationsmittel positiv auswirken. Dazu gehören elementare Dinge wie die Aufnahme dieser Sprache in das

Schulwesen – mindestens als gelehrte, besser noch als Unterrichtssprache – ihre Präsenz in den Medien, ihre Verwendung in der Öffentlichkeit. Am besten steht es um sie, wenn eine gewisse Selbstverständlichkeit ihrer Existenz erzielt worden ist.

Allerdings zeigt sich dort, wo all diese Ziele gut umgesetzt werden – etwa in Euskadi –, dass zwar eine hohe Kompetenz des Baskischen in der Gesellschaft erreicht wurde (die aufeinander folgenden Volkszählungen seit Beginn der achtziger Jahre zeigen eine deutliche Steigerung), dass aber die Sprachpraxis zurückbleibt, dass also die Sprecher die schwächere Sprache lernen, sie aber unterproportional verwenden, was natürlich die Gefahr aufkommen lässt, dass, auf längere Zeit betrachtet, die Kompetenz sich wieder abschwächt. Diese nährt sich nur aus dem Gebrauch.

Daraus erwächst eine weitere Forderung: nämlich die, dass *alle* Sprachen eine hinreichende kommunikative Funktion/Bedeutung erreichen. Eine Sprache, die keine kommunikative Funktion (mehr) hat, sondern allenfalls (noch) eine demarkative, hat keine (guten) Zukunftsaussichten. Über lange Zeit in der westeuropäischen Geschichte waren die dominanten Sprachen für die Mehrzahl der Sprecher von dominierten Sprachen nicht erreichbar, und dieser Umstand bildete für diese, die dominierten Sprachen, eine Existenzgarantie. Das hing damit zusammen, dass die Oberschichten weitgehend eine Haltung der kommunikativen Distanz einnahmen, dass soziale Unterschiede sich in unterschiedlichem kommunikativem Verhalten widerspiegelten. Umgekehrt wurden die dominanten Sprachen so zu Zielsprachen für die Unterprivilegierten, die glaubten, durch eine Veränderung ihrer sprachlichen Praxis schon eine Veränderung ihrer sozialen Situation zu erreichen. In dieser Hoffnung liegt einer der Gründe für die Sprachenpolitik der Französischen Revolution in ihrer zweiten Phase. Allerdings zeigte sich bald, dass der Sprachwechsel nur in wenigen Ausnahmefällen – vor allem am Anfang – zu einer Verbesserung des sozialen Status führte, mithin die sich Assimilierenden einem Irrtum erlegen waren. Im Zuge der Umbrüche veränderte der postrevolutionäre Nationalismus die Vorstellungen der herrschenden Schichten: nun, im sich entfaltenden Kapitalismus, fordern sie die Anpassung an ihr Modell, selbst in sprachlicher Hinsicht, um dafür die bisherigen nahezu unüberwindlichen sozialen Grenzen durchlässig zu machen, dafür aber die Grenzen nach außen immer undurchdringlicher werden zu lassen (das ist der Kernpunkt der Nationalismus-Theorie von Ernest Gellner, vgl. v.a. Gellner 1991). Es entsteht ein subtiles Spiel zwischen Nähe und Distanz mit vielen Facetten (Pierre Bourdieu hat es vielfach beschrieben, vgl. v.a. Bourdieu 1979). Mit diesem Umbau der Gesellschaften, der einen grundlegenden Strategiewechsel impliziert, verlieren die *anderen*, die dominierten Sprachen zunehmend ihre kommunikative Funktion und können aus sozialen wie kommunikativen Gründen aufgegeben werden. Allerdings wird mit diesem Verzicht, der aufgrund des Nachklingens der früheren Situation im kollektiven Bewusstsein, vielfach als Gewinn angesehen wird, das Ziel, der soziale Aufstieg nicht, wenigstens nicht sicher erreicht, denn nun befinden sich virtuell alle Sprecher der Nation in derselben sprachlichen Lage und im (nicht nur) kommunikativen Wettbewerb gegeneinander. Mit anderen Worten: das Kriterium sprachliche Praxis hat als Kennzeichen für soziale Unterschiede weitgehend ausgedient (es lebt allenfalls noch auf stilistischer und pragmatischer Ebene in veränderter Form weiter). Das ist auf der einen Seite eine Befreiung, auf der anderen ein gravierender Funktionsverlust (vgl. auch Bernardó 1979).

Will man den Assimilationsprozess anhalten oder gar umkehren, müssen die Sprecher, aber auch die betroffenen Gesellschaften in ihrer Gesamtheit dafür sorgen, dass die dominierten Sprachen eine hinreichend wichtige soziale Funktion erfüllen (können), damit sie nicht aufgegeben werden.

Es genügt also nicht, diesen Sprachen eine symbolische Präsenz zuzuweisen (wenn diese auch unerlässlich ist), sie müssen auch hinreichende kommunikative Funktionen haben, die von denen der dominanten Sprache verschieden sein müssen. Denn dort, wo in unseren Gesellschaften, in denen Sprachen in hohem Maße ideologisch aufgeladen sind, es zur offenen Konkurrenz um dieselben Bereiche der Kommunikation zwischen zwei Sprachen kommt, entwickelt sich fast notwendig ein Konflikt, der – nicht zuletzt aufgrund des Ökonomieprinzips – dazu führt, dass auf längere Sicht die eine Sprache die andere zum Verschwinden bringt; dabei haben im Normalfall die dominierten Sprachen die weitaus schlechtere Ausgangsposition. Ihre Durchsetzung kommt in jedem Falle einer Umwälzung der Machtstrukturen in einer Gesellschaft gleich. Wenn die beiden Sprachen in ihrer kommunikativen Verwendung *nicht* gleich sind, wenn sie (teilweise) unterschiedliche kommunikative Felder bedienen, dann verringert sich die Gefahr der Verdrängung dominierter Sprachen massiv. Das würde bedeuten, dass die Politik auch dafür sorgen muss, dass bestimmte kommunikative Felder für die dominierten Sprachen vorgesehen bzw. ausgebaut werden.

Natürlich ist eine solche Strategie nicht unbedenklich, denn sie hält *de facto* eine Situation der Ungleichheit aufrecht, die allen Gleichheitsvorstellungen zuwiderläuft. Umgekehrt kann ein theoretischer Gleichheitsanspruch leicht dazu führen, dass dominierte Sprachen auf symbolische Verwendungen reduziert werden und damit ganz schnell als *soziale Praxen* verschwinden. Dennoch muss für die staatlichen Verwaltungen – in Frankreich, in der Europäischen Union und in anderen Staaten – die Herausforderung darin bestehen, spezifische kommunikative Funktionen für *alle* Sprachen zu finden, also eine allgemeine und effizientere Mehrsprachigkeit zu organisieren als das bisher der Fall ist. Sie lässt sich sicher nicht nur durch einen Ausbau des Fremdsprachenunterrichts erreichen (wenn auch in der Gegenwart viele Staaten eher weniger als mehr in diesem Feld investieren), sondern sie muss von vielen anderen Initiativen begleitet werden, die den Übergang von der Kompetenz zur Performanz, zur Praxis fördern. Die Mehrsprachigkeit muss sich auf der Straße zeigen, nicht nur als Element der Stigmatisierung wie vielfach heute, sondern als alltägliche Selbstverständlichkeit, an der aufgrund des mehrsprachigen Potentials aller Menschen alle einen Anteil haben und aus der alle ihren (nicht nur) kommunikativen Gewinn ziehen.

Sicherlich wird dadurch die Fortexistenz von Sprachen in Nischen nicht gesichert, eine konsequent in diese Richtung gehende Politik könnte indes deutlich bessere Ausgangsbedingungen für sie schaffen. Gerade in Frankreich, aber auch in allen anderen

Staaten wären dadurch – jenseits der ethischen Argumente, die immer im Vordergrund stehen müssen – auch Wertschöpfungsmöglichkeiten geschaffen, die bislang brach liegen (vgl. dazu auch Kremnitz 2011, 2012, 2013b und jetzt Woehrling 2013a).

9 Textanhang

9.1 Die *Ordonnance de Moulins* (Auszug)

Der erste der Texte, die sich mit der Sprachverwendung in Urkunden befassen, ist die *Ordonnance de Moulins*, die am 28. Dezember 1490 von König Karl VIII. erlassen wurde. Sie bezieht sich ausschließlich auf den Languedoc. Darin heißt es:

> ...que les dits et dépositions des témoins qui seront ouïs et examinés doresenavant es cours et en tout le pays de Languedoc, soit par forme d'enqueste ou information et preuve sommaire, seront mis ou redigés en langage françois ou maternel, tels que lesdits tesmoins puissent entendre leurs depositions et on les leur puisse lire et recenser en tel langage et forme qu'ils auront dit et deposé et ce, pour obvier aux abus, fraudes, et inconvenients que se seront trouvé avoir été faits en telles manières (Brun 1923, 87; die Graphie entstammt nicht dem 15. sondern wohl dem 18. Jahrhundert, die Inkongruenzen der Graphie stammen aus der Vorlage).

9.2 Die *Ordonnance de Villers-Cotterêts* (Auszüge)

Zum wichtigsten Text in dieser Reihe wurde die von Franz I. erlassene *Ordonnance de Villers-Cotterêts* vom 15. August 1539. Es handelt sich dabei um eine umfassende Justizreform, die Sprachenfrage wird nur in zwei Artikeln berührt. Dieser Erlass ist der letzte in einer längeren Reihe, daraus (und aus den überkommenen Dokumenten) kann man schließen, dass er, wenn auch mit einer gewissen Verzögerung, von Erfolg gekrönt ist. Die entscheidenden Artikel lauten:

> Art. 110. Et afin qu'il n'y ait cause de doubter sur l'intelligence desd. arrestz, nous voullons et ordonnons qu'ils soient faictz et escriptz si clerement qu'il n'y ayt ne puisse avoir aucune ambiguïté ou incertitude, ne lieu a en demander interpretacion.

> Art. 111. Et pour ce que telles choses sont souventesfois advenues sur l'intelligence des motz latins contenuz esd. arrestz, nous voulons que doresnavant tous arrestz, ensemble toutes autres procedures, soient de registres, enquestes, contractz, commissions, sentences, testaments et autres quelzconques actes et exploictz de justice ou qui en deppendent, soient prononcez, enregistrez et delivrez aux parties en langaige maternel françois et non autrement (Chaurand 1999, 149; auch hier ist die Graphie nicht original sondern wohl aus dem 18. Jahrhundert, die Inkongruenzen der Graphie stammen aus der Vorlage).

9.3 Die *loi Deixonne*

Nach langem Hin und Her wird am 11. Januar 1951 in einer Nachtsitzung die so genannte *loi Deixonne* verabschiedet (offiziell trägt das Gesetz die Bezeichnung Nummer 51–46, die Bezeichnung *loi Deixonne* erhielt es nach dem Namen des parlamentarischen

Berichterstatters, des sozialistischen Abgeordneten Maurice Deixonne, 1904–1987, der das Departement Tarn in der Nationalversammlung vertrat), die das Problem der autochthonen Minderheitensprachen regeln soll. Es wird am 13. Januar 1951 im *Journal officiel* veröffentlicht und erlangt damit Rechtskraft. Der Wortlaut zeigt allerdings, dass das Gesetz weit davon entfernt ist, alle Probleme zu lösen.

Art. 1er. – Le Conseil supérieur de l'Education nationale sera chargé, dans le cadre et dès la promulgation de la présente loi, de rerchercher les meilleurs moyens de favoriser l'étude des langues et dialectes locaux dans les régions où ils sont en usage.

Art. 2. – Des instructions pédagogiques seront adressées aux recteurs en vue d'autoriser les maîtres à recourir aux parlers locaux dans les écoles primaires et maternelles chaque fois qu'ils pourront en tirer profit pour leur enseignement, notamment pour l'étude de la langue française.

Art. 3. – Tout instituteur qui en fera la demande pourra être autorisé à consacrer, chaque semaine, une heure d'activités dirigées à l'enseignement de notions élémentaires de lecture et d'écriture du parler local et à l'étude de morceaux choisis de la littérature correspondante. Cet enseignement est facultatif pour les élèves.

Art. 4. – Les maîtres seront autorisés à choisir, sur une liste dressée chaque année par le recteur de leur académie, les ouvrages qui, placés dans les bibliothèques scolaires, permettront de faire connaître aux élèves les richesses culturelles et le folklore de leur région.

Art. 5. – Dans les écoles normales, des cours et stages facultatifs seront organisés, dans toute la mesure du possible, pendant la durée de la formation professionnelle, à l'usage des élèves-maîtres et des élèves-maîtresses qui se destinent à enseigner dans une région où une langue locale a affirmé sa vitalité. Les cours et stages porteront, non seulement sur la langue elle-même, mais sur le folklore, la littérature et les arts populaires locaux.

Art. 6. – Dans les lycées et collèges, l'enseignement facultatif de toutes les langues et dialectes locaux, ainsi que du folklore, de la littérature et des arts populaires locaux, pourra prendre place dans le cadre des activités dirigées.

Art. 7. – Après avis des conseils de faculté et des conseils d'université, et sur proposition du conseil supérieur de l'Education nationale, il pourra être créé, dans la mesure des crédits disponibles, des instituts d'études régionalistes comportant notamment des chaires pour l'enseignement des langues et littératures locales, ainsi que de l'éthnographie folklorique.

Art. 8. – De nouveaux certificats de licence et diplômes d'études supérieures, des thèses de doctorat sanctionneront le travail des étudiants qui auront suivi ces cours.

Art. 9. – Dans les universités où il est possible adjoindre au jury un examinateur compétent, une épreuve facultative sera inscrite au programme du baccalauréat. Les points obtenus au-dessus de la moyenne entreront en ligne de compte pour l'attribution des mentions autres que la mention « passable ».

Art. 10. – Les articles 2 à 9 inclus de la présente loi seront applicables, dès la rentrée scolaire qui en suivra la promulgation, dans les zones d'influence du breton, du basque, du catalan et de la langue occitane.

Art. 11. – Les articles 7 et 8 donneront lieu notamment aux applications suivantes:
a) A Rennes, un institut d'études celtiques organisera un enseignement des langues et littératures celtiques et de l'ethnographie folklorique;
b) A l'université de Bordeaux et à l'Institut d'études ibériques de Bordeaux, un enseignement de la langue et de la littérature basques sera organisé;
c) Un enseignement de la langue et de la littérature catalanes sera organisé à l'université de Montpellier, à l'université de Toulouse, à l'Institut d'études hispaniques de Paris et à l'Institut d'études ibériques de Bordeaux;
d) Un enseignement de la langue, de la littérature, de l'histoire occitanes sera organisé dans chacune des universités d'Aix-en-Provence, Montpellier et Toulouse.

La présente loi sera exécutée comme loi de l'Etat.

Fait à Paris, le 11 janvier 1951.

Vincent Auriol

Par le Président de la République:
Le président du conseil des ministres,
 R. Pleven

Le ministre de l'Education nationale,
Pierre-Olivier Lapie

(Quelle: *Journal officiel* du 13 janvier 1951, p. 483).

9.4 Die Sprachenfrage in der Verfassung der Fünften Republik

Der ursprüngliche Text der Verfassung der Fünften Republik erwähnt die Sprachenfrage überhaupt nicht. Die Offizialität des Französischen war – wie in den vorangehenden Verfassungen auch – selbstverständlich. Erst im Zusammenhang mit der Ratifizierung des EU-Abkommens von Maastricht scheint eine besondere Fixierung der Position des Französischen notwendig. Am 25. Juni 1992 wird an die Spitze des Artikels 2 der Satz gestellt:

La langue de la République est le français.

Die weiteren Bestimmungen dieses Artikels betreffen die Symbole der Republik: die Festlegung der Flagge, der Nationalhymne, der Staatsdevise und des Regierungsprinzips von Frankreich. Man darf sich die Frage stellen, ob der offizielle Sprachgebrauch *nur* ein Symbol ist. Eine 1992 von vielen, auch von Mandataren, geforderte Mitberücksichtigung der anderen Sprachen in Frankreich wird damals mehrheitlich abgelehnt. Aufgrund dieser neuen Bestimmung der Verfassung wird es immer schwieriger, den – an sich ebenfalls angestrebten – Schutz der anderen Sprachen umzusetzen, da der *Conseil Constitutionnel* immer wieder einzelne geplante Maßnahmen als mit der Verfassung nicht kompatibel betrachtet (und ihre Umsetzung damit unmöglich macht).

Daher kommt es nach langen Verhandlungen 2008 zur Einführung einer neuen Bestimmung, allerdings nicht an so herausragender Stelle, sondern im Titel XII der Verfassung, der die *collectivités territoriales* behandelt. Dort wird am 23. Juli 2008 an den Artikel 75 ein Artikel 75-1. angehängt, der folgenden Wortlaut hat:

> Art. 75-1. Les langues régionales appartiennent au patrimoine de la France.

Allerdings haben die bisherigen Erfahrungen mit der Rechtsprechung gezeigt, dass es sich um eine Aussage handelt, die keine praktischen Handlungskonsequenzen nach sich zieht. Seit 2008 besteht ein Streit um die Verabschiedung eines Ausführungsgesetzes; es scheint zwar, dass die seit 2012 bestehende sozialistische Mehrheit in beiden Kammern des Parlaments positiver gegenübersteht als ihre Vorgänger; über Vorarbeiten ist man indes noch nicht hinausgekommen. Es wird sich zeigen, ob eine für 2014 geplante Parlamentsdebatte Folgen zeitigt oder ebenso nur ein weiterer vertaner Versuch bleibt.

9.5 Die *liste Cerquiglini*

Weil die Regierung Jospin 1999 die Europäische Charta der Regional- oder Minderheitensprachen unterzeichnen und ratifizieren will, kommt es zu einer ganzen Reihe von vorbereitenden Maßnahmen, vor allem zur Einholung von Gutachten, die alle für die Regierung günstig urteilen. Eine von ihnen ist der Auftrag an den Sprachwissenschaftler Bernard Cerquiglini, eine Liste der möglicherweise zu berücksichtigenden Sprachen aufzustellen. Cerquiglini versucht, ein weitgehend vollständiges Inventar der (wichtigeren) in Frankreich gesprochenen Sprachen zusammenzustellen und gelangt somit zu einer Liste von ursprünglich 75 Einheiten (sie hat seither kleine Ergänzungen erfahren). Von Seiten der Betroffenen wird ihm zunächst der Vorwurf gemacht, er versuche durch diese große Zahl darzulegen, dass eine Lösung der Sprachenfrage unter Berücksichtigung der *anderen* Gruppen nicht realistisch sei. Allerdings kann Cerquiglini bald durch sein Engagement für den Schutz aller Sprachen überzeugen; er wird auf 1. Oktober 2004 als Leiter der *Délégation Générale à la langue française et aux langues de France* abgelöst. Aufgrund der Bedeutung seines Textes wird er hier mit unwesentlichen Kürzungen angeführt.

Bernard Cerquiglini

Directeur de l'Institut national de la langue française (C.N.R.S.)

Les langues de la France

Rapport au Ministre de l'Education Nationale, de la Recherche et de la Technologie,

et

à la Ministre de la Culture et de la Communication

Avril 1999

- Une prudence affichée dans les principes

- Une souplesse proposée dans la mise en œuvre

- Des contraintes dans la définition des langues régionales ou minoritaires

- Le patrimoine linguistique de la France

La *mission confiée* au rapporteur, telle qu'il l'a comprise, concerne les savants et non les militants. Elle revient à confronter ce que la linguistique sait des langues effectivement parlées sur le territoire de la République avec les principes, notions et critères énoncés par la Charte européenne des langues régionales ou minoritaires. Commençons par cette dernière afin d'éclairer le choix des langues à retenir.

Une prudence affichée dans les principes.

La Charte, ainsi que le Rapport explicatif (1), semblent procéder avec prudence. Rappelant à plusieurs reprises la légitimité, la nécessité et les vertus des langues officielles, ces textes se donnent un objectif d'ordre culturel, voire écologique: « protéger et promouvoir les langues régionales ou minoritaires en tant qu'aspect menacé du patrimoine culturel européen » (Rapport explicatif, p. 5). Demandant aux locuteurs de « placer à l'arrière-plan les ressentiments du passé » (ibid., p. 6), se refusant à « remettre en cause un ordre politique ou institutionnel » (ibid., p. 10) les auteurs de ces textes attendent des Etats une action positive en faveur de langues victimes hier de l'histoire, aujourd'hui de la communication de masse, et marquées par un degré plus ou moins grand de précarité.

Ce désir de protéger les langues historiques de l'Europe, dont certaines « risquent, au fil du temps, de disparaître » (Préambule de la Charte, alinéa 3) a deux conséquences. D'une part, une telle politique donne droit aux langues, et pas à leurs locuteurs: « la Charte ne crée pas de droits individuels ou collectifs pour les locuteurs de langues régionales ou minoritaires » (Rapport explicatif, p. 5); d'autre part, il s'agit de conforter un patrimoine, national et européen, dans sa diversité et sa richesse. Ce qui invite la République française à reconnaître les langues de la France, comme élément du patrimoine culturel national. Insistant sur ce double aspect le professeur Carcassonne a estimé que la signature de la Charte n'était pas contraire à la Constitution, « étant entendu d'une part, que l'objet de la Charte est de protéger des langues et non, nécessairement, de conférer des droits imprescriptibles à leurs locuteurs, et d'autre part, que ces langues appartiennent au patrimoine culturel indivis de la France » (2).

Espérant obtenir une action au moins minimale d'un ensemble de pays dont les situations linguistique et juridique sont fort différentes, les auteurs de la Charte ont multiplié les expressions du type « dans la mesure du possible », « de manière souple », « faciliter » abondent [sic]. A cela s'ajoute une relative latitude pour la mise en œuvre.

Une souplesse proposée dans la mise en œuvre.

La signature est distincte de la ratification. Celle-ci s'associe à la reconnaissance de neuf « objectifs et principes » généraux, et valables pour « l'ensemble des langues régionales ou minoritaires partiquées sur le territoire » (Charte, article 2, alinéa 1); ces principes d'intention forment la partie II; aucun d'entre eux, pour le professeur Carcassonne, « ne paraît heurter ceux de la Constitution » (*ibid.*, p. 54). Celle-ci, qui est distincte et qui peut être postérieure (3), concerne directement la liste des langues régionales ou minoritaires retenue:

Chaque Etat contractant doit spécifier dans son instrument de ratification, d'acceptation ou d'approbation chaque langue régionale ou minoritaire ... (Charte, article 3, alinéa 1).

Cette ratification est elle-même l'objet d'un « élément de souplesse supplémentaire » (Rapport explicatif, p. 15), par le choix d'un jeu d'option.

La ratification concerne en effet la partie III, qui énumère des mesures en faveur de l'emploi des langues, sous forme d'une petite centaine de paragraphes et d'alinés:

En ce qui concerne toute langue indiquée au moment de la ratification, de l'acceptation ou de l'approbation, (…), chaque Partie s'engage à appliquer un minimum de trente-cinq paragraphes ou alinéas choisis parmi les dispositions de la partie III de la présente Charte, dont au moins trois choisis dans chacun des articles 8 (=Enseignement) et 12 (=Activités et équipements culturels) et un dans chacun des articles 9 (=Justice), 10 (=Autorités administratives et services publics), 11 (=Médias) et 13 (=Vie économique et sociale). (Charte, article 2, alinéa 2).

Cette partie III est à l'évidence la plus contraignante; notons cependant que les « trente-cinq mesures » sont déclarées langue par langue. L'article 3 de la Charte (« En ce qui concerne *toute* langue indiquée au moment de la ratification ... ») est ainsi commenté dans le Rapport explicatif (p. 14):

Les Etats peuvent indiquer librement les langues auxquelles ils consentent que la partie III de la Charte soit appliquée et, d'autre part, pour chacune des langues pour lesquelles ils reconnaîtront l'application de la Charte, ils peuvent définir quelles sont les dispositions de la partie III auxquelles ils souscrivent.

Chaque langue fait donc l'objet d'un ensemble de dispositions que l'on retient; cet ensemble devrait être cohérent, doit correspondre aux particularités de la langue et aux intentions de l'Etat à son égard, et peut être spécifique. En d'autres termes, rien n'interdit un large choix « à la carte »: c'est ainsi qu'a procédé l'Allemagne, qui a opéré langue par langue, puis Land par Land (4).

Une autre latitude est perceptible, en légère contradiction avec le texte de la Charte. Celle-ci dispose en effet que (nous soulignons):

En ce qui concerne *toute* langue indiquée au moment de la ratification, de l'acceptation ou de l'approbation (…) *chaque Partie s'engage à appliquer* un minimum de trente-cinq paragraphes ou alinéas … (article 2, alinéa 2).

Or le Rapport explicatif apporte le commentaire suivant, qu'il importe de citer intégralement:

Un Etat contractant peut sans méconnaître la lettre de la Charte, reconnaître qu'il existe sur son territoire une langue régionale ou minoritaire déterminée mais estimer préférable, pour des raisons qui relèvent de son appréciation, de ne pas faire bénéficier cette langue des dispositions de la partie III de la Charte. Il est clair toutefois que les motifs qui peuvent conduire un Etat à exclure entièrement une langue, reconnue comme langue régionale ou minoritaire, du bénéfice de la partie III doivent être des motifs compatibles avec l'esprit, les objectifs et les principes de la Charte (Rapport explicatif, p. 14, § 41).

De fait, deux pays ont signé puis ratifié la Charte en utilisant cette possibilité de réserve (5). S'il s'avère que le procédé est recevable, la République française pourrait trouver là une autre latitude, bienvenue sans doute étant donné les impressionnantes richesse et diversité de son patrimoine linguistique. Rappelons en effet qu'il s'agit de dispositions générales, que:

Chaque Partie s'engage à appliquer (…) à l'ensemble des langues régionales ou minoritaires pratiquées sur son territoire, qui répondent aux définitions de l'article 1er (Charte, article 2, alinéa 1).

Le rapporteur suggère donc d'appliquer les « objectifs et principes » généraux de la partie II aux langues qui constituent le patrimoine de la France, prises dans leur ensemble, et de faire relever de la partie III une partie seulement de ces langues.

Des contraintes dans la définition des langues régionales ou minoritaires.

Si la Charte se donne une mission essentiellement culturelle et s'accompagne de précautions, le concept de langue qu'elle utilise est en revanche assez contraignant et procède par exclusion:

Article 1 – Définitions

Au sens de la présente Charte:

a) Par l'expression « langues régionales », on entend les langues:

i. pratiquées *traditionnellement* sur un *territoire* d'un Etat par les *ressortissants* de cet Etat qui constituent un groupe numériquement inférieur au reste de la population de l'Etat; et

ii. différentes de la (les) langue(s) officielle(s) de cet Etat;

elles n'incluent ni les *dialectes de la (les) langue(s) officielle(s)* de l'Etat ni les langues des *migrants*.

Plusieurs termes sont à commenter, que nous avons placés en italiques.

1. Ressortissants vs migrants

« La Charte ne traite pas la situation des nouvelles langues, souvent non européennes, qui ont pu apparaître dans les Etats signataires par suite des récents flux migratoires à motivation souvent économique » (Rapport explicatif, p. 6). Il s'agit donc de reconnaître les seules langues parlées par les ressortissants du pays, distinguées des idiomes de l'immigration. Cette distinction est toutefois délicate pour une République qui reconnaît, légitimement, le droit du sol: dès la seconde génération, les enfants nés de l'immigration sont citoyens français; beaucoup conservent, à côté du français de l'intégration civique, la pratique linguistique de leur famille. On peut cependant suivre l'esprit de restriction de la Charte, en insistant sur le deuxième point:

2. Traditionellement

Le texte concerne les langues régionales ou minoritaires pratiquées « traditionnellement »; on dit aussi « historiques » (Préambule, § 2). Si cette notion invite à ne pas retenir les langues de l'immigration récente, elle incite au rebours à reconsidérer, du point de vue linguistique, l'histoire de notre pays.

De nombreux citoyens des départements français d'Afrique du Nord parlaient l'arabe ou le berbère. Certains, pour des raisons sociales, économiques ou politiques (en particulier les harkis) se sont installés en France métropolitaine, sans cesser d'être des ressortissants français; ils vivent encore, et parlent leurs langues, ou bien leurs descendants ont conservé une pratique bilingue. Cette situation semble correspondre exactement à celle des langues régionales ou minoritaires visées par la Charte. On rappellera que le berbère n'est protégé par aucun pays (il est même menacé); on notera que l'arabe parlé en France n'est pas l'arabe classique, langue officielle de plusieurs pays, mais un arabe dialectal, dont certains linguistes pensent qu'il est en passe de devenir une variété particulière, mixte des différents arabes dialectaux maghrébins.

Cette « tradition » peut être récente, sans pour autant renvoyer à une situation de migrance. C'est le cas des Hmong, originaires du Laos, installés en Guyane, à la suite d'un geste humanitaire de la France, en 1977; ils constituent une population d'environ 2000 personnes, implantés dans deux villages monoethniques; ils sont citoyens français et, pour les plus jeunes, bilingues français-hmong. Tout conduit à retenir ce dernier parmi les langues régionales ou minoritaires de la France. Un argument du même ordre peut être développé en faveur des populations arméniennes installées dans notre pays après les massacres d'avril 1915: l'arménien occidental est à ranger parmi les langues de la France (6).

En revanche, des ressortissants français issus, parfois lointainement, de l'immigration parlent encore l'italien, le portugais, le polonais, le chinois, etc. par transmission familiale. Ces langues ne sont pas à retenir ici. Outre que rien ne les menace, elles sont enseignées, comme langues vivantes étrangères, dans le secondaire et le supérieur.

3. Territoire

« Les langues visées par la Charte sont essentiellement des langues territoriales » (Rapport explicatif, p. 11):

b) par « territoire dans lequel une langue régionale ou minoritaire est pratiquée » on entend l'aire géographique dans laquelle cette langue est le mode d'expression d'un nombre de personnes ... (Charte, article 1, alinéa b)

Cette insistance sur la localisation géographique est fort explicite; elle va de pair avec l'idée d'enracinement historique; elle explique la difficulté avec laquelle la Charte manie la notion de « langue sans territoire »:

c) par « langues dépourvues de territoire » on entend les langues pratiquées par des ressortissants de l'Etat qui sont différentes de la

(les) langue(s) pratiquée(s) par le reste de la population de l'Etat, mais qui, bien que traditionnellement pratiquées sur le territoire de l'Etat, ne peuvent pas être rattachées à une aire géographique particulière de celui-ci (Charte, article 1, alinéa c).

C'est, semble-t-il, à ces langues que s'applique en priorité l'adjectif « minoritaires », et qu'est principalement réservée la possibilité de s'en tenir à la partie II de la Charte.

Ce désir d'une assise géographique des langues régionales n'est pas sans contradiction avec l'intention culturelle que la Charte affiche. On peut faire valoir que la territorialisation systématique, issue du romantisme allemand qui inspira la linguistique du XIXe siècle, s'oppose en outre:

- aux principes républicains français, qui tiennent que la langue, élément culturel, appartient au patrimoine national; le corse n'est pas propriété de la région de Corse, mais de la Nation.

- à la science, qui comprend mal l'expression « territoire d'une langue ». Ceci ne peut désigner la zone dont la langue est issue: en remontant le cours de l'histoire, on constate que toutes les langues parlées en France ont une origine « étrangère », - y compris le français, qui fut d'abord un créole de latin parlé importé en Gaule. La seule justification scientifique est d'ordre statistique, et de peu d'intérêt: elle revient à distinguer la zone qui, à l'heure actuelle, connaît le plus de locuteurs d'un parler donné. En d'autres termes, le vrai territoire d'une langue est le cerveau de ceux qui la parlent.

- à la réalité sociolinguistique, qui rappelle que la mobilité sociale contemporaine est telle que l'on parle les différentes langues « régionales » un peu partout. Le créole est une réalité linguistique bien vivante de la région parisienne.

Signant puis ratifiant la Charte, la République française aurait donc intérêt, dans sa déclaration, à insister sur la vocation culturelle de la Charte, en minorant la tendance à la territorialisation. Elle pourrait également faire valoir qu'elle reconnaît cinq langues « dépourvues de territoire », effectivement parlées par ses ressortissants, et qui enrichissent son patrimoine: outre le berbère et l'arabe dialectal, le yiddish, le romani chib et l'arménien occidental (7). Elle pourrait rappeler enfin que seul le français, langue de la République, est la langue de tous et que toute autre langue parlée par un ressortissant français est, de fait, minoritaire.

4. Les dialectes de la langue officielle

Par définition, les variétés de la langue officielle ne sont pas du ressort d'un texte qui entend protéger les langues minoritaires, rendues précaires par l'extension, le rayonnement et l'officialisation de cette langue. Il convient donc de préciser la situation dialectale du français « national et standard ».

Que l'on adopte, pour expliquer sa genèse, la thèse traditionnelle et contestable d'un dialecte d'oïl (le supposé *francien*) « qui aurait réussi » aux dépens des autres, ou que l'on y voie la constitution très ancienne d'une langue commune d'oïl transdialectale, d'abord écrite, puis diffusée (8), le français « national et standard » d'aujourd'hui possède une individualité forte, qu'a renforcée l'action des écrivains, de l'Etat, de l'école, des médias. Il en résulte que l'on tiendra pour seuls « dialectes » au sens de la Charte, et donc exlcus, les « français régionaux », c'est-à-dire l'infinie variété des façons de parler cette langue (prononciation, vocabulaire, etc.) en chaque point du territoire. Il en découle également que l'écart n'a cessé de se creuser entre le français et les variétés de la langue d'oïl, que l'on ne saurait considérer aujourd'hui comme des « dialectes du français »; franc-comtois, wallon, picard, normand, gallo, poitevin-saintongeais, bourguignon-morvandiau, lorrain doivent être retenus parmi les langues régionales de la France; on les qualifiera dès lors de « langues d'oïl », en les rangeant dans la liste.

Cette disjonction entre le français « langue nationale standard » et les franc-comtois, wallon, picard, etc. tenus à bon droit comme langues régionales, est à opposer à la situation que montre l'occitan. Celle-ci pourrait être qualifiée de conjonction, l'occitan étant la somme de ses variétés. L'unité linguistique est effet fort nette, même si une diversité interne est perceptible. Cinq grands ensembles au moins sont repérables: gascon, languedocien, provençal, auvergnat-limousin et alpin-dauphinois. Des subdivisions plus fines sont possibles (vivaro-alpin? nissard?); elles relèvent toutefois moins de la linguistique que de la géographie, voire de la politique.

Le patrimoine linguistique de la France

Cet examen de principes, notions et critères de sélection de la Charte nous permet maintenant de dresser la liste des langues pratiquées sur le territoire national, et distinctes de la langue officielle.

La consultation des spécialistes, doublée d'un balayage systématique du territoire de la République (métropole, départements et territoires d'outre-mer) aboutit à la liste que l'on trouvera en annexe.

Cette liste est longue: 75 langues (9). Elle regroupe il est vrai des idiomes de statut sociolinguistique très divers. Entre les créoles, langues régionales sans doute les plus vivantes, essentiellement parlées, pratiquées maternellement par plus d'un million de locuteurs, et le bourguignon-morvandiau, langue essentiellement écrite et que n'utilisent plus que quelques personnes, sans transmission maternelle au nourrisson, les divers cas de figure prennent place. C'est sur une telle typologie que doivent se fonder, semble-t-il, les choix de l'Etat, en vue de la signature puis de la ratification: liste des langues qu'il entend inscrire dans son patrimoine, mesures retenues pour chacune des langues que concerne la partie III. On insistera sur la présence ou l'absence d'une forme écrite (norme linguistique, orthographe, littérature, etc.) pour chaque idiome considéré. L'enseignement scolaire, en effet, requiert d'une part l'existence d'une version écrite de la langue. Celle-ci doit être établie; l'exemple du créole est éclairant: la description scientifique, certes bien avancée, précède néanmoins, sans doute de beaucoup, l'établissement d'une norme écrite commune. L'enseignement d'autre part est parfois conduit à opérer des disjonctions. Ainsi, de même que l'alsacien a pour forme écrite (et scolaire) l'allemand standard, on peut être amené à penser que l'arabe dialectal parlé en France a pour correspondant écrit l'arabe commun (celui de la presse, des radio et télévision), qui n'est la langue maternelle de personne.

Le rapporteur considère que ce vaste ensemble de langues, qui enrichit le patrimoine culturel de la France et celui de l'Europe, constitue le domaine où s'applique naturellement la partie II de la Charte.

En ce qui concerne la partie III, il est clair qu'il appartient au gouvernement d'examiner, cas par cas, les alinéas et paragraphes qu'il retient, et d'établir la liste des langues qu'il souhaite en faire bénéficier.

En tant qu'ancien directeur de l'enseignement primaire, le rapporteur se permet de penser que, pour ce qui est de l'Education nationale, la loi Deixonne, et les possibilités offertes depuis (10), constituent un excellent cadre de travail. Il conviendrait sans doute de réactualiser le dispositif, dès lors que certaines langues (le berbère et l'arabe dialectal, notamment) posent des questions nouvelles à l'intégration, dont l'enjeu reste fondamental. Quant aux langues des Territoires d'Outre Mer, il est évident qu'elles doivent être examinées en liaison avec les Assemblées territoriales.

En tant que linguiste, le rapporteur ne peut s'empêcher de noter combien faible est notre connaissance de nombreuses langues que parlent des citoyens français. Il se permet de suggérer que la France se donne l'intention et les moyens d'une description scientifique de ses langues, aboutissant à une publication de synthèse. La dernière grande enquête sur le patrimoine linguistique de la République, menée il est vrai dans un esprit assez différent, est celle de l'abbé Grégoire (1790–1792)[sic].

Langues parlées par des ressortissants français sur le territoire de la République.

France métropolitaine

- dialecte allemand d'Alsace et de Moselle
- basque
- breton
- catalan
- corse
- flamand occidental
- francoprovençal
- occitan (gascon, languedocien, provençal, auvergnat-limousin, alpin-dauphinois)

- langues d'oïl: franc-comtois, wallon, picard, normand, gallo, poitevin-saintongeais, bourguignon-morvandiau, lorrain.

- berbère (11)

- arabe dialectal (12)

- yiddish

- romani chib (13)

- arménien occidental

Départements d'Outre Mer

- créoles à base lexicale française: martiniquais, guadeloupéen, guyanais, réunnionnais

- créoles bushinenge (à base lexicale anglo-portugaise) de Guyane: saramaca, aluku, njuka, paramaca (14)

- langues amérindiennes de Guyane: galibi (ou kalina), wayana, palikur, arawak proprement dit (ou lokono), wayampi, émerillon

- hmong

Territoires d'Outre Mer

Nouvelle Calédonie

- 28 langues kanak (15):

Grande Terre: nyelâyu, kumak, caac, yuaga, jawe, nemi, fwâi, pije, pwaamei, pwapwâ, dialectes de la région de Voh-Koné, cèmuhî, paicî, ajië, arhâ, arhö, ôrôwe, neku, sîchë, tîrî, xârâcùù, xârâgùrè, drubéa, numèè.

Iles Loyauté: nengone, drehu, iaai, fagauvea.

Territoires français de Polynésie:

- tahitien (16)

- marquisien

- langue des Tuamotu

- langue mangarévienne
- langue de Ruturu (Iles Australes)
- langue de Ra'ivavae (Iles Australes)
- langues de Rapa (Iles Australes)
- walisien
- futunien

Mayotte:

- shimaoré
- shibushi

N.B. A notre connaissance, il n'existe pas de langue spécifique à la Collectivité territoriale de Saint-Pierre-et-Miquelon.

[es folgt die Liste der oben angekündigten Spezialisten; danach die Anmerkungen:]

(1) Charte européenne des langues régionales ou minoritaires. Rapport explicatif. Les éditions du Conseil de l'Europe, 1992.

(2) Guy Carcassonne, Rapport au Premier Ministre, p. 128.

(3) A l'heure actuelle, l'Autriche, Chypre, le Danemark, le Luxembourg, Malte, la Roumanie, la Slovénie, l'Espagne, la Macédoine, l'Ukraine ont seulement signé. La Croatie, la Finlande, l'Allemagne, la Hongrie, le Liechtenstein, les Pays-Bas, la Norvège, la Suisse ont également ratifié, avec un délai allant de la simultanéité à six ans.

(4) Ainsi, le danois, langue minoritaire, est reconnu dans le Schleswig-Holstein (37 paragraphes ou alinéas); le bas allemand, langue régionale, est retenu dans le Mecklenburg-Poméranie occidentale (35 paragraphes ou alinéas), en Basse-Saxe (38), etc.

(5) Allemagne: « langue rom des Sintis et des Rom sur le territoire de la République fédérale et le bas allemand dans trois Lands autres que ceux dans lesquels cette langue est retenue au titre de la partie III ».

Pays-Bas: « langues retenues uniquement au titre de la partie II: langues basses-saxonnes, yiddish, romani ».

(6) Une communité tamoule, sur laquelle le rapporteur manque malheureusement d'informations, est également implantée depuis lors dans l'île de la Réunion.

(7) On peut rappeler à ce propos que les « signeurs » constituent une communauté linguistique traditionnelle (XVIIIe siècle), forte aujourd'hui de près de cent mille personnes. La langue de signes française (LSF) pourrait donc être rangée parmi les langues minoritaires sans territoire.

(8) C'est la position du rapporteur. Cf. Bernard Cerquiglini, La naissance du français. Paris: Presses Universitaires de France, 1991.

(9) Les pays européens qui ont retenu le plus grand nombre de langues régionales ou minoritaires sont l'Allemagne (sept: danois, haut sorabe, bas sorabe, frison septentrional, frison satera, bas allemand, rom) et la Croatie (sept: italien, serbe, hongrois, tchèque, slovaque, slovène, ukrainien).

(10) L'Education nationale fournit la liste suivante des langues régionales actuellement enseignées dans le second degré: « basque, breton, catalan, corse, gallo, quatre langues mélanésiennes, langue mosellane, langue régionale d'Alsace, occitan, tahitien ».

(11) Dans les diverses variétés parlées en France.

(12) Dans les diverses variétés parlées en France.

(13) Langue des tsiganes, représentée en France par les dialectes sinti, vlax et calò.

(14) Ces trois derniers créoles peuvent être considérés comme constituant une seule et même langue; il n'existe cependant pas de terme générique pour désigner l'ensemble. On voit qu'il conviendrait d'encourager et de développer la recherche linguistique sur les langues de la France.

(15) Les langues paicî, ajië, drehu et nengone ont été introduites dans l'enseignement secondaire du Territoire, et figurent comme options au baccalauréat.

(16) Le tahitien a été introduit dans l'enseignement secondaire du Territoire, et figure comme option au baccalauréat.

[Quelle: http://www.dglflf.culture.gouv.fr/lang-reg/rapport_cerquiglini/langues-france.html, zuletzt eingesehen am 26. Juli 2013; nur die Liste der konsultierten Experten wurde nicht mit abgedruckt; nur eindeutige Druckfehler wurden korrigiert, und die Hervorhebungskriterien etwas vereinfacht]

Da der Text seit seiner Veröffentlichung und trotz der Nichtratifizierung der Charta in Frankreich als Referenztext verwendet wird, wird er hier in Gänze wiedergegeben. Zu den geringen Veränderungen der Liste in späteren Veröffentlichungen vgl. die jeweiligen Abschnitte über die betreffenden Sprachen.

10 Literatur

10.1 Nachschlagewerke

Ammon, Ulrich/Haarmann, Harald (Hg.), 2008. *Wieser Enzyklopädie/Wieser Encyclopaedia*. Sprachen des europäischen Westens. Klagenfurt/Celovec: Wieser, 2 Bände.

Bade, Klaus J./Emmer, Pieter C./Lucassen, Leo/Oltmer, Jochen (Dir.), 2007. *Enzyklopädie Migration in Europa*. Vom 17. Jahrhundert bis zur Gegenwart. Paderborn/München/Wien/Zürich: Schöningh-Fink.

Baumgartner, Emmanuèle/Ménard, Philippe, 1996. *Dictionnaire étymologique et historique de la langue française*. Paris: Librairie Générale Française.

Bloch, Oscar/von Wartburg, Walther, [5]1968. *Dictionnaire étymologique de la langue française*. Paris: PUF.

[Boissier de Sauvages, Pierre Augustin], 1756, [2]1785. *Dictionnaire languedocien-françois*. Nîmes: Gaude.

Bußmann, Hadumod, unter Mitarbeit von Hartmut Lauffer, [4]2008. *Lexikon der Sprachwissenschaft*. Kröner: Stuttgart [[1]1983].

Duden, [4]2007. *Das Herkunftswörterbuch*. Etymologie der deutschen Sprache. Mannheim/Wien/Zürich: Dudenverlag.

Fischer Weltalmanach 2013, Der neue. Zahlen, Daten, Fakten. Frankfurt/M.: Fischer Taschenbuch Verlag.

Fischer Weltalmanach 2014, Der neue. Zahlen, Daten, Fakten. Frankfurt/M.: Fischer Taschenbuch Verlag.

Glück, Helmut (Hg.), [4]2010. *Metzler Lexikon Sprache*. Stuttgart/Weimar: Metzler [[1]1993].

Haarmann, Harald, 2001. *Kleines Lexikon der Sprachen*. Von Albanisch bis Zulu. München: Beck.

Janich, Nina/Greule, Albrecht (Hg.), 2002. *Sprachkulturen in Europa*. Ein internationales Handbuch. Tübingen: Narr.

Kluge, Friedrich, [21]1975. *Etymologisches Wörterbuch der deutschen Sprache*. Bearbeitet von Walther Mitzka. Berlin/New York: de Gruyter.

Moseley, Christopher/Asher, R.E. (eds.), 1994. *Atlas of the World's Languages*. London/New York: Routledge.

Ploetz, Der große, [35]2008. Die Enzyklopädie der Weltgeschichte. Freiburg i.B./ Göttingen: Ploetz bei Herder/Vandenhoeck & Ruprecht [[1]1863].

Ruiz i San Pascual, Francesc/Sanz i Ribelles, Rosa/Solé i Camardons, Jordi, 2001. *Diccionari de sociolingüística*. Barcelona: Enciclopèdia Catalana.

Schmidt, Bernhard/Doll, Jürgen/Fekl, Walther/Loewe, Siegfried/Taubert, Fritz (Hg.), [2]2006. *Frankreich-Lexikon*. Schlüsselbegriffe zu Wirtschaft, Gesellschaft, Politik, Geschichte, Kultur, Presse- und Bildungswesen. Berlin: Erich Schmidt.

10.2 Weitere Literatur

Abrate, Laurent, 2001. *Occitanie 1900/1968*. Des idées et des hommes. L'émergence et l'histoire de la revendication occitane. [Toulouse:] IEO.

Alcouffe, Alain/Brummert, Ulrike, 1985. « Les politiques linguistiques des Etats-Généraux à Thermidor », in: *Lengas*, no. 17, 51–77.

Alessio, Michel, 2013. « La situation des langues à Mayotte », in: Kremnitz 2013, 731–736.

Alessio, Michel/Eysseric, Violaine/Couturier, Simon (comp.), 2014. *Les langues de France*. Préface d'Aurélie Filipetti. [Paris:] Dalloz.

Alibèrt, Louis, ²1976. *Gramatica occitana segon los parlars lengadocians*. Montpelhièr: Centre d'Estudis Occitans [¹1935, Tolosa: Societat d'Estudis Occitans; in Wirklichkeit wurde die Ausgabe in Barcelona gedruckt und ediert, vgl. die Widmung auf der Rückseite des Titelblatts; seither mehrere Nachdrucke].

Ammon, Ulrich, ²2004. „Standard Variety/Standardvarietät", in: Ammon/Dittmar/Mattheier/Trudgill, ²2004, 273–283.

Ammon, Ulrich/Dittmar, Norbert/Mattheier, Klaus J. (Hg.), 1987/88. *Sociolinguistics/Soziolinguistik*. Berlin/New York: de Gruyter, 2 Halbbände [²Ammon, Ulrich/Dittmar, Norbert/ Mattheier, Klaus J./Trudgill, Peter (Hg.), ²2004. *Sociolinguistics/Soziolinguistik*, Berlin/New York: de Gruyter, 3 Teilbände].

Andresian, S./Hovanessian, M., 1988. « L'arménien. Langue rescapée d'un génocide », in: Vermès, 1988, tome 2, 60–84.

Aracil, Lluís V., 1965. *Conflit linguistique et normalisation linguistique dans l'Europe nouvelle*. Nancy: Centre Universitaire Européen [jetzt in: id., *Papers de Sociolingüística*, Barcelona: La Magrana, 1982, 23–38].

Armengaud, André/Lafont, Robert (dir.), 1979. *Histoire d'Occitanie*. Paris: Hachette.

ar Merser, A[ndreo], 1989. *Les orthographes du breton*. Brest: Brud Nevez.

Ascoli, Graziadio Isaia, 1878. « Schizzi franco-provenzali », in: *Archivio Glottologico Italiano*, III, 61–120.

Aslanov, Cyril, 2011. *Sociolingüística histórica de las lenguas judías*. Buenos Aires: Lilmod.

Astro, Alan, 2013. « Le yiddish en France », in: Kremnitz 2013, 547–557.

Bade, Klaus J., 2000. *Europa in Bewegung*. Migration vom späten 18. Jahrhundert bis zur Gegenwart. München: Beck.

Badia i Margarit, Antoni Maria, 1995. *Gramàtica de la llengua catalana*. Descriptiva, normativa, diatòpica, diastràtica. Barcelona: Proa.

Balcou, Jean/Le Gallo, Yves, 1997. *Histoire littéraire et culturelle de la Bretagne*. Paris/Spezed: Champion/Coop Breizh [reprint der Ausgabe von 1987].

Balibar, Renée/Laporte, Dominique, 1974. *Le français national*. Politique et pratiques de la langue nationale sous la Révolution française. Paris: Hachette.

Banniard, Michel, 1997. *Du latin aux langues romanes*. Paris: Nathan.

Baumgarten, Jean, 1990. *Le yiddish*. Paris: PUF.

Bec, Pierre, [6]1995. *La langue occitane*. Paris: PUF [[1]1963].

Bein, Roberto, 2001. „Die Wechselwirkung Prestige/Gebrauchswert des Französischen: früher erste, heute dritte Fremdsprache in Argentinien", in: Born, Joachim (Hg.), *Mehrsprachigkeit in der Romania. Französisch im Kontakt und in der Konkurrenz zu anderen Sprachen*. Wien: Praesens, 82–90.

Bendel, Christiane, 2006. *Baskische Grammatik*. Hamburg: Buske.

Bernabé, Jean, 1983. *Fondal-natal. Grammaire basilectale approchée des créoles guadeloupéen et martiniquais*. Paris: L'Harmattan, 3 vol.

Bernardó, Domènec, 1979. „Nordkatalonien: soziolinguistische Probleme", in: Kremnitz, 1979, 120–138.

Bernardó, Domènec, 1983. „La llengua anglesa en el conflicte lingüístic franco-català. Un cas de macrotriglòssia", in: *Treballs de sociolingüística catalana*, no. 5, 9–15.

Berschin, Helmut/Felixberger, Josef/Goebl, Hans, 1978. *Französische Sprachgeschichte*. München: Hueber [[2]Hildesheim: Olms, 2008].

Bert, Michel/Martin, Jean-Baptiste, 2013. « Le francoprovençal », in: Kremnitz, 2013, 489–501.

Blanchard, Nelly, 2008. „Bretonisch (Breton)", in: Ammon/Haarmann, 63–71.

Bochmann, Klaus (Leitung), u. a. 1993. *Sprachpolitik in der Romania. Zur Geschichte sprachpolitischen Denkens und Handelns von der Französischen Revolution bis zur Gegenwart*. Berlin/New York: de Gruyter.

Bollée, Annegret, 1977. *Zur Entstehung der französischen Kreolendialekte im Indischen Ozean. Kreolisierung ohne Pidginisierung*. Genève: Droz.

Bollée, Annegret, 2007. *Beiträge zur Kreolistik*. Herausgegeben sowie mit Vorwort, Interview, Schriftenverzeichnis und Gesamtbibliographie versehen von Ursula Reutner. Hamburg: Buske.

Bornes Varol, Marie-Christine/Mavrogiannis, Pandelis, 2013. « Le judéo-espagnol, djudyó, djidyó, ladino ... », in: Kremnitz, 2013, 559–565.

Borst, Arno, 1957–1963. *Der Turmbau von Babel. Geschichte der Meinungen über Ursprung und Vielfalt der Sprachen und Völker*. Stuttgart: Hiersemann, 4 Bände in sechs Teilbänden [Reprint: München: DTV, 1995].

Bourdieu, Pierre, 1979. *La distinction*. Paris: Ed. de Minuit.

Boyer, Henri, 1990. *Clés sociolinguistiques pour le francitan*. Montpellier: CRDP.

Boyer, Henri, 2001. « Le francitan, un 'bâtard linguistique' qui a la vie dure », in: Boyer/Gardy, 2001, 415–430.

Boyer, Henri/Gardy, Philippe (coord.), 2001. *Dix siècles d'usages et d'images de l'occitan. Des Troubadours à l'Internet*. Paris: L'Harmattan.

Bril, Isabelle, 2013. « Les langues kanak de la Nouvelle-Calédonie: typologie, histoire, sociologie », in: Kremnitz 2013, 683–702.

Broudic, Fañch, 1995. *La pratique du breton de l'Ancien Régime à nos jours*. Rennes: Presses Universitaires de Rennes.

Broudic, Fañch, 2009. *Parler breton au XXIe siècle*. Le noveau sondage de TMO-Régions. [Brest:] Emgleo Breiz.

Broudic, Fañch, 2013. « Le breton », in: Kremnitz 2013, 439–453.

Brumme, Jenny, 1997. *Praktische Grammatik der katalanischen Sprache*. Wilhelmsfeld: Egert.

Brun, Auguste, 1923. *Recherches historiques sur l'introduction du français dans les provinces du Midi*. Paris: Champion [reprint: Genève: Slatkine, 1973].

Brunot, Ferdinand, ²1966–1972. *Histoire de la langue française des origines à nos jours*. Paris: A. Colin, 13 tomes en 21 volumes [die restlichen Bände, für das 20. Jahrhundert, sind mittlerweile auch erschienen].

Bühler, Karl, 1934. *Sprachtheorie*. Die Darstellungsfunktion der Sprache. Jena: Fischer [Nachdrucke].

Cahen, Michel, 2009. *Le Portugal bilingue*. Histoire et droits politiques d'une minorité linguistique: la communauté mirandaise. Rennes: Presses Universitaires de Rennes.

Camps, Christian, 2000. « Langue et littérature », in: AA. VV., *Pyrénées-Orientales, Roussillon*. Encyclopédie Bonneton. Paris, 147–209.

Caubet, Dominique, 2003. « L'arabe maghrébin », in: Cerquiglini 2003, 193–204.

Caubet, Dominique, 2013. « L'arabe maghrébin », in: Kremnitz 2013, 581–596.

Cerquiglini, Bernard, 1999. *Les langues de la France*. Rapport aux ministres de l'Education Nationale et de la Culture. http://www.culture.fr/culture/dglflf [26.7.2013]

Cerquiglini, Bernard (dir.), 2003. *Les langues de France*. Paris: PUF.

Chaker, Salem, 1988. « Le berbère. Une langue occultée, en exil », in: Vermès 1988, tome 2, 145–164.

Chaker, Salem, 2003. « Le berbère », in: Cerquiglini 2003, 215–227.

Chaker, Salem, 2013. « Le berbère », in: Kremnitz 2003, 597–607.

Chaudenson, Robert. 1974. *Le lexique du parler créole de la Réunion*. Paris: Champion.

Chaurand, Jacques (dir.), 1999. *Nouvelle histoire de la langue française*. Paris: Seuil.

Cichon, Peter, ²2002. *Einführung in die okzitanische Sprache*. Bonn: Romanistischer Verlag [1999].

Clairis, Christos/Costaouec, Denis/Coyos, Jean-Baptiste (coord.), 1999. *Langues et cultures régionales de France*. Paris: L'Harmattan.

Collectif (éd.), 1998. *Les langues d'oïl*. Vers une reconnaissance institutionnelle. S.l.: Défense et promotion des langues d'oïl.

Comité consultatif pour la promotion des langues régionales et de la pluralité linguistique interne, 2013. *Redéfinir une politique publique en faveur des langues régionales et de la pluralité linguistique interne*. Rapport présenté à la ministre de la culture et de la communication. http://www.culture.gouv.fr/culture/dglflf/Rapport [2.7.2014].

Coornaert, Emile, 1970. *La Flandre française de langue flamande*. Paris: Editions Ouvrières.

Congrés de Cultura Catalana, 1978. *Resolucions*. Barcelona: Països Catalans.

Coseriu, Eugenio, 1988. *Einführung in die Allgemeine Sprachwissenschaft*. Tübingen: Francke.

Couderc, Yves, 1975. « Francitan », in: *Occitània passat e present*, no. 3, 20–21 und no. 4, 34–37.

Courthiade, Marcel, 2003. « Le romani (ou rromani) », in: Cerquiglini 2003, 229–243.

Courthiade, Marcel, 2013, « Le rromani et les autres langues en usage parmi les Rroms, Manouches et Gitans », in: Kremnitz 2013, 567–579.

Coyos, Jean-Baptiste, 2013. « Le basque », in: Kremnitz 2013, 427–437.

Czernilofsky, Barbara, ²2006. „Soziolinguistik. Sprachsysteme in der Gesellschaft", in: Metzeltin, Michael (Hg.), *Diskurs. Text. Sprache*. Eine methodenorientierte Einführung in die Sprachwissenschaft für Romanistinnen und Romanisten, Wien: Praesens, 419–463.

Dalbera, Jean-Philippe, 2003. « Les îlots liguriens en France », in: Cerquiglini 2003, 125–136.

Dalbera, Jean-Philippe, 2013. « Le ligurien », in: Kremnitz 2013, 503–509.

Damaggio, Jean-Paul, 1985. « La question linguistique à Montauban (1790–1793) », in: *Lengas*, no. 17, 145–155.

Daniels, Peter T./Bright, William (eds.), 1996. *The World's Writing Systems*. New York, etc.: Oxford University Press.

Dauzat, Albert, 1927. *Les patois*. Paris: Delagrave.

de Certeau, Michel/Julia, Dominique/Revel, Jacques, 1975. *Une politique de la langue. La Révolution française et les patois: L'enquête de Grégoire*. Paris: Gallimard.

Deprez, Christine, 2013. « Le polonais », in: Kremnit, 2013, 789–797.

Deprez, Christine, 2013a. « Le portugais », in: Kremnit, 2013, 799–804.

Denez, Per, 1995. *Brezhoneg ... buan hag aes/Bretonisch ... schnell und mühelos*. Deutsche Fassung von Gerard Cornillet. Lesneven: Hor Yezh [das Original stammt aus dem Jahre 1972].

Deutscher, Guy, 2010. *Im Spiegel der Sprache*. Warum die Welt in anderen Sprachen anders aussieht. München: Beck [engl. Original: London: Heinemann, 2010].

de Villanova, Roseline, 1988. « Le portugais. Une langue qui se ressource en circulant », in: Vermès, 1988, tome 2, 283–300.

Donabédian, Anaïd, 2013. « L'arménien occidental », in: Kremnitz 2013, 609–615.

Doppelbauer, Max, 2005. „'Selbsthass – Auto-odi'. Zur (Vor-) Geschichte eines Begriffes in der Soziolinguistik", in: Cichon, Peter/Czernilofsky, Barbara/ Tanz-meister, Robert/Hönigsperger, Astrid (Hg.), *Entgrenzungen. Für eine Soziologie der Kommunikation*. Festschrift für Georg Kremnitz zum 60. Geburtstag. Wien: Praesens, 68–76.

Doppelbauer, Max, 2011. „Selbsthass – eine jüdische Begriffsgeschichte", in: *Europa Ethnica*, LXVIII, 106–114.

Doppelbauer, Max, 2012. „Die Roma auf der Iberischen Halbinsel und ihre Sprachen", in: Doppelbauer, Max/Kremnitz, Georg/Stiehler, Heinrich (eds.), *Die Sprachen der*

Roma in der Romania. Les langues des Rroms. Las lenguas de los gitanos. Wien: Praesens, 59–96.

Dum-Tragut, Jasmine, 2013. „,Unsere Sprache ist unsere Geschichte'. Die armenische Sprache als Spiegelbild der Geschichte", in: *Europa Ethnica*, LXX, 87–92.

Eggenstein-Harutunian, Margret, 2000. *Einführung in die armenische Schrift*. Hamburg: Buske.

Eloy, Jean-Michel (dir.), 2004. *Des langues collatérales*. Problèmes linguistiques, sociolinguistiques et glottopolitiques de la proximité linguistique. Paris: L'Harmattan.

Eloy, Jean-Michel/Jagueneau, Liliane, 2013. « Les langues d'oïl », in: Kremnitz 2013, 533–543.

Ertel, R[achel], 1988. « Le yiddish. Entre élection et interdit », in: Vermès 1988, tome 1, 332–359.

Falc'hun, François, 1981. *Perspectives nouvelles sur l'histoire de la langue bretonne*. Paris: UGE [ursprünglich eine *thèse de doctorat*, die 1951 zum ersten Male veröffentlicht wurde; hier mit zahlreichen Ergänzungen].

Farrenkopf, Ulrich, 2011. *Die Entwicklung des Korsischen zur modernen Kultursprache*. Eine Fallstudie zu Sprachausbau und Sprachpolitik. Bonn: Romanistischer Verlag.

Faulmann, Carl, ²1880. *Das Buch der Schrift enthaltend die Schriftzeichen und Alphabete aller Zeiten und aller Völker des Erdkreises*. Wien: Kaiserlich-königliche Hof- und Staatsdruckerei [¹1878, verwendet wurde der Reprint Nördlingen: Greno, 1985].

Favereau, Francis, 1997. *Grammaire du breton contemporain/Yezhadur ar brezhoneg a-vremañ*. Morlaix: Skol Vreizh.

Fehlen, Fernand, 2013. « Le francique de Moselle », in: Kremnitz 2013, 411–425.

Ferguson, Charles A., 1959. „Diglossia", in: *Word*, XV, 325–340.

Filhon, Alexandra/Zegnani, Sami, 2013. « Les dynamiques migratoires en France au XXe siècle », in: Kremnitz 2013, 741–752.

Fishman, Joshua A., 1967. „Bilingualism With and Without Diglossia; Diglossia With and Without Bilingualism", in: *Journal of Social Issues*, XXIII, no. 2, 29–38.

Flydal, Leiv, 1951. « Remarques sur certains rapports entre le style et l'état de langue », in: *Norsk Tidsskrift for Sprogvidenskab*, XVI, 240–257.

Fusina, Ghjacumu, 1999. *Parlons corse*. Approche de la langue: histoire, grammaire, lexique. Paris: L'Harmattan.

Gallus, Alexander/Jesse, Eckhard (Hg.), ²2007. *Staatsformen von der Antike bis zur Gegenwart*. Ein Handbuch. Köln: Böhlau.

Garcia, Brigitte/Encrevé, Florence, 2013. « La langue des signes française », in: Kremnitz 2013, 619–629.

Gardy, Philippe/Lafont, Robert, 1981. « La diglossie comme conflit: l'exemple occitan », in: *Langages*, no. 61, 75–91.

Gellner, Ernest, 1991. *Nationalismus und Moderne*. Berlin: Rotbuch [englisches Original London 1983].

Gewecke, Frauke, ²1988. *Die Karibik*. Zur Geschichte, Politik und Kultur einer Region. Frankfurt a.M.: Vervuert.

Giacomo-Marcellesi, Mathée, 2013, « Le corse », in: Kremnitz 2013, 465–473.

Gilliéron, Jules/Edmont, Edmont, 1902–1920. *Atlas linguistique de la France [ALF]*. Paris: Champion, 20 vol. [reprint: Bologna: Forni, 1968/69, 10 vol.].

Giordan, Henri, 1982. *Démocratie culturelle et droit à la différence*. Rapport présenté à Jack Lang ministre de la Culture. Paris: La Documentation Française.

Giordan, Henri (dir.), 1984. *Par les langues de France*. Paris: Centre Georges Pompidou.

Giordan, Henri (dir.), 1992. *Les minorités en Europe*. Droits linguistiques et droits de l'homme. Paris: Kimé.

Graff, Martin, 2013. *Leben wie Gott im Elsass*. Deutsche Fantasien. Tübingen: Klöpfer und Meyer.

Greib, Robert/Niedermeyer, Jean-Michel/Schaffner, François, 2013. *Histoire de la langue régionale d'Alsace*. Strasbourg: Editions CRDP de l'Académie de Strasbourg/SALDE.

Guiraud, Pierre, 1968. *Patois et dialectes français*. Paris: PUF (Reihe Que sais-je?).

Hansegard, Nils-Erik, 1968. *Tvåspråkighet eller halvspråkighet?* Stockholm: Aldus/Bonniers.

Hartl, Gertraud, 2013. *Zur kollektiven Identität auf Martinique in der Sicht der dortigen Parteien und zu ihrem sprachenpolitischen Niederschlag*. Wien: unveröffentlichte Diplomarbeit.

Hassoun, Jean-Pierre, 1988. « Le chinois. Une langue d'émigrés », in: Vermès 1988, tome 2, 132–144.

Hassoun, Jean-Pierre, 1988a. « Le hmong. Une langue en absence d'écriture et une petite communauté », in: Vermès 1988, tome 2, 120–131.

Hazaël-Massieux, Marie-Christine, 2008. *Textes anciens en créole français de la Caraïbe*. Histoire et analyse. Paris: Publibook.

Hazaël-Massieux, Marie-Christine, 2011. *Les créoles à base française*. Paris: Ophrys.

Hazaël-Massieux, Marie-Christine, 2013. « Les créoles français », in: Kremnitz 2013, 639–670.

Hélias, Per Jakez, 1975. *Le cheval d'orgueil*. Paris: Plon.

Héran, François/Filhon, Alexandra/Deprez, Christine, 2002. « La dynamique des langues en France au fil du XXe siècle », in: *Population et sociétés*, no. 376, 1–4.

Hoffet, Frédéric, ²1973. *Psychanalyse de l'Alsace*. Colmar: Alsatia [1951].

Hubschmied, Johann Ulrich, 1938. „Sprachliche Zeugen für das späte Aussterben des Gallischen", in: *Vox Romanica*, III, 48–155.

Huck, Dominique, 2013. « Dialectes et allemand en Alsace », in: Kremnitz 2013, 397–410.

IRD-CNRS-CELIA, 2003. « Les langues de Guyane », in: Cerquiglini 2003, 269–303.

Jablonka, Frank, 2012. *Vers une socio-sémiotique variationniste du contact postcolonial: le Maghreb et la Romania européenne.* Wien: Praesens.

Jardel, Jean-Pierre, 1982. « Le concept de ‚diglossie' de Psichari à Ferguson », in: *Lengas*, no. 11, 15–25.

Jensen, Hans, ³1969. *Die Schrift in Vergangenheit und Gegenwart.* Berlin: VEB Deutscher Verlag der Wissenschaften [¹1935].

Kabatek, Johannes, 1994. „Auto-odi: Geschichte und Bedeutung eines Begriffs der katalanischen Soziolinguistik", in: Berkenbusch, Gabriele/Bierbach, Christine (Hg.), *Zur katalanischen Sprache: historische, soziolinguistische und pragmatische Aspekte,* Frankfurt a.M.: Domus Editoria Europea, 159–175.

Kirsch, F. Peter/Kremnitz, Georg/Schlieben-Lange, Brigitte, 2002. *Petite histoire sociale de la langue occitane.* Usages, images, littérature, grammaires et dictionnaires. Traduit de l'allemand par Catherine Chabrant. Canet: El Trabucaire.

Klein, Pierre (dir.), 2013. *Les langues de France et la ratification de la charte européenne des langues régionales ou minoritaires.* Colloque de Strasbourg. Huttenwald: Initiative citoyenne alsacienne pour plus de démocratie.

Klein, Pierre, 2013a. « De la définition de la langue régionale d'Alsace », in: Klein 2013, 201–216.

Kloss, Heinz, 1967. „Abstand-Languages and Ausbau-Languages", in: *Anthropological Linguistics,* IX, 29–41.

Kloss, Heinz, 1969. *Grundfragen der Ethnopolitik im 20. Jahrhundert.* Wien/Stuttgart/Bad Godesberg: Braumüller/Wissenschaftliches Archiv.

Kloss, Heinz, 1987. „Abstandssprache und Ausbausprache", in: Ammon/Dittmar/Mattheier 1987, 302–308 [der Beitrag wurde in der 2. Auflage von 2004 aufgrund des Ableben des Verfassers durch einen von Harald Haarmann, mit fast demselben Titel, ersetzt].

Koch, Peter/Oesterreicher, Wulf, ²2011. *Gesprochene Sprache in der Romania: Französisch, Italienisch, Spanisch.* Berlin: de Gruyter [¹1990, Tübingen: Niemeyer].

Kremnitz, Georg, 1974. *Versuche zur Kodifizierung des Okzitanischen seit dem 19. Jahrhundert und ihre Annahme durch die Sprecher.* Tübingen: Narr (Tübinger Beiträge zur Linguistik).

Kremnitz, Georg, ²1977. *Die ethnischen Minderheiten Frankreichs.* Bilanz und Möglichkeiten für den Französischunterricht. Tübingen: TBL (Narr) [1975].

Kremnitz, Georg (Hg.), 1979. *Sprachen im Konflikt.* Theorie und Praxis der katalanischen Soziolinguisten. Eine Textauswahl. Tübingen: Narr (TBL).

Kremnitz, Georg, 1981. *Das Okzitanische.* Sprachgeschichte und Soziologie. Tübingen: Niemeyer.

Kremnitz, Georg, 1981a. « L'Ibéro-Romania dans la Gallo-Romania. Phénomènes de contact entre langues ibéro-romanes et gallo-romanes dans le sud de la France. Premières observations », in: *Lengas,* no. 10, 17–35.

Kremnitz, Georg (Hg.), 1982. *Entfremdung, Selbstbefreiung und Norm*. Texte aus der okzitanischen Soziolinguistik. Tübingen: Narr (TBL).

Kremnitz, Georg, 1983. *Français et créole: ce qu'en pensent les enseignants*. Le conflit linguistique à la Martinique. Hamburg: Buske.

Kremnitz, Georg, ²1994 [1990]. *Gesellschaftliche Mehrsprachigkeit*. Institutionelle, gesellschaftliche und individuelle Aspekte. Wien: Braumüller.

Kremnitz, Georg, 1997. *Die Durchsetzung der Nationalsprachen in Europa*. Münster/New York/München/ Berlin: Waxmann.

Kremnitz, Georg, 1999. « L'évolution du ‚français régional'. Quelques observations », in: *Mélanges de linguistique, sémiotique et narratologie dédiés à la mémoire de Krassimir Mantchev à l'occasion de son 60e anniversaire*. Sofia: Colibri, 139–148.

Kremnitz, Georg, 2003. « Le concept du ‚conflit linguistique' aujourd'hui. Essai d'une mise à jour. Avec une annexe: Quelques remarques sur le terme de 'valeur communicative' des langues », in: *Lengas*, no. 54, 7–22.

Kremnitz, Georg, ²2004. „Diglossie – Polyglossie/Diglossia – Polyglossia", in: Ammon/Dittmar/Mattheier/ Trudgill ²2004, 158–165.

Kremnitz, Georg, 2005. „Von der formalen Sprachwissenschaft zur Soziologie der Kommunikation. Das Beispiel der Romanistik", in: *Grenzgänge*, no. 23, 111–116.

Kremnitz, Georg, 2008. „Einige problematische Aspekte der *liste Cerquiglini*", in: *Quo vadis, Romania?*, no. 31, 17–30.

Kremnitz, Georg, 2008a. « Sur la délimitation et l'individuation des langues. Avec des exemples pris principalement dans le domaine roman », in: *Estudis Romànics*, XXX, 7–38.

Kremnitz, Georg, 2011. „Und wenn Normativierungen kontraproduktiv werden? Ein Problem von – nicht nur – dominierten Sprachen", in: *Quo vadis, Romania?*, no. 37, 9–24.

Kremnitz, Georg, 2012. „Was kann Sprachenpolitik für dominierte Sprachen leisten?", in: *Quo vadis, Romania?*, no. 39, 7–20.

Kremnitz, Georg (dir.), avec le concours de Fañch Broudic et le collectif HSLF, 2013. *Histoire sociale des langues de France*. Rennes: Presses Universitaires de Rennes.

Kremnitz, Georg, 2013a. « L'allemand », in: Kremnitz 2013, 753–756.

Kremnitz, Georg, 2013b. « Nouveaux problèmes pour les minorités linguistiques au XXIe siècle. Rendre les langues dominées visibles? », in: *Europa Ethnica*, LXX, 106–109.

Kristeva, Julia, 1988. *Etrangers à nous-mêmes*. Paris: Fayard.

Lafont, Robert, 1967. « Sur l'aliénation occitane », in: *Le Fédéraliste*, IX, 107–138 [jetzt teilweise in: id., *Quarante ans de sociolinguistique à la périphérie*. Paris: L'Harmattan, 1997, 165–188].

Lafont, Robert, 1968. *Sur la France*. Paris: Gallimard.

Lafont, Robert, 1970. *Renaissance du Sud*. Essai sur la littérature occitane au temps de Henri IV [sic]. Paris: Gallimard.

Lafont, Robert, 1971. *Clefs pour l'Occitanie*. Paris: Seghers [Nachdrucke].

Lafont, Robert, 1974. *La revendication occitane*. Paris: Flammarion.

Lafont, Robert, 1979. « La diglossie en pays occitan ou le réel occulté », in: Kloepfer, Rolf (Hg.), *Bildung und Ausbildung in der Romania*. Akten des Romanistentages Gießen 1977. München: Fink, Band II, 504–512 [deutsche Fassung in: Kremnitz 1982, 134–142].

Lagarde, Christian, 1996. *Conflits de langues, conflits de groupes*. Paris: L'Harmattan.

Lagarde, Christian, 2013. « L'espagnol », in: Kremnitz 2013, 769–775.

Lavelle, Pierre, 2004. *L'Occitanie*. Histoire politique et culturelle. [Toulouse:] IEO.

Leconte, Fabienne, 2013. « Les langues africaines en France », in: Kremnitz 2013, 835–845.

Léglise, Isabelle/Lescure, Odile/Launey, Michel/Migge, Bettina, 2013. « Langues de Guyane et langues parlées en Guyane », in: Kremnitz 2013, 671–682.

Le Roy Ladurie, Emmanuel, ²2005. *Histoire de France des régions*. La périphérie française, des origines à nos jours. Paris: Seuil [2000].

Lösch, Hellmut, 2000. *Die französischen Varietäten auf den Kanalinseln in Vergangenheit, Gegenwart und Zukunft*. Wien: Praesens.

Loewe, Siegfried, 2006. « Judaïsme français », in: Schmidt/Doll/Fekl/Loewe/Taubert 2006, 540–547.

Madonia, Francesco Paolo Alexandre, 2005. *Le lingue di Francia*. Roma: Carocci.

Marcellesi, Jean-Baptiste et le GRECO, Rouen (éds.), 1975. *L'enseignement des 'langues régionales'*. Paris: Larousse (=no. 25 der Zeitschrift *Langue française*).

Marcellesi, Jean-Baptiste/Thiers, Ghjacumu (éds.), 1986. *L'individuation sociolinguistique corse*. Corti/ Mont-Saint-Aignan: Institut d'Etudes Corses/GRECSO IRED.

Marteel, Jean-Louis, 1992. *Cours de flamand*. Het Vlaams dan men oudders klappen. Méthode d'apprentissage du dialecte des Flamands de France (Westhoek). Condé-sur-Escaut: Ed. Miroirs.

Martinet, André, 1980. *Eléments de linguistique générale*. Paris: A. Colin [¹1960].

Merlan, Aurelia, 2012. *Sprachkontakt und Sprachenwechsel im portugiesisch-spanischen Grenzgebiet*. Das Mirandesische. Frankfurt a.M., usw.: Lang.

Michels, Eckard, 2007. „Deutsche Soldaten in der französischen Fremdenlegion im 19. und 20. Jahrhundert", in: Bade/Emmer/Lucassen/Oltmer 2007, 521–523.

Moliner, Olivier, 2010. *Frankreichs Regionalsprachen im Parlament*. Von der *Pétition pour les langues provinciales* 1870 zur *Loi Deixonne* 1951. Wien: Praesens.

Monumenta Germaniae Historica, Concilia aevi Karolini, o.J. Ed. Albertus Werminghoff. Hannover: Hahn.

Moyse-Faurie, Claire, 2003. « Wallis et Futuna », in: Cerquiglini 2003, 333–345.

Moyse-Faurie, Claire, 2013. « Le futunien (fakafutuna) et le wallisien (faka'uvea) », in: Kremnitz 2013, 721–729.

Nelli, René, 1968. *Dictionnaire des hérésies méridionales*. Toulouse: Privat.

Niborski, Yitskhok, 2003. « Le yiddish », in: Cerquiglini 2003, 249–254.

Ninyoles, Rafael Lluís, 1969. *Conflicte lingüístic valencià*. Barcelona: Ed. 62. [Nachdrucke]

Page Moch, Leslie, 2007. „Frankreich", in: Bade/Emmer/Lucassen/Oltmer 2007, 122–140.

Pasquini, Pierre, 2013. « L'italien », in: Kremnitz 2013, 783–788.

Peltzer, Louis, 2003. « Polynésie française », in: Cerquiglini 2003, 319–332.

Peltzer, Louise, 2013. « Les langues de la Polynésie française (1842): tahitien, mangarévien, marquisien, reo tuha'apae, reo pa'umotu », in: Kremnitz 2013, 703–719.

Planes, Llorenç/Biosca, Montserrat, ²1978. *El petit llibre de Catalunya-Nord*. Perpignan [sic]: Edicions de l'Eriçó [¹1974, nur unter dem Namen Planes].

Ponty, Janine/Masiewicz, Anna, 1988. « Le polonais. Immigré depuis trois générations », in: Vermès 1988, tome 2, 263–282.

Prudent, Lambert-Félix, 1981. « Diglossie et interlecte », in: *Langages*, no. 61, 13–38.

Psichari, Jean, 1928. « Un pays qui ne veut pas de sa langue », in: *Mercure de France*, CCVII, 63–121.

Puig i Moreno, Gentil, 2007. « Enquestes sociolingüístiques a la Catalunya Nord », in: *Aïnes noves*, no. 1, 5–97.

Reinhard, Wolfgang, ²2000. *Geschichte der Staatsgewalt*. Eine vergleichende Verfassungsgeschichte Europas von den Anfängen bis zur Gegenwart. München: Beck.

Reutner, Ursula, 2005. *Sprache und Identität einer postkolonialen Gesellschaft im Zeitalter der Globalisierung*. Eine Studie zu den französischen Antillen Guadeloupe und Martinique. Hamburg: Buske.

Rey, Alain/Duval, Frédéric/Siouffi, Gilles, 2007. *Mille ans de langue française*. Histoire d'une passion. Paris: Perrin.

Rivierre, Jean-Claude/Ozanne-Rivierre, Françoise/Moyse-Faurie, Claire/Bril, Isabelle, 2003. « Nouvelle-Calédonie », in: Cerquiglini 2003, 346–435.

Rombi, Marie-Françoise, 2003. « Les langues de Mayotte (mahorais et malgache de Mayotte) », in: Cerquiglini 2003, 305–318.

Ronjat, Jules, 1930–1941. *Grammaire istorique [sic] des parlers provençaux modernes*. Montpellier: Société des langues romanes, 4 vol.

Ryckeboer, Hugo, 2013. « Le flamand de Flandre », in: Kremnitz 2013, 475–488.

Sagnes, Jean (dir.), 1999. *Nouvelle histoire du Roussillon*. Perpinyà: El Trabucaire.

Saillard, Claire/Boutet, Josiane, 2013. « Les langues chinoises en France: l'exemple de la migration Wenzhou », in: Kremnitz 2013, 891–899.

Saussure, Ferdinand de, 1916. *Cours de linguistique générale*. Lausanne/Paris: Payot [zahlreiche Neudrucke und -ausgaben].

Schlieben-Lange, Brigitte, 1985. « La politique des traductions », in: *Lengas*, no. 17, 97–126

Schulze, Hagen, 1994. *Staat und Nation in der europäischen Geschichte*. München: Beck.

Seiler, Falk, 2012. *Normen im Sprachbewußtsein*. Eine soziolinguistische Studie zur Sprachreflexion auf Martinique. Wien: Praesens.

Séphiha, A., 1988. « Le judéo-espagnol; une langue sans interlocuteur: le judéo-arabe, le parler arabe d'une communauté », in: Vermès 1988, tome 1, 305–317.

Séphiha, Haïm Vidal, 1977, ²1979. *L'agonie des Judéo-Espagnols*. Paris: Ed. Entente.

Séphiha, Haïm Vidal, 1986. *Le judéo-espagnol*. Paris: Ed. Entente.

Séphiha, Haïm Vidal, 1988. « Problématique du judéo-espagnol et des judéo-langues », in: AA.VV., 1988, *Juifs et source juive en Occitanie*, Enèrgas: Vent Terral, 211–218.

Shannon, Claude Elwood/Weaver, Warren, 1949. *The Mathematical Theory of Communication*. Urbana: Univ. of Illinois Press.

Sibille, Jean, 2000. *Les langues régionales*. Paris: Flammarion.

Sibille, Jean, 2013. « La notion de *langues de France*, son contenu et ses limites », in: Kremnitz 2013, 45–60.

Simon-Barouh, I., 1988. « Le vietnamien. Rapatriés et réfugiés », in: Vermès 1988, tome 2, 89–97.

Simoni-Aurembou, Marie-Rose, 2003. « Les langues d'oïl », in: Cerquiglini 2003, 137–172.

Stein, Peter, 1984. *Kreolisch und Französisch*. Tübingen: Niemeyer.

Stich, Dominique, 2003. *Dictionnaire francoprovençâl-francês [et] français-francoprovençal*. Thonon-les-Bains: Ed. le Carré.

Sumien, Domergue, 2006. *La standardisation pluricentrique de l'occitan*. Nouvel enjeu sociolinguistique, développement du lexique et de la morphologie. Turnhout: Brepols.

Szajkowski, Zosa, 2010. *La langue des Juifs du Pape*. Traduit par Michel Alessio. Valence d'Albigeois: Vent Terral [das jiddische Original erschien 1948 in New York].

Taboada Leonetti, Isabel, 1988. « L'espagnol. Langue nationale de référence », in: Vermès 1988, tome 2, 194–217.

Tessonneau, A., 1988. « Le créole en métropole. Point d'ancrage de l'identité DOM », in: Vermès 1988, vol. 2, 165–193.

Tichy, Heinz, 2000. *Die Europäische Charta der Regional- oder Minderheitensprachen und das österreichische Recht*. Klagenfurt-Celovec/Ljubljana/Wien: Hermagoras.

Tomasello, Michael, 2009. *Die Ursprünge der menschlichen Kommunikation*. Frankfurt: Suhrkamp [amerikan. Original 2008].

Trabant, Jürgen, 2012. *Weltansichten*. Wilhelm von Humboldts Sprachprojekt. München: Beck.

Urquizu Sarasua, Patricio (dir.), 2000. *Historia de la literatura vasca*. Madrid: UED.

Vallverdú, Francesc, ²1979. *Dues llengües: dues funcions?* Barcelona: Ed. 62 [¹1970].

van Creveld, Martin, 1999. *Aufstieg und Untergang des Staates*. Aus dem Englischen von Klaus Fritz und Norbert Juraschitz. München: Gerling.

Véglianté, Jean-Charles, 1988. « L'italien. Une italophophonie honteuse », in: Vermès 1988, tome 2, 234–262.

Vermès, Geneviève (dir.), 1988. *Vingt-cinq communautés linguistiques de la France*. Paris: L'Harmattan, 2 tomes.

Vermès, Geneviève/Boutet, Josiane (éds.), 1987. *France, pays multilingue*. Paris: L'Harmattan, 2 tomes.

Viguier, Marie-Claire, 1988. « Le judéo-occitan existe ... Essai sur la 'lenga juzieva' », in: AA. VV., 1988, *Juifs et source juive en Occitanie*, Energas: Vent Terral, 193–209.

Vogler, Bernard, 1993. *Histoire culturelle de l'Alsace*. Du Moyen Age à nos jours, les très riches heures d'une région frontière. Strasbourg: La nuée bleue.

Vogler, Bernard (dir.), 2003. *Nouvelle histoire de l'Alsace*. Une région au cœur de l'Europe. Toulouse: Privat.

Waag, François, 2012. *Histoire d'Alsace*. Le point de vue alsacien. Fouesnant: Yorann embanner.

Weber, Klaus, 2007. „Deutsche Kaufleute im Atlantikhandel in Cádiz und Bordeaux vom späten 17. bis zum späten 19. Jahrhundert", in: Bade/Emmer/Lucassen/Oltmer 2007, 491–494.

Weinreich, Uriel, 1953. *Languages in Contact*. Findings and Problems. New York: Publ. of the Linguistic Cercle of New York.

Weinstein, Miriam, 2003. *Yiddish*. Mots d'un peuple, peuple de mots. Paris: Autrement [amerikanisches Original 2001].

Werlen Ivar, 1989. *Sprache, Mensch und Welt*. Geschichte und Bedeutung des Prinzips der sprachlichen Relativität. Darmstadt: Wissenschaftliche Buchgesellschaft.

Werlen, Ivar, 2002. *Sprachliche Relativität*. Eine problemorientierte Einführung. Tübingen/Basel: Francke.

Williams, P[atrick], 1988. « Langue tsigane. Le jeu 'romanès' », in: Vermès 1988, tome 1, 381–413.

Woehrling, Jean-Marie, 2013. « Histoire du droit des langues en France », in: Kremnitz 2013, 71–88.

Woehrling, Jean-Marie, 2013a. « Droit des personnes, droit des minorités, droit des langues: les différentes techniques juridiques de protection de l'expression linguistique », in: Alén Garabato, Carmen (éd.), *Gestion des minorités linguistiques dans l'Europe du XXIe siècle*. Limoges: Lambert-Lucas, 217–229.

Wüest, Jakob, 1969. „Sprachgrenzen im Poitou", in: *Vox Romanica*, XXVIII, 14–58.

www.ingramcontent.com/pod-product-compliance
Lightning Source LLC
Chambersburg PA
CBHW081330230426

43667CB00018B/2886